DIEGO DE PEÑALOSA Y MENDOZA, GOBERNADOR DE LA HABANA Y VERACRUZ EN EL SIGLO XVIII

UN LEGADO INDIANO RICO Y DIVERSO CONVERTIDO EN OBRA PÍA EN LA CIUDAD DE CEUTA

Guadalupe Romero-Sánchez

INSTITUTO DE
ESTUDIOS CEUTÍES

El contenido de esta publicación procede de la Beca concedida por el Instituto de Estudios Ceutíes, perteneciente a la Convocatoria de Ayudas a la Investigación 2020.

Colección *Trabajos de Investigación*

Historia y Arqueología

© EDITA: INSTITUTO DE ESTUDIOS CEUTÍES
Apartado de correos 593 • 51080 Ceuta
Tel.: + 34 - 956 51 0017
E-mail: iec@ieceuties.org
www.ieceuties.org

Comité editorial:
Carlos Pérez Marín • José Luis Ruiz García
Adolfo Hernández Lafuente • María José Fernández Maqueira
Guadalupe Romero Sánchez • María Jesús Fuentes García

Jefa de publicaciones:
María Teresa Cuesta Chaparro

Diseño y maquetación:
Enrique Gómez Barceló

Realización e impresión:
Papel de Aguas S.L. - Ceuta

ISBN: 978-84-18642-51-7
Depósito Legal: CE 13 - 2024

ÍNDICE

DIEGO DE PEÑALOSA Y MENDOZA, GOBERNADOR DE LA HABANA Y VERACRUZ EN EL SIGLO XVIII

UN LEGADO INDIANO RICO Y DIVERSO CONVERTIDO EN OBRA PÍA EN LA CIUDAD DE CEUTA

PRÓLOGO

La organización de los archivos ha mejorado en nuestro país en los últimos años, sobre todo con la digitalización de documentos o al menos de regestas que facilitan una búsqueda previa desde el gabinete del investigador, permitiendo entrever la riqueza que puede encontrarse. Esto no significa que pueda eludirse el contacto directo con las páginas manuscritas, acción insustituible pese a los avances tecnológicos o las publicaciones de extractos realizadas por eruditos que acumulan legajos y folios sin análisis crítico, lo que no aporta más que una relación de datos que, en muy contadas ocasiones, permite encauzar correctamente al historiador. En definitiva, se trata de "*tiempo*", de incontables horas de investigación no siempre gratas en la consulta documental, donde los resultados siempre son inciertos.

Ante esta situación, son cada vez menos frecuentes investigadores que basen sus trabajos en los archivos, y más reducidos aquellos que se atrevan con periodos pasados donde la lectura de los folios conservados requieren de conocimientos de paleografía.

Ahora bien, aquellos que se sumergen en esta labor, nos aportan el necesario conocimiento histórico e iluminan momentos y tiempos pasados que han conformado nuestra historia y nuestro presente.

Y es aquí, donde nuestra investigadora Guadalupe Romero cimenta y produce investigación de alta calidad científica atendiendo al uso adecuado de las fuentes primarias y a la crítica historiográfica; todo ello gracias a su sólida formación humanística, sabedora de la importancia del pasado y de la construcción fehaciente de la arquitectura del saber.

No es extraño, por tanto, que en este libro sobre un personaje, como Diego de Peñalosa y Mendoza, ofrezca una serie de virtudes científicas que hay que reseñar. En primer lugar, el esclarecimiento de la biografía del mariscal, la cual se desarrolla en la primera mitad del siglo XVIII a las órdenes de Felipe V, habiendo nacido en Ceuta en 1686. Con una sólida formación militar, y en la línea de estructuración de cargos en América potenciada por los Borbones, tendrá que asumir responsabilidades de carácter político como gobernador de Veracruz y de La Habana. Estos

15

nombramientos se enmarcaban en la necesidad de que profesionales, con sólida formación administrativa y de gobierno, reemplazaran a la nobleza de cuna que había sido la base social de los altos cargos virreinales durante los Habsburgo.

En segundo lugar, a su muerte, don Diego de Peñalosa lega a sus hermanos y a los hijos de su hermana fallecida, María, la totalidad de sus bienes, al no haber contraído matrimonio ni tener hijos reconocidos. Como derivación de este acontecimiento, se produce un rico acervo documental que ha ido rescatando nuestra investigadora, la doctora Romero Sánchez, dibujándonos una idea precisa de los bienes del finado, así como las inversiones de carácter filantrópico que se harán con los activos resultantes del testamento.

Diego de Peñalosa muere en el puerto de La Habana tras haberse embarcado en Veracruz rumbo a la Península buscando una posible jubilación por razones de edad. Esta situación permite cotejar pormenorizadamente, como hace Guadalupe Romero, los bienes muebles que iban en el galeón de regreso así como las propiedades y activos que poseía el gobernador, concluyendo en la evaluación precisa de las propiedades, así como el uso y repartimiento a través de los albaceas autorizados.

Entre sus bienes aparece una importante cuantía económica a lo que se suma un abundante ajuar de textiles y objetos en plata y oro; destacando, entre ellos, láminas, posiblemente pinturas sobre cobre, de la Huida a Egipto, de Nuestra Señora de los Dolores y de la Virgen de Guadalupe, seguramente la mexicana por su itinerario vital. Estas devociones particulares se complementan con su intervención en el contencioso sobre la difusión de la devoción a la Divina Pastora en Veracruz, potenciada por Pascual de Campos, oficial de sastre; el cual, primero con una estampa y después con una escultura realizada en México, implementaría el culto en la ciudad portuaria, preeminencia que se le negaba, siendo apoyado por el gobernador Peñalosa y ratificado en su favor por el Consejo de Indias. No son datos suficientes para entrar en la religiosidad del gobernador, pero sí significativas de sus devociones personales.

Además, de interés por su origen y ejemplo del funcionamiento de las rutas comerciales, sería el baúl pequeño de China que figura en el inventario, lógicamente llegado a Nueva España, donde debió adquirirlo, a través del Galeón de Manila. También constaba en dicho documento testamentario un cajón realizado en la capital de Filipinas con la inscripción "al coronel don Joseph Peñalosa".

En lo que respecta a Ceuta, tercer tema de interés, el mariscal crearía una obra pía en la Casa de la Misericordia. Bien dotada económicamente tenía la obligación de perpetuar su memoria y contribuir a su salvación mediante misas rezadas de carácter anual, a lo que se añade la de asistir económicamente a sus familiares. De hecho, serán los dos hermanos del mariscal, conjuntamente con los representantes de la Casa de la Misericordia, los encargados de repartir y ejecutar las ventas necesarias para cumplir con las intenciones de Diego de Peñalosa expresadas en el testamento.

El activo que recibió la Casa de la Misericordia se invirtió en la compra de una veintena de propiedades urbanas en varias fases, incluyendo viviendas mayoritariamente, a las que se añaden algunas huertas y una hacienda. Además, la mayor parte de las adquisiciones se situaban en el centro urbano, en muchas ocasiones propiedades contiguas que aumentaban simbólicamente la presencia de la institución benéfica. Esto nos permite aproximarnos a la situación de los inmuebles ceutíes en la segunda mitad del siglo XVIII donde las fundaciones religiosas, de diversa cualidad, invertían en patrimonio inmobiliario con el objetivo de obtener rentas directas que aseguraran su funcionamiento.

En este sentido, tenemos que tener en cuenta que la población de Ceuta, según el censo de 1787, ascendía a 7.608 habitantes, siendo una tercera parte militares, a los que se añadían un porcentaje bastante elevado de desterrados y delincuentes menores que acudían a la defensa de la plaza para conmutar sus penas y, claro está, el clero bajo el paraguas de la sede episcopal. Esto nos hace pensar, como ocurría en otras ciudades peninsulares de la época, que buena parte del conjunto construido pertenecía directa o indirectamente a la iglesia con escasa productividad económica, solo de carácter pasivo y rentista. Estamos, como podemos apreciar, en la realidad de la ciudad barroca, donde las propiedades dependientes de entidades religiosas son muy significativas del activo total, marcando el devenir diario en cuanto a rituales, cultos y actividades conmemorativas.

Estos datos y valoraciones, referidos a Peñalosa y su memoria, que se prolongan documentalmente hasta 1839, son posibles por el magnífico trabajo realizado por nuestra autora. Si en el inicio de estas líneas valoraba su dedicación a la documentación archivística que nos ha brindado otras importantes publicaciones de una más que cualificada investigadora, tras la lectura de este libro tenemos que reconocer el gran trabajo de síntesis crítica a partir de la amplia documentación consultada. Con los datos extractados nos construye un itinerario personal, histórico, económico y religioso que imbrican al ceutí Peñalosa con América y con su legado destinado a su memoria en su ciudad natal, permitiéndonos como lectores ir más allá de la biografía para imbricarnos en el funcionamiento de la sociedad española de la segunda mitad del siglo XVIII y de Ceuta como un ejemplo significativo.

Documentos, relato histórico y análisis científico que avalan esta investigación, mostrando, como he señalado, una vez más, las cualidades de la doctora Romero Sánchez; que, además, muestra su compromiso con esa adoptiva tierra norteafricana donde ejerce su magisterio docente, pero no olvida la necesaria imbricación con la sociedad, las instituciones y las gentes de su entorno. Mis felicitaciones, por tanto, a la autora por enriquecernos con su trabajo y al Instituto de Estudios Ceutíes que ha sabido detectar la calidad de esta investigación apostando por su publicación.

Rafael López Guzmán
Catedrático de Historia del Arte
Universidad de Granada

1

DIEGO DE PEÑALOSA Y MENDOZA[1]

1.1. De Ceuta a América. Referencias biográficas y trayectoria profesional de Diego de Peñalosa

Al contrario de lo que se pensaba y ha trascendido de la literatura científica Diego de Peñalosa y Mendoza nació en Ceuta aunque no en 1690. En el Archivo del Sagrario de la Catedral, hoy Parroquial de Nuestra Señora de África, custodiado en su ciudad natal, se ha localizado la partida de bautismo[2] fechada el 26 de agosto de 1686, quedando registrado en la propia acta que su nacimiento tuvo lugar el 24 de julio de ese mismo año[3]. Su padrino de bautizo fue su abuelo materno, mariscal de campo y caballero del hábito de Cristo[4], siendo el escenario de la celebración de este sacramento el Sagrario de la Catedral.

1   El presente libro nace en el marco del proyecto de investigación 2020-107764 del Instituto de Estudios Ceutíes, "La donación de Diego de Peñalosa a Ceuta en el siglo XVIII. Un legado indiano rico y diverso", del que es Investigadora Principal Guadalupe Romero-Sánchez, quien pertenece al Grupo de Investigación "Andalucía y América: patrimonio cultural y relaciones artísticas" HUM-806 liderado por Rafael López Guzmán. Agradezco la colaboración de Francisco José Ganfornina Lozano en el tratamiento documental.

2   Quiero agradecer muy especialmente la colaboración de don José Luis Gómez Barceló en este estudio pues la documentación relativa a bautismos y matrimonios de los Peñalosa - Mendoza ha sido facilitadas por él, además de haber siempre atendido otras consultas y dudas surgidas durante el desarrollo de la investigación.

3   Archivo del Sagrario de la Catedral, hoy Parroquial de Nuestra Señora de África (En adelante ASC). 0233. Libro 4, folio 120v.

4   La orden de Cristo u Ordem de Cristo fue una orden militar de origen portugués, heredera de la Orden de los Caballeros Templarios en esta nación, suprimida por el Papa Clemente V en 1314 (Nadal y Cañellas, Juan. La abolición de la Orden del Temple y su gestación. *BSAL*, 66(2010), 35-50). Entre sus miembros más relevantes relacionados con Ceuta se encontraría también Enrique el Navegante, quien sería nombrado administrador de la Orden el 25 de mayo de 1420 y gran

Sus padres fueron Jorge Barbosa de Peñalosa, habitualmente referenciado como Jorge de Peñalosa, hijo de Martín de Peñalosa e Isabel Nava de Mendoza, y María de Paiva Mendoza y Villalobos, hija del alcaide Tomás Diego Vas de Mendoza Villalobos y María de Freites de Mendoza, vecinos y naturales, al parecer, de esta ciudad norteafricana aunque emparentados de alguna manera con el pueblo de Setenil de las Bodegas, en Cádiz, quizás por línea ascendiente de alguno de sus progenitores. Sus padres contrajeron matrimonio en Ceuta el 26 de febrero de 1670[5] y tuvieron en esta ciudad una larga descendencia (Figura 1).

La primogénita, de los diez hijos del matrimonio, fue Isabel de Peñalosa, bautizada el 14 de junio de 1671[6], quien contrajo matrimonio el 10 de diciembre de 1692 con Simón de Andrade de Afranca, hijo de Joseph de Andrade de Afranca y de Juliana Correa Alcaforado, siendo los testigos de la boda la madre de Isabel y su abuelo paterno[7]. El 31 de mayo de 1678 se bautizó a la que sería su segunda hija llamada Ana Micaela de Peñalosa, nacida el 7 de ese mismo mes y año[8]; quien se casó con Fabián de Acuña[9]. La tercera de sus hijas fue Juana Teresa de Peñalosa, de la que desconocemos la fecha exacta de su nacimiento. Juana contrajo matrimonio el 15 de septiembre de 1701 con Alonso de la Calle, hijo de Alonso de la Calle y de María Tomasa de Melgar, naturales de Ronda[10], por lo que debió nacer en 1679 o en la década siguiente. Lo mismo sucede con María de Peñalosa quien contrajo matrimonio el 4 de junio de 1702 con el capitán y, más tarde, teniente coronel, Fernando Altamirano Portocarrero, hijo de Diego Altamirano Portocarrero y Juana de Aguayo, natural de Madrid[11], y de la que sabemos que ya había fallecido cuando Diego de Peñalosa firma su testamento. Cercano en el tiempo sería también el nacimiento de Antonia de Peñalosa, quien se casó con José de Mendoza Villalobos el 30 de marzo de 1705[12].

---

maestre por la bula Etsi Suscepti en 1442 (VILLATORO IGLESIAS, Fernando, 2011. https://www.academia.edu/16660523/El_Infante_D_Enrique_Maestre_de_la_Orden_de_Cristo).

5   ASC. 0180. Libro 2, folio 91v.

6   ASC. 0279. Libro 3, folio 141v.

7   ASC. 0439. Libro 2, folio 216r.

8   ASC. 0085. Libro 4, folio 45v.

9   ANEXO 1. AGI. *Bienes de difuntos: Diego de Peñalosa. Poder para testar.* Contratación, 5631, N. 1, ramo 1, folio 25v.

10   ASC. 0216. Libro 3, folio 74v.

11   ASC. 0241. Libro 3 folio 87r.

12   ASC. 0310. Libro 3 folio 131v.

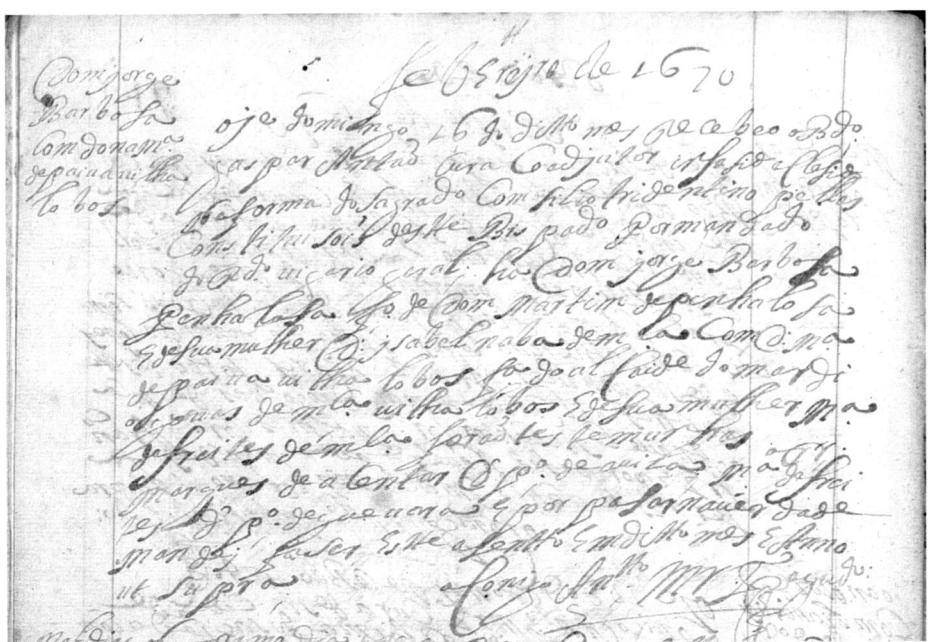

Figura 1. Acta de matrimonio de Jorge de Peñalosa y María de Mendoza y Villalobos, padres de Diego de Peñalosa. ASC. 0180. Libro 2, folio 91v.

El primer hijo varón del matrimonio fue Diego de Peñalosa (Figura 2), quien recordemos nació en 1686 no pudiéndose afirmar si era mayor o menor que sus hermanas Juana, María y Antonia. La hermana más desconocida fue Elvira Beatriz de Peñalosa[13], de la que únicamente sabemos que nació el 30 de agosto de 1689 y fue bautizada el 18 de octubre posterior[14]. Otra de las hijas del matrimonio Peñalosa-Mendoza sería Catalina Jacoba de Peñalosa, bautizada el 9 de junio de 1693[15] habiendo nacido el 25 de mayo anterior y quien según informaciones emanadas del testamento de su hermano Diego de Peñalosa quedaría soltera[16]. Juan de Peñalosa, nacería el 1 de enero de 1696, siendo bautizado el 28 de ese mes y año como Juan José Narciso[17]. De él sabemos que llegaría a ser capitán de infantería y

---

13   ASC. 0362. Libro 4 folio 185r.

14   Sobre esta hermana no tenemos más noticias, ni será mencionada en la documentación de Diego de Peñalosa por lo que podemos pensar que quizás falleció pronto. Sorprende el hecho de haber recibido el sacramento del bautismo de forma tardía pues el resto de sus hermanos fueron bautizados con mayor celeridad.

15   ASC. 0519. Libro 4 folio 263v.

16   ANEXO 1. AGI. *Bienes de difuntos: Diego de Peñalosa. Poder para testar.* Contratación, 5631, N. 1, ramo 1, folio 25v.

17   ASC. 0016. Libro 5 folio 8v.

que a mediados del siglo XVIII se retiró a la plaza de Ceuta. El siguiente hijo fue Martín Gonzalo de Peñalosa, quien llegó a ser capitán del regimiento de Saboya. Martín nació el 13 de septiembre de 1698 y fue bautizado en la ciudad una semana después, concretamente el día 21 de septiembre[18].

A todos ellos, y a los hijos de María de Peñalosa, Diego de Peñalosa instituyó como sus legítimos herederos al no tener herederos forzosos ascendientes ni descendientes, pues nunca contrajo matrimonio ni, al parecer, tuvo hijos[19].

Sobre la vida y trayectoria profesional de Diego de Peñalosa se desconocen numerosos datos pues en los archivos consultados, tanto nacionales como inter-

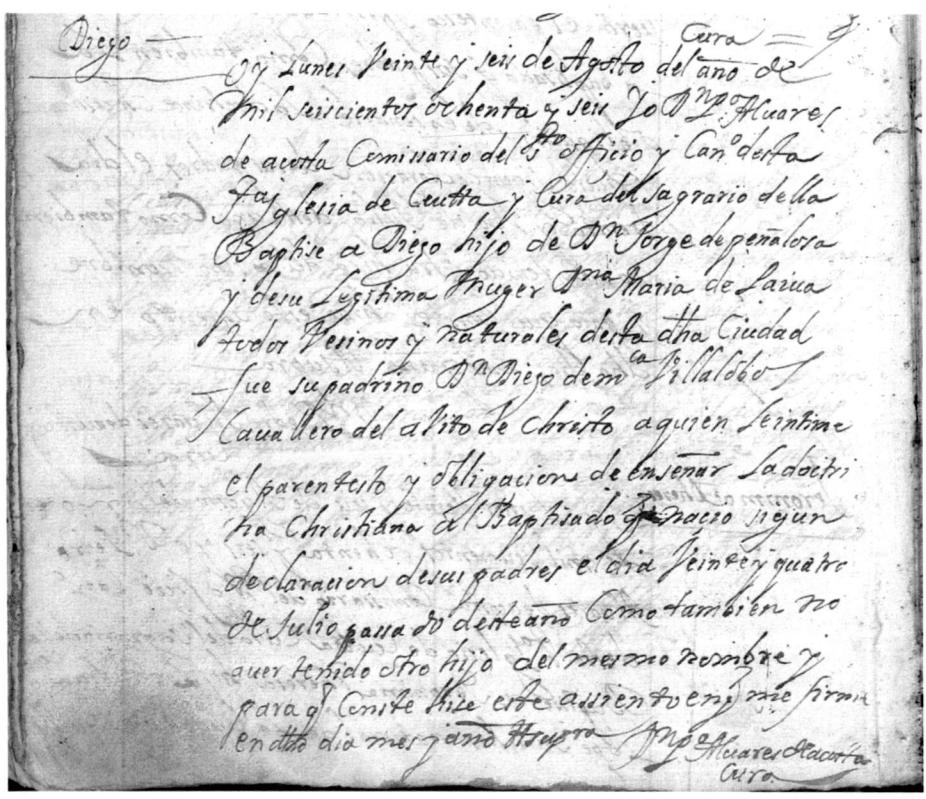

Figura 2. Acta de bautismo de Diego de Peñalosa. ASC. 0233. Libro 4, folio 120v.

---

18   ASC. 0127. Libro 5 folio 65r.

19   ANEXO 1. AGI. *Bienes de difuntos: Diego de Peñalosa. Poder para testar.* Contratación, 5631, N. 1, ramo 1, folios 22r-27r.

nacionales[20], apenas si guardan referencias acerca de este todavía enigmático personaje; de hecho, la mayor parte de elementos localizados que han permitido reconstruir someramente su trayectoria proceden de memoriales o disposiciones testamentarias (y documentación posterior derivada de éstas) emitidas en primera persona poco tiempo antes de morir, hecho que sucede alrededor de las 9 de la mañana del 20 de agosto de 1755, yendo a bordo del navío *La Purísima Concepción* capitaneado por Bernardo de Zamorategui, estando de regreso a España[21].

Al igual que su padre y sus hermanos, Diego de Peñalosa optó por la vida militar y desde su juventud se unió al ejército. Con el tiempo llegó a ser Mariscal de Campo de los Reales Ejércitos, pasando anteriormente por los grados de Coronel y Brigadier. Su relación con América comienza en 1737, cuando el rey Felipe V, en una certificación firmada en El Pardo el 30 de marzo, le nombra Teniente del Rey y Cabo Subalterno de la Isla y Plaza de la Habana[22] (Figura 3). El empleo se ofrecía por vacante, pues a Cristóbal Pizarro y Mella, quien hasta entonces había ocupado el cargo, se le apartaba por jubilación. Para este empleo se precisaba a una persona "de celo, ynteligencia y experiencias militares" recayendo como hemos visto en Peñalosa quien en este momento ejercía como capitán de granaderos del Regimiento de Infantería de León[23].

Aceptar el cargo implicaba quedar a las órdenes del gobernador y capitán general de la Isla de Cuba como su subalterno, concediéndosele facultad y amplio poder para ocupar temporalmente este alto cargo en caso de ausencia o falta, teniendo competencias en lo militar y en lo político, según se extraía del capítulo 73 del reglamento para la guarnición de La Habana aprobado el 11 de abril de 1719. El juramento del nuevo cargo y el recibimiento habitual debía realizarlo el gobernador y capitán de la isla de Cuba que en estas fechas era Juan Francisco de

---

20 Entre los archivos nacionales consultados están el Archivo General de Indias y el Archivo General de Ceuta, como las principales instituciones que custodian documentación sobre la vida, trayectoria profesional y legado de Diego de Peñalosa, no obstante, se consultaron también el Archivo General de Simancas, el Archivo General Militar de Madrid; el Archivo de Setenil de las Bodegas o el Archivo del Museo Naval, entre otros, con resultado muy dispar, puntual o nulo. Entre los internacionales destacamos el Archivo General de la Nación de México, el Archivo General del Estado de Veracruz, el Archivo Histórico de Orizaba en Veracruz, el Archivo y Biblioteca Históricos de la ciudad de Veracruz o el Archivo Nacional de la República de Cuba, cuya búsqueda no produjo ningún resultado para esta investigación.

21 AGI. *Bienes de difuntos: Diego de Peñalosa. Notificación del fallecimiento de Diego de Peñalosa.* Contratación, 5631, N. 1, ramo 1, folio 14r.

22 AGI. *Expediente de información y licencia de pasajero a indias de Diego de Peñalosa.* Contratación, 5483, N.2, R.28, folios 1r-4r.

23 AGI. *Expediente de información y licencia de pasajero a indias de Diego de Peñalosa.* Contratación, 5483, N.2, R.28, folio 3r.

Güemes y Horcasitas. Diego de Peñalosa aceptó el cargo por el que percibirá 200 pesos de salario mensuales, y el 4 de octubre de 1737 se le concedió el despacho de embarcación desde la Contaduría General de la Casa de Contratación de Indias, partiendo inmediatamente[24].

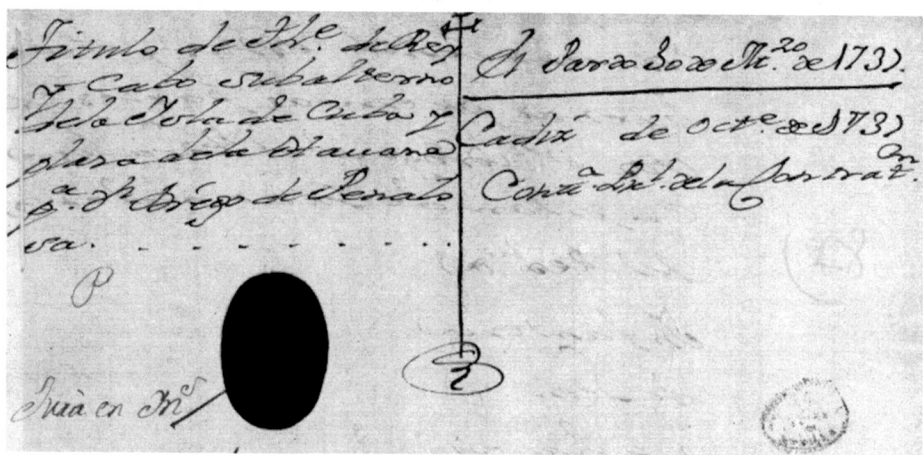

Figura 3. "Título de theniente del Rey y cabo subalterno de la Ysla de Cuba y plaza de La Havana para don Diego de Peñalosa". Imagen. AGI. Contratación, 5483, N.2, R.28, folio 1r.

Así pues, a los pocos meses llegaría a San Cristóbal de La Habana, capital de Cuba, donde asumiría el cargo y empleo para el que fue propuesto estando a las órdenes de Güemes y Horcasitas hasta el 22 de abril de 1746 cuando se nombra como su sucesor a Juan Antonio Tineo y Fuertes[25], mariscal de campo que actuó como gobernador muy poco tiempo pues murió el 21 de julio de ese mismo año. Esa casuística hizo que su condición de sustituto prevaleciera debiendo ocupar el cargo de manera interina mientras se nombraba a un nuevo gobernador[26]. Así pues,

---

24   AGI. *Expediente de información y licencia de pasajero a indias de Diego de Peñalosa*. Contratación, 5483, N.2, R.28, folios 5r-5v.

25   PEZUELA, Jacobo de la. *Diccionario Geográfico, Estadístico e Histórico de la Isla de Cuba*. Volumen I. Imprenta del Establecimiento de Mellado, 1863, página 191; *Memorias de la sociedad patriótica de La Habana*. Tomo XI. Habana: Imprenta del Gobierno y Capitanía General por Su Magestad, 1840, página 369 y VALDÉS; Antonio J. *Historia de la Isla de Cuba y en especial de La Habana*. Volumen I. Habana: Oficina de la Cena, 1813, página 107.

26   En algunas crónicas se menciona que Diego de Peñalosa asumió una doble interinidad; la primera, el 5 de julio cuando el gobernador Güemes se retiró para recuperarse de sus problemas de salud a la Quinta de San Juan a una legua de la capital, propiedad de los Betlemitas, muriendo el día 21 de ese mismo mes; la segunda, una vez fallecido el gobernador (PEZUELA, Jacobo

el ya brigadier Diego de Peñalosa[27] sucedió a Tineo desde el 21 de julio de 1746 hasta el 9 de junio de 1747 cuando toma posesión el mariscal de campo Francisco Cagigal de la Vega que ocuparía el puesto hasta principios de 1760.

Durante el breve gobierno interino de Peñalosa destaca el cronista Jacobo de la Pezuela dos elementos importantes; el primero, los festejos celebrados en la ciudad y en otros lugares de la isla por la proclamación del rey Fernando VI, sucesor de Felipe V, especialmente ostentosos "para lo acostumbrado del lugar", según su opinión; y el segundo, el momento más marcado y notable "por la vigilancia y cordura de su porte" y que le valió a Diego de Peñalosa el ascenso a brigadier "después de socorrer en marzo de 1747 a la Florida, que James Oglethorpe continuaba amenazando, y gobernar muchos meses con justicia"[28].

Una vez destituido debió permanecer en Cuba hasta que marchó a Veracruz para hacerse cargo de su gobernación. Desconocemos la fecha exacta de partida, no obstante, debió ocurrir poco tiempo después de la llegada de Cagigal pues el 28 de agosto de 1751 firma el poder para testar en esta urbe novohispana y de este documento se desprende el hecho de ser ya "brigadier de los reales ejércitos, governador político y militar actual de esta çiudad, y del castillo y real fuerça de San Juan de Ulúa por Su Magestad"[29], sin que sepamos la antigüedad de su nombramiento (Figuras 4, 5 y 6).

De su etapa veracruzana pocos datos han trascendido. En el Archivo General de Indias se conserva alguna correspondencia remitida por él desde Nueva España informando de asuntos cotidianos del gobierno veracruzano[30], sin embargo, en los

de la. *Historia de la Isla de Cuba*. Volumen II. Madrid: Carlos Bailly -Baylliere, 1868, página 408).

27 Debemos advertir que algunas fuentes e incluso instituciones señalan a un homónimo Diego de Peñalosa, nacido en Salamanca en 1700 y fallecido hacia 1780 como el beneficiario de este cargo: CALCAGNO, Francisco. *Diccionario Biográfico Cubano*. New York: Imprenta de N. Ponce de León, 1878, página 487; Real Academia de la Historia de España (https://dbe.rah.es/biografias/87204/diego-de-penalosa). Sin embargo, podemos atestiguar que fue el ceutí sobre el que realizamos este estudio quien llegó a obtener este empleo como demuestra la documentación consultada y más concretamente se evidencia en un codicilo firmado en altamar el 3 de agosto de 1755, días antes de su muerte, donde especifica que había dejado 4000 pesos como depósito "para los gastos de la residencia del tiempo que fei gobernador en dicha //8r ciudad y puerto de La Habana" (ANEXO 4. AGI. *Bienes de difuntos: Diego de Peñalosa. Codicilo*. Contratación, 5631, N. 1, ramo 1, folios 8r-8v).

28 PEZUELA, Jacobo de la. *Historia de la Isla de Cuba*. Volumen II. Madrid: Carlos Bailly -Baylliere, 1868, páginas 409-410).

29 AGI. *Bienes de difuntos: Diego de Peñalosa. Notificación del fallecimiento de Diego de Peñalosa*. Contratación, 5631, N. 1, ramo 1, folio 22r.

30 AGI. *Correspondencia de los Gobernadores de Veracruz*. México, 2844.

numerosos archivos de esta ciudad mexicana no se ha podido hallar documentación alguna. No obstante, hay un hecho de una enorme trascendencia cultural, como fue la llegada e implantación del culto a Nuestra Señora como Divina Pastora de las Almas[31], que no solo sucedió bajo su mandato sino que se consolidó y aumentó gracias a su intercesión (Figura 7). La primera referencia la aporta Francisco Montes González[32], especialista en iconografía andaluza y su implantación en América.

Figura 4. Fuerte. San Juan de Ulúa. Veracruz. Fotografía cedida por Rafael López Guzmán[33].

---

31 La advocación de la Divina Pastora de las Almas tiene su origen en 1703 en la capital hispalense, en una visión que presenció el religioso capuchino fray Isidoro de Sevilla. En apenas tres meses se erigió canónicamente la primera hermandad en la parroquia de San Gil. Su expansión por América fue también bastante rápida, no debemos olvidar, y así lo refiere Montes González, la intensidad de los contactos entre Sevilla "primer punto de irradiación de la devoción" y el puerto de Veracruz (MONTES GONZÁLEZ, Francisco. "La Divina Pastora de las Almas. Una imagen sevillana para el Nuevo Mundo". En: LÓPEZ GUZMÁN, Rafael (Coord). *Andalucía y América. Cultura artística.* Granada: Editorial Atrio y Editorial de la Universidad de Granada, 2009, pág. 104).

32 MONTES GONZÁLEZ, Francisco. "La Divina Pastora de las Almas. Una imagen sevillana para el Nuevo Mundo". En: LÓPEZ GUZMÁN, Rafael (Coord). *Andalucía y América. Cultura artística.* Granada: Editorial Atrio y Editorial de la Universidad de Granada, 2009, páginas 99-135. Consultar también: MONTES GONZÁLEZ, Francisco. "Divina Pastora. Sevilla". En: LÓPEZ GUZMÁN, Rafael y MONTES GONZÁLEZ, Francisco (Coords). *Religiosidad andaluza en América. Repertorio iconográfico.* Granada: Editorial de la Universidad de Granada, 2017, páginas 215-259.

33 Agradezco a Rafael López Guzmán su generosidad al cederme para su publicación las imágenes contenidas en el libro del Fuerte de San Juan de Ulúa.

Figura 5. Fuerte. San Juan de Ulúa. Veracruz. Fotografía cedida por Rafael López Guzmán.

Figura 6. Interior del Fuerte de San Juan de Ulúa. Veracruz. Fotografía cedida por Rafael López Guzmán.

En su pionero análisis sobre la Divina Pastora menciona un memorial dirigido al Consejo de Indias a través del cual un indio llamado Pascual de Campos, ciudadano de Veracruz, reclamaba la propiedad de una talla de la Divina Pastora que él había costeado, pues había sido él quien había contratado y pagado al escultor Antonio González y al pintor Miguel Ramírez, y de la que se había apropiado su patrón el capitán Juan Nava[34]. Además reclama el guion, faroles, insignias, alhajas y demás objetos pertenecientes a la Cofradía de la Divina Pastora, promovida en dicha ciudad desde el año 1744 por el citado indio para extender la devoción del Santo Rosario.

En este asunto sería en el que intervendría el gobernador de Veracruz, Diego de Peñalosa[35], quien en el año 1753 emitió un extenso informe, ordenado por cédula de 14 de julio de 1751, apoyando la iniciativa del indio Pascual y la petición de autorización para la hermandad, recapitulando todo lo acontecido hasta el momento[36]. Los investigadores[37] coinciden en señalar que la intercesión de Peñalosa en este asunto y su minucioso informe debió influir muchísimo en la deliberación del Consejo de Indias. Así lo refiere Taylor "el informe del gobernador Peñaloza es el recuento más comprehensivo y balanceado de los comienzos de la devoción de la Divina Pastora y del santuario en Veracruz, y sirvió como referente para la sentencia del Consejo de Indias en apoyo del nuevo culto"[38].

---

34 MONTES GONZÁLEZ, Francisco. "La Divina Pastora de las Almas. Una imagen sevillana para el Nuevo Mundo". En: LÓPEZ GUZMÁN, Rafael (Coord). *Andalucía y América. Cultura artística*. Granada: Editorial Atrio y Editorial de la Universidad de Granada, 2009, pág. 114.

35 No podemos afirmar si también Diego de Peñalosa era devoto de la Divina Pastora de las Almas pero así se da a entender a través de su memorial, por su conocimiento directo de los personas implicadas y por el minucioso relato que aporta sobre la implantación de la iconografía y el surgimiento de la cofradía.

36 AGI. *Informe del gobernador Diego de Peñalosa, fechada el 22 de enero de 1753*. México, 716.

37 MONTES GONZÁLEZ, Francisco. "La Divina Pastora de las Almas. Una imagen sevillana para el Nuevo Mundo". En: LÓPEZ GUZMÁN, Rafael (Coord). *Andalucía y América. Cultura artística*. Granada: Editorial Atrio y Editorial de la Universidad de Granada, 2009, pág. 117; HERRERA GARCÍA, Francisco J. *"Una estampa de muy poco valor*. Imagen, devoción y discriminación étnica en torno a la creación de una hermandad novohispana". En: FERNÁNDEZ VALLE, María de los Ángeles; OLLERO LOBATO, Francisco y REY ASHFIELD, William (Eds). *Arte y patrimonio en España y América*. Montevideo: Editorial Universidad de la República, 2014, páginas 163-186. Para un análisis más detallado de este proceso consultar: TAYLOR, William. *"Aquí andaba la mano de Dios*: inicios de la devoción a la Divina Pastora en Veracruz, 1744-1755". *Historias*, 78 (ene-abr/2011): 85-99.

38 TAYLOR, William. *"Aquí andaba la mano de Dios*: inicios de la devoción a la Divina Pastora en Veracruz, 1744-1755". *Historias*, 78 (ene-abr/2011): 88.

La sentencia del Consejo se emitió el 7 de agosto de 1754 y fue favorable a Campos: "...mandando que se atienda a Pascual de Campos y se ponga por director a don Antonio Basilio Berdejo, pues como dice el gobernador son los que con su celo han conseguido el establecimiento del mencionado rosario y las limosnas y alaxas con que oy se halla la santa imagen"[39]. Quizás a estas alturas Diego de Peñalosa había cesado ya como gobernador de la ciudad o le quedaban pocos meses en el cargo, de hecho, en el testamento que firma en el pueblo vera-cruzano de Orizaba el 25 de octubre de 1754 no hace referencia alguna sobre sus ocupaciones aunque sí trasciende el hecho de haber ascendido ya a "Mariscal de Campo de los Reales Ejércitos"[40].

Figura 7. Divina Pastora. José de Páez. Museo de los Capuchinos de Sevilla. Fotografía cedida por Francisco Montes González[41].

---

39   AGI. Expediente acerca de la Cofradía y Congregación de Nuestra Señora con el título de la Divina Pastora de la ciudad de Veracruz. Año 1754. México, 716.

40   ANEXO 2. AGI. *Bienes de difuntos: Diego de Peñalosa. Testamento*. Contratación, 5631, N. 1, ramo 1, folio 28r.

41   Agradezco a Francisco Montes González su generosidad al cederme el uso de la imagen de la Divina Pastora inserta en el libro.

Desconocemos el motivo por el que abandonó finalmente Nueva España, quizás se había ganado un merecido descanso después de unos años intensos de servicio, quizás había alcanzado la edad de su jubilación pues a estas alturas contaba ya con 68 años de edad, o quizás se le había concedido un nuevo empleo en la Península. Sea como fuere, embarca con destino a España en una travesía que, como ya advertimos, tendría un trágico desenlace motivado a consecuencia, como él mismo refiere, de un fatal "accidente"[42] que pudo haber acaecido con anterioridad a su traslado e incluso haber sido el motivo de su precipitada vuelta, no obstante, con el tiempo se comentará la posibilidad de haber fallecido de tuberculosis, también conocida como tisis[43].

Sobre el entierro y funerales por su alma, Diego de Peñalosa dejó escrita su última voluntad, voluntad que fue modificándose en función de las circunstancias. En el poder para testar fechado en 1751 establece su deseo de ser enterrado vestido según las ordenanzas militares teniéndose en cuenta su grado y empleo, siendo sepultado en el Convento de Santo Domingo de Veracruz, a un lado de la Capilla de Nuestra Señora del Rosario[44]. En su funeral debía cantarse una misa de réquiem oficiada por los dominicos, a los que se debían sumar los religiosos de la Merced en el caso de no contar con miembros suficientes, sin que se ostentara, por no caer en pompa ni vanidad. No obstante, en el testamento fechado en 1754 en el pueblo de Orizaba, que más adelante analizaremos en profundidad, ya se establecen algunos condicionantes motivados quizás por tener ya en mente su retorno. Así, deja entrever la posibilidad de fallecer en un lugar diferente a Veracruz, en cuyo caso pide ser enterrado en algún convento dominico, y en caso de no existir en la iglesia que eligieran sus albaceas o el párroco del lugar por ausencia de éstos, quedando vigente la cláusula de las misas.

Su muerte se produce, no en alta mar como se pensaba, sino en la Habana, en la primera escala realizada tras salir del puerto de Veracruz, aunque él, por su enfermedad, no pudo desembarcar y, por tanto, falleció "a bordo" del navío la

---

42 AGI. *Bienes de difuntos: Diego de Peñalosa. Última voluntad.* Contratación, 5631, N. 1, ramo 1, folio 12r.

43 AGI. *Bienes de difuntos: Diego de Peñalosa.* Contratación, 5631, N. 1, ramo 1, folios 78r-78v.

44 En el testamento del año 54 se abre ya a la posibilidad a fallecer en un lugar diferente al de Veracruz, por ello, deja establecida su voluntad de ser sepultado en el cualquier iglesia dominica, y en caso de no existir en la iglesia que le pareciere a sus albaceas o al párroco del lugar. En adición, en su última voluntad fechada un año más tarde pedirá que los funerales por su alma se dijeran en su ciudad natal.

Limpia Concepción como refiere la documentación[45]. Esta ruta era la habitual en la Flota de Indias, para ser más exactos, en la Flota de Nueva España cuyo puerto de referencia era el de Veracruz. Desde allí se partía a la bahía de La Habana donde solían coincidir con la Flota de Tierra Firme para emprender juntos el Tornaviaje, siendo la ruta seguida por Peñalosa (Figura 8). Como ya avanzamos el mariscal de campo murió el 20 de agosto de 1755 y ese mismo día se celebró su funeral, como analizaremos en el siguiente apartado, recibiendo sepultura según los dictados de la fe católica, aunque desconocemos el lugar exacto de su enterramiento.

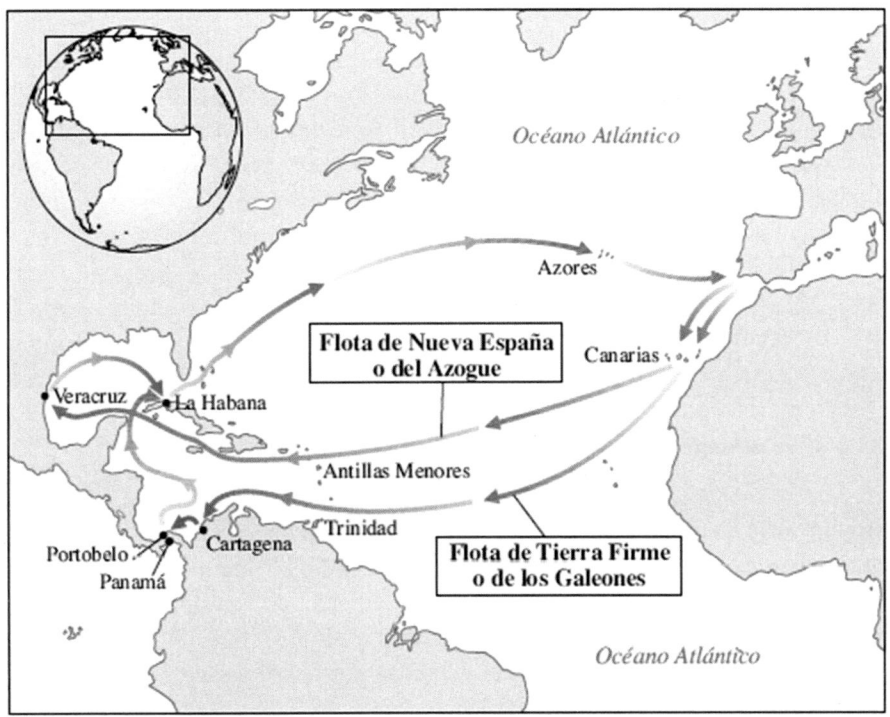

Figura 8. Ruta de la Flota de Indias[46]

45   GARCÍA-BAQUERO GONZÁLEZ, Antonio, *La Carrera de Indias. Suma de la contratación y océano de negocios*, Sevilla, Algaida, 1992 y ALFONSO MOLA, Marina. El tráfico marítimo de la Carrera de Indias en las agitadas aguas de las independencias. En: SILVA, Hernán A. (Coord). *Historia económica del cono sur de América: Argentina, Bolivia, Brasil, Chile, Paraguay y Uruguay. La era de las revoluciones y la independencia.* 2010, páginas 93-129. Instituto Panamericano de Geografía e Historia.

46   Extraido de GARAVAGLIA, Juan Carlos y MARCHENA FERNÁNDEZ, Juan. *América Latina de los orígenes a la Independencia.* Barcelona: Crítica, 2005.

1.2. Los funerales de Diego de Peñalosa y las misas por su alma

El primero en rendir cuentas sobre estos asuntos fue Francisco de la Cotera, albacea en el tornaviaje del mariscal de campo, quien firma en la Habana el 24 de octubre de 1755 las cuentas de lo gastado por el funeral de Diego de Peñalosa[47] (Figura 9). Según esta relación una vez fallecido Peñalosa se pagó a un grumete llamado Cruz por amortajar su cuerpo, utilizando como mortaja un hábito de San Francisco que llevaba consigo el religioso Antonio Barcárcel y por la que le dieron de limosna 12 pesos y 4 reales.

El coste de su entierro ascendió a 25 pesos que se pagaron al capitán Antonio Fernández a quien también se abonaron 35 pesos en concepto de misas rezadas por el alma del difunto. Por este mismo motivo se pagarían a otros religiosos de la ciudad, en concreto 25 pesos al reverendo padre Manuel de la Encarnación, religioso presbítero del convento de Belén de la Habana; 12 pesos al reverendo padre fray Juan Barcelos, religioso franciscano; el mismo importe al reverendo padre fray Nicolás Barcelos de la misma orden; 12 pesos al doctor don Lorenzo García Menocal, otra cantidad igual le fue abonada al reverendo padre carmelita descalzo fray Agustín de San Antonio; el mismo importe se pagó al reverendo padre fray Manuel Joseph Crespo, también franciscano y al bachiller Ginés Nicolás de Cabrera Betancourt; 20 pesos al clérigo Francisco de Arriaga y 5 pesos más al presbítero Domingo Soto Longo.

Con el tiempo las cuentas de este albacea fueron revisadas por Pedro Sáenz de Santamaría, mercader gaditano del que hablaremos con posterioridad, custodio temporal de los bienes y caudales de Diego de Peñalosa. Según su comprobación las misas que se dijeron tras el entierro de Peñalosa en La Habana fueron 157 por lo que quedó pendiente la celebración de otras 43 misas que completarían la obligación de oficiar 200 misas establecidas por el finado en el documento de última voluntad. Por ello, Francisco de la Cotera tuvo que reintegrar la cantidad de 43 pesos restantes que se decidieron distribuir de la siguiente manera: 40 pesos entre las autoridades de la audiencia (16 al presidente, 8 a cada uno de los oidores que por este entonces eran el marqués del Arco Hermoso, Alonso Cortés y Pedro Muiños) y 3 pesos a Pedro Sáenz de Santamaría, con la obligación de convertirlos en misas rezadas y dar así cumplimiento a la última voluntad del difunto[48].

---

47   AGI. *Bienes de difuntos: Diego de Peñalosa. Cuentas sobre el entierro y misas de Diego de Peñalosa.* Contratación, 5631, N. 1, ramo 1, folios 92r-93r.

48   AGI. *Bienes de difuntos: Diego de Peñalosa. Auto de los oidores de la Real Audiencia.* Contratación, 5631, N. 1, ramo 1, folios 108v-109r.

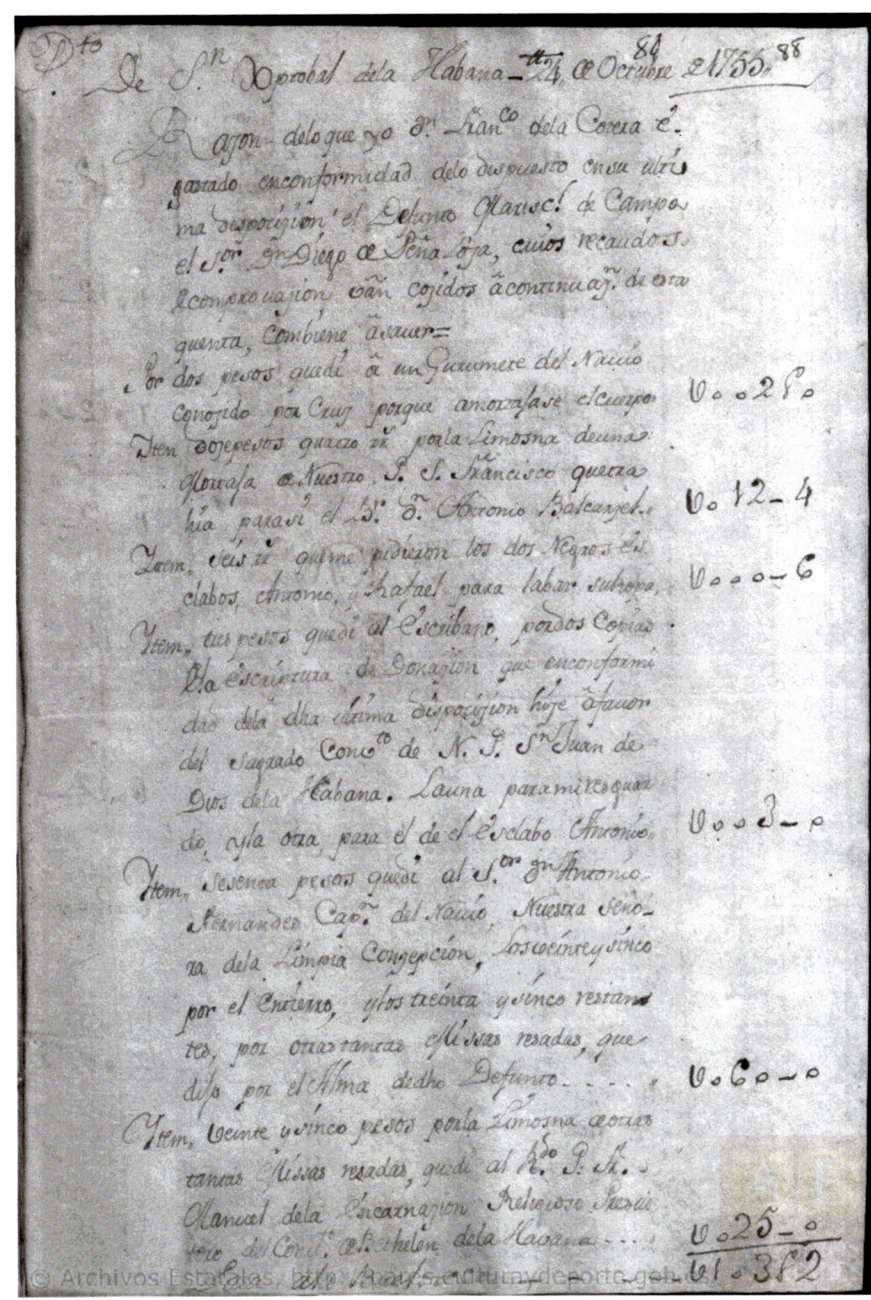

Figura 9. Cuentas de Francisco de la Cotera presentadas el 24 de octubre de 1755 en razón del funeral de Diego de Peñalosa. AGI. Bienes de difuntos. Diego de Peñalosa. Cuentas sobre el entierro y misas de Diego de Peñalosa. Contratación, 5631, N. 1, ramo 1, folio 92r.

Las misas por el alma del mariscal de campo en su ciudad natal, Ceuta, se retrasaron bastante, motivado, como veremos en el capítulo del reparto de sus bienes, por la enfermedad de Juan de Peñalosa o quizás por dejadez de su hermano. Las exequias, no obstante, se pudieron celebrar con antelación teniendo lugar en el mes de enero de 1757 en la iglesia franciscana de la ciudad. Según relata Juan de los Reyes, guardián del convento de religiosos descalzos, estas fueron muy solemnes y con bastante pompa, celebrándose las misas correspondientes así como el gasto de cera, ascendiendo el coste a 900 reales que abonó su hermano Juan[49].

Diego de Peñalosa había donado en su testamento 150 pesos al convento de trinitarios, a los franciscanos y a la iglesia de Nuestra Señora de África, con reparto equitativo de 50 pesos, para que se convirtieran en misas por su alma. Este dinero lo percibieron las instituciones religiosas el 14 de junio de 1758[50], casi tres años después de la muerte del mariscal de campo, según consta de los recibos aportados por los representantes de las diferentes comunidades. Entendemos que las misas rezadas a las que correspondían esas cantidades se realizarían en algún momento posterior, o tal vez anterior, al libramiento del dinero aunque no tenemos constatación de ello.

Una vez en funcionamiento la obra pía establecida por Diego de Peñalosa en la Santa y Real Casa de la Misericordia en Ceuta, sería esta la encargada de celebrar y costear anualmente las honras en honor a la memoria del mariscal de campo, quedando estas registradas en una carpeta custodiada hoy en el Archivo General de Ceuta[51]. Las primeras celebraciones están fechadas a finales de la década de los 70 del siglo XVIII, sin que pueda certificarse convenientemente el año exacto del comienzo de los aniversarios pues los primeros documentos están sin fechar. El análisis de este legajo es muy interesante pues a través de él se puede reconstruir las actuaciones realizadas para las honras fúnebres y su parafernalia asociada.

Los costes fueron muy parecidos en cada anualidad, no obstante, hay partidas que van aumentando o disminuyendo en función, entendemos, de los réditos de la obra pía, así como tablas más exhaustivas en la distribución del gasto que permite

---

49 ANEXO 19. AGI. *Bienes de difuntos: Diego de Peñalosa. Certificado de Juan de los Reyes en relación a las exequias de Diego de Peñalosa.* Contratación, 5631, N. 1, ramo 1, folio 241r.

50 ANEXO 20. AGI. *Bienes de difuntos: Diego de Peñalosa. Recibo del convento de franciscanos.* Contratación, 5631, N. 1, ramo 1, folios 242v-243r. ANEXO 21. AGI. *Bienes de difuntos: Diego de Peñalosa. Recibo del convento de trinitarios.* Contratación, 5631, N. 1, ramo 1, folios 243r-243v. ANEXO 22. AGI. *Bienes de difuntos: Diego de Peñalosa. Recibo del tesorero de Nuestra Señora de África.* Contratación, 5631, N. 1, ramo 1, folio 243v.

51 Archivo General de Ceuta (AGC). Fondo Casa de la Misericordia de Ceuta. Fundación Diego de Peñalosa. Gastos de las honras fúnebres del mariscal don Diego de Peñalosa. Signatura Caja 40.

profundizar un poco más en la estructura de la celebración. Para la primera fiesta luctuosa, por ejemplo, se pagó al cabildo más de 133 reales vellón y por la música, 75. Estas partidas junto con los gastos de cera que, respetando la estructura del documento mencionaremos más adelante, son las más abultadas. Para armar y desarmar el túmulo se abonan 10 reales y por su traslado a la iglesia, 5; cantidades más pequeñas se destinaron al sacristán y al mozo por el desempeño de su trabajo y 5 reales para el gasto de aceite, vino y hostias empleados durante los servicios.

Como advertimos el importe de la cera fue abultado y por ello se relaciona de manera independiente. Las velas utilizadas son de media libra y de cuarterón, distribuyéndose según el cuadro inferior:

Cera	De ½ libra	De quarterón
Al reverendo cavildo 15 velas de ½ libra	15	
Al sochantre, maestros de capilla y ceremonias 3 velas de ydem	03	
A los 4 capellanes de choro de a quarterón		4
A los 7 múcicos ydem		7
Para el altar mayor 6 de ½ libra	6	
Para los colaterales 4 de quarterón		4
Para el túmulo 12 de quarterón		12

Esta cuenta hace un total de 24 velas de ½ libra y 27 de cuarterón, a lo que se sumó más tarde una libra más de cera para los monaguillos y otra para los sacristanes y el pertiguero. El total de lo invertido en esta partida asciende a 339 reales. La distribución de la cera en el túmulo y alrededores es muy significativa pues también nos aporta información sobre su estructura e iluminación. Para el altar mayor, donde se encontraba instalado, se utilizaron 6 velas de ½ libra y para el frente del túmulo otras 6. En su primer cuerpo se repartieron 12 velas de cuarterón, en el segundo 10 y en la tumbilla 4, otras 4 velas se dispusieron cerca de la Virgen y 2 más cada uno de los altares, haciendo un total de 12 velas de ½ libra y de 34 de cuarterón[52].

---

52   Archivo General de Ceuta (AGC). Fondo Casa de la Misericordia de Ceuta. Fundación Diego de Peñalosa. Gastos de las honras fúnebres del mariscal don Diego de Peñalosa. Signatura Caja 40, folio 3v.

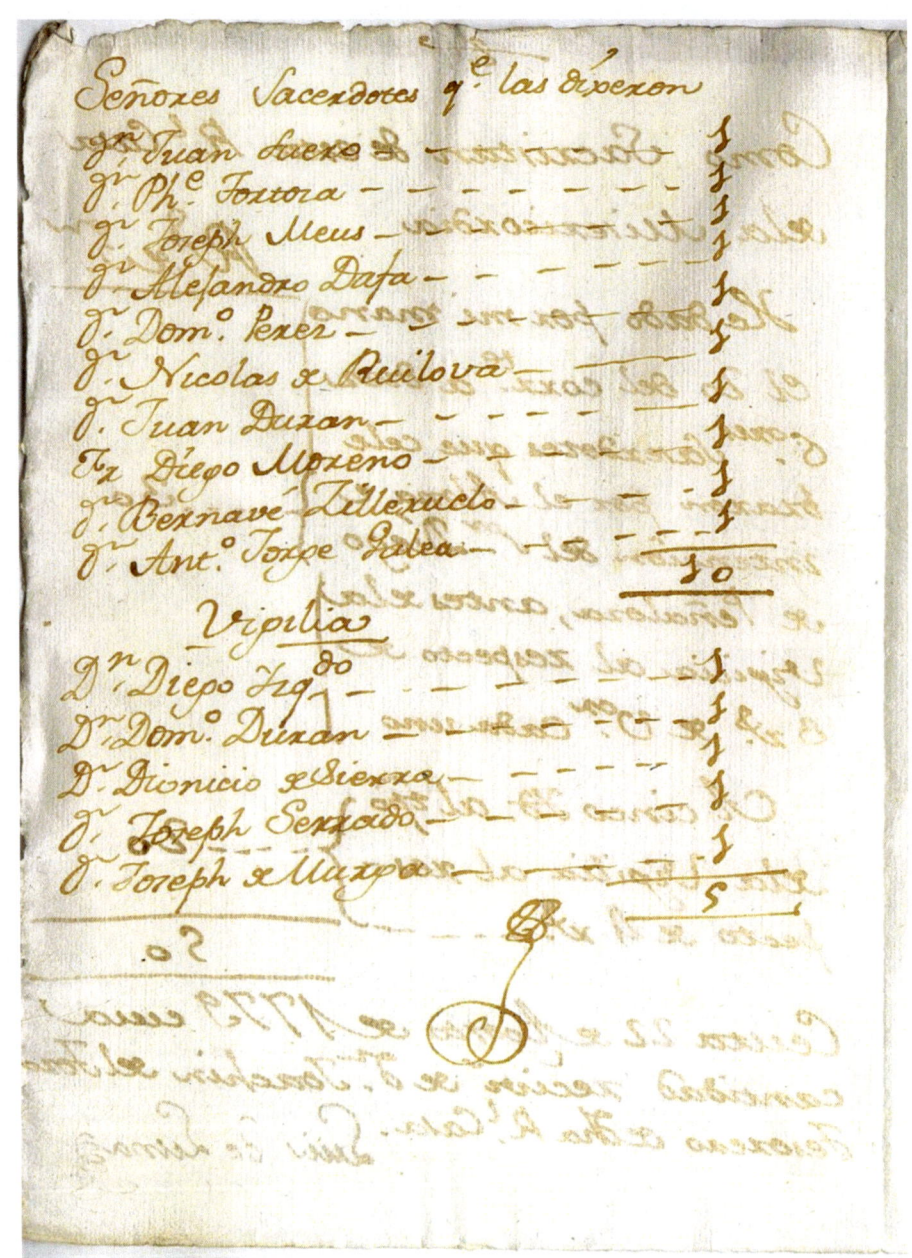

Figura 10. Relación del gasto causado en la formación del túmulo dispuesto en la Casa de la Misericordia en 1778. AGC. Fondo Casa de la Misericordia de Ceuta. Fundación Diego de Peñalosa. Gastos de las honras fúnebres del mariscal don Diego de Peñalosa. Signatura Caja 40, folio 6r.

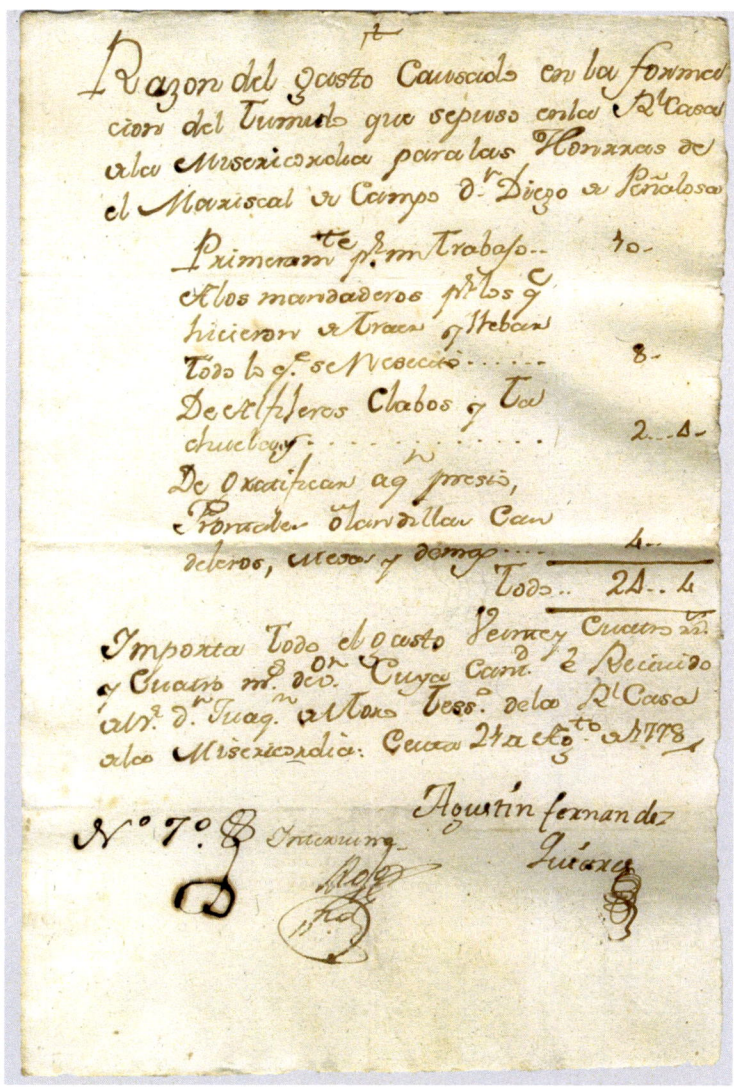

Figura 11. Sacerdotes que participan en las honras de Diego de Peñalosa del año 1779. AGC. Fondo Casa de la Misericordia de Ceuta. Fundación Diego de Peñalosa. Gastos de las honras fúnebres del mariscal don Diego de Peñalosa. Signatura Caja 40, folio 17r.

A estas sumas había que añadir las misas. En la primera relación de festejos sin fechar se menciona la cantidad de 4 misas de 4 reales y de 8 misas de tres reales, sin embargo, en las cuentas inmediatas, datadas ya en 1778 y a las que con probabilidad también pertenezcan los papeles anteriores, queda reflejada la cantidad de 15 misas de 3 reales y de 6 misas de 4 reales, procedentes de las limosnas realizadas por diferentes vecinos de la ciudad, ascendiendo a 69 reales[53], las cuales se oficiaron por el tesorero Joaquín del Toro el 20 de agosto, en el aniversario del fallecimiento de Diego de Peñalosa (Figura 12).

Figura 12. Limosnas para la celebración de las misas por el alma de Diego de Peñalosa en el año 1779. AGC. Fondo Casa de la Misericordia de Ceuta. Fundación Diego de Peñalosa. Gastos de las honras fúnebres del mariscal don Diego de Peñalosa. Signatura Caja 40, sin paginar.

53   Hay un descuadre de 3 reales en el documento por una partida duplicada de la que da cuenta el propio Joaquín del Toro, por lo que la suma total sería de 69 reales vellón y no 72 como figura en la Imagen 9.

Las cuentas del 79 son más detalladas conociéndose incluso el nombre de los sacerdotes que oficiaron el aniversario, 10 anteriores a la vigilia y 5 al tiempo de la vigilia como podemos ver en la Figura 8. La relación total del coste de esta anualidad ascendieron a 750 reales vellón, siendo una de las más suntuosas que conocemos (Figura 13).

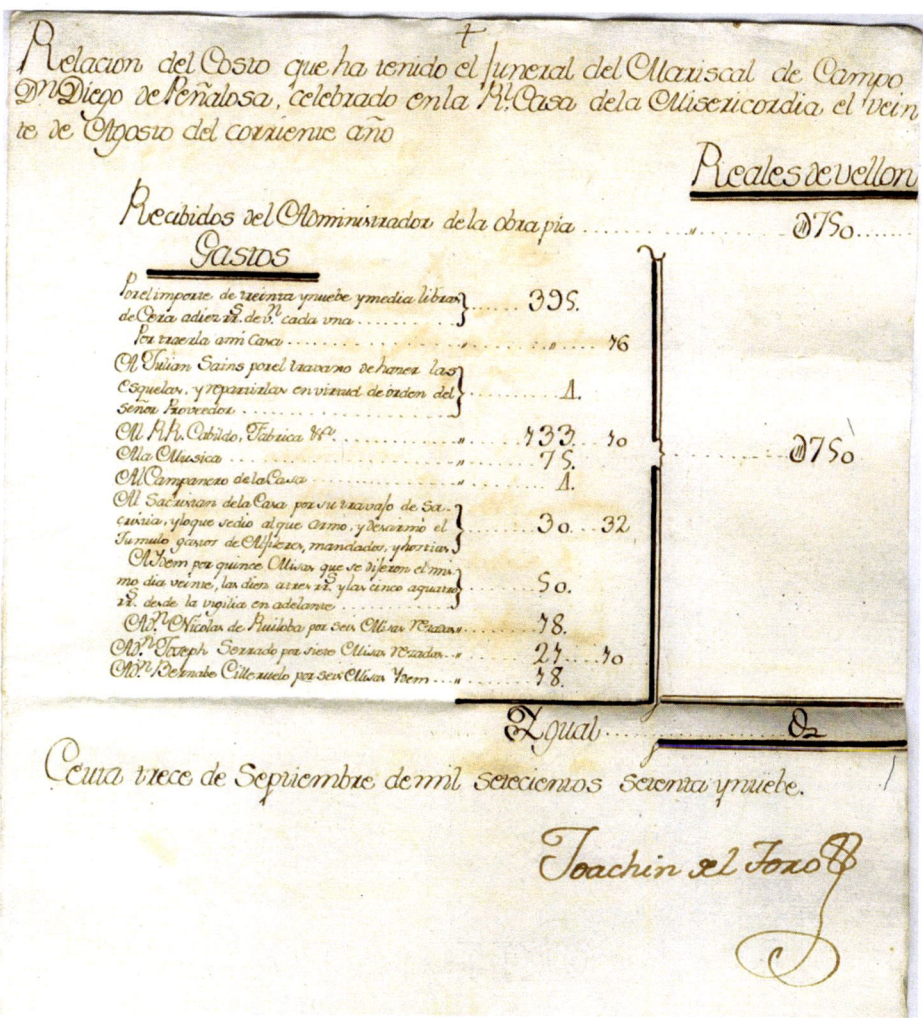

Figura 13. Coste de los funerales por el alma de Diego de Peñalosa del año 1779. AGC. Fondo Casa de la Misericordia de Ceuta. Fundación Diego de Peñalosa. Gastos de las honras fúnebres del mariscal don Diego de Peñalosa. Signatura Caja 40, sin paginar.

De los funerales celebrados en los años siguientes se conserva escasa documentación siendo ésta muy dispar en función de la anualidad. A veces es un recibí o una carta de pago el único testimonio de los aniversarios llegados a cabo por la memoria del mariscal del campo y su familia. Por otro lado, hay algunos años que quedan sin referencia alguna lo que no quiere decir que no se celebraran los festejos por su alma de manera conveniente. Referencia a las fiestas luctuosas disponemos de los años 1785, 1786, 1787, 1788, 1789, 1806, 1807, 1808 y 1809, siendo la última anualidad de la que disponemos de documentación la celebrada en 1814, no pudiendo acreditar cuándo se dejaron de celebrar dichos actos y, por tanto, cuando quedó la obra pía totalmente disuelta, aunque sobre este punto volveremos más adelante.

2

LOS BIENES DE DIEGO DE PEÑALOSA

2.1. Inventario de bienes de Diego de Peñalosa

Las pertenencias de este indiano fueron muy numerosas y el hecho de haber organizado su regreso a España le permitió, sin duda, poner cierto orden entre ellas y organizar metódicamente su destino en caso, como así fue, de producirse su fallecimiento. Para su análisis contamos con una rica documentación, alguna de ella mencionada con anterioridad, un poder para testar redactado en Veracruz el 26 de agosto de 1751; un testamento dado en Orizaba el 25 de octubre de 1754; una disposición final redactada a bordo del navío de regreso el 3 de agosto de 1755; y un codicilo fechado también durante su última travesía el 14 de agosto de 1755[54].

De entre sus posesiones destaca un vínculo y mayorazgo situado en Setenil de las Bodegas[55], por aquel entonces perteneciente a Granada en lo político y a Málaga en lo espiritual, heredado por línea ascendiente de sus padres, que gozaba desde el fallecimiento de ambos y que tras su muerte ostentaría su hermano Juan de Peñalosa. Pocos datos han trascendido sobre las posesiones de los Peñalosa en Ronda y en Setenil de las Bodegas más allá de su existencia. Fechado el 14 de julio

---

54   Todas estas escrituras se encuentran en el mismo expediente de manera consecutiva y pueden consultarse íntegramente en los ANEXOS 1, 2, 3 Y 4: AGI. *Bienes de difuntos: Diego de Peñalosa.* Contratación, 5631, N. 1, ramo 1, folios 1r-29v.

55   Debido a que históricamente Setenil de las Bodegas ha dependido política y administrativamente, por su situación geográfica, de las provincias de Málaga, Granada o Cádiz, se ha consultado y visitado algunos archivos locales para recabar algo más de información sobre la biografía de Diego de Peñalosa y de sus ascendientes. Los archivos consultados han sido el Archivo Municipal de Setenil de las Bodegas, el Archivo Histórico Provincial de Granada, el Archivo Municipal de Granada, el Archivo de la Chancillería de Granada, el Archivo Municipal de Ronda, el Archivo de la Real Maestranza de Ronda y el Archivo Histórico Provincial de Cádiz, con resultados infructuosos, salvo por la referencia incluida en el Catastro de Ensenada que se menciona a continuación en el texto.

de 1769 se conserva una copia de un poder otorgado por Juan de Peñalosa en que el se menciona que el vínculo fue fundado por el presbítero Diego de Peñalosa y que consistía en diferentes hazas de tierras de pan sembrar[56].

De liquidez trascienden 12.000 pesos embarcados en el navío la Purísima Concepción donde viajaba; 7.500 pesos registrados en el navío la Limeña; 7.700 pesos que dejó a cargo de Martín de Aróstegui, vecino de la Habana, 4.000 de los cuales estaban depositados para costear los gastos de la residencia del tiempo que fue gobernador de la ciudad; y 1.000 pesos en doblones de oro y 250 pesos de plata que llevaba consigo para los gastos de la navegación. De esta última referencia se sacó el dinero para costear las misas por su alma y su funeral, a cargo de su primer albacea Francisco de la Cotera, diputado del comercio de México, al que ya hicimos alusión.

También se menciona como de su propiedad a dos esclavos llamados Antonio[57] y Rafael, este último del Congo. Sobre ellos, en el primer apartado del codicilo, dispone la libertad del primero a los 4 años de su fallecimiento y la del segundo, a los 6 años. En ese tiempo quedarían sujetos y al servicio de alguna comunidad religiosa a elección de los albaceas, con la intención de que fueran instruidos en buenas costumbres y en la fe cristiana, no obstante, hace una salvedad con el

---

56 AGC. Fondo Casa de la Misericordia de Ceuta. Fundación Diego de Peñalosa. *Copia de poder otorgado a Francisco Pizarro por don Juan de Peñalosa correspondiente al vínculo fundado por don Diego de Peñalosa para actuar en Ronda y Setenil*. Signatura Caja 22. En el Catastro de Ensenada aparece una relación de tierras, propiedad de los Peñalosa en Setenil de las Bodegas, que, o bien formaron parte del mayorazgo o constituían otro grupo de posesiones familiares de interés. Así, como propiedad de Diego Martín de Peñalosa, natural de Ceuta, y de su hermana Jacoba de Peñalosa figura una pieza de tierra de regadío poblada de hortaliza y árboles frutales, distante un cuarto de legua de la población, de fanega y media de cabida y de mediana calidad que lindaba por los cuatro lados con tierras pertenecientes también a ellos; una tierra de secano, distante un cuarto de legua del pueblo, de seis fanegas y media y de mediana calidad, limítrofe por levante, poniente y sur con tierras de su propiedad y por el norte con las de un tal Joseph Montero; una viña también a la misma distancia de algo más de cinco fanegas de primera calidad, limítrofe por el este con la viña de Fernando Calderón, por el oeste con tierras de su propiedad, por el norte con las de Joseph Montero y por el sur con el cortijo denominado de los *Limosnos*. Todo el conjunto valorado en 1.728 reales de vellón con 13 quartillos. Catastro de Ensenada. Setenil de las Bodegas, folios 352r.-353r. Agradezco a Isabel María Parra Moreno la búsqueda y cesión de esta información.

57 Durante el tornaviaje se debió resolver el destino de este esclavo pues en las cuentas emitidas por el albacea Francisco de la Cotera se recogerá el pago de tres pesos al escribano por dos copias de la escritura de donación a favor del convento de San Juan de Dios de la Habana, donde al parecer se fijó la residencia de Antonio. ANEXO 6. AGI. *Bienes de difuntos: Diego de Peñalosa. Cuentas emitidas por Francisco de la Cotera*. Contratación, 5631, N. 1, ramo 1, folio 92r.

congoleño, que podía quedar al servicio de su hermano Juan de Peñalosa durante ese tiempo, tras lo cual se tendría que firmar su libertad.

Entre sus bienes figuran 266 marcos de plata labrada de su uso; una lámina de la Huída a Egipto con su marco de plata de media vara de alto y guarnecido con piedras falsas; una vitela pequeña pintada con la advocación de Nuestra Señora de Guadalupe también con marco de plata; un espadín, con su puño, contra y gancho de oro; unas hebillas de pie, charreteras y corbatín de oro; cuatro bastones con sus puños de oro; una cajuela de oro para tabaco; un espadín con el puño de plata; un baúl pequeño de China; dos relicarios romanos con cera de Agnus; dos pistolas catalanas; una cama con sus textiles asociados; tres vestidos de uso y dos frasqueras[58].

El 21 de agosto de 1755, un día después del fallecimiento del mariscal de campo y tras haberse celebrado su funeral, el albacea Francisco de la Cotera procedió a realizar un inventario detallado de sus pertenencias, dispuestas las más pequeñas en cuatro baúles, pormenor que se ejecuta en presencia del escribano del navío Gregorio Joseph de Peralta que levanta el acta de dicha actuación. En este inventario se encuentran, además de los bienes mencionados con anterioridad, otros muchos de sumo interés[59].

En relación a las imágenes y objetos de devoción se relacionan además dos láminas sin marcos, una de la advocación de Nuestra Señora de Guadalupe y otra de Nuestra Señora de los Dolores; cuatro Lignum Crucis de cera guarnecidos en hilo de plata falsa; un relicario de plata sobredorada u oro; dos cuadros con marcos de madera pintada sobre los que no se especifica su iconografía; un crucifijo pequeño de metal; dos "panitos" de tierra de Nuestra Señora de Loreto; un libreto de la devoción de San Antonio; dos bolsas con reliquias, una grande y otra pequeña; un escapulario de Nuestra Señora del Carmen y una caja de cartón con rosarios, escapularios y una cruz, todo de Jerusalén.

El conjunto de platería es bastante relevante, lo conforman una jarra, palangana y jabonera; 4 platillos; 4 juegos de cubiertos de cuchara, tenedor y cuchillo con los mangos de plata; un candelero y unas espabiladeras; una bacinica; dos pares de mancuernas; una perilla; un sello de plata; dos platos grandes; seis platos pequeños que conforman dos juegos distintos de dos y cuatro platos respectivamente; 52

---

58   ANEXO 4. AGI. *Bienes de difuntos: Diego de Peñalosa. Codicilo.* Contratación, 5631, N. 1, ramo 1, folios 7r-7v.

59   La relación completa de bienes puede consultarse en los anexos documentales y se corresponde con la referencia ANEXO 5. AGI. *Bienes de difuntos: Diego de Peñalosa. Inventario de los bienes del difunto.* Contratación, 5631, N. 1, ramo 1, folios 14r-17r.

platillos de menores dimensiones y una taleguilla con dos envolturas de galones del mismo material, viejos y varios botones de los que no se especifica material. A este grupo se suman otras piezas de diferentes metales: dos tirabuzones, siendo al menos uno de ellos de hierro; un cepillo y un par de pistolas de latón; dos pares de mancuernas de oro; cinco hierros para limpiar los dientes y muelas.

No obstante, los objetos más numerosos son los textiles encontrándose en 3 de los 4 baúles. En el primero de ellos se encuentran las siguientes piezas:

"Por onze tablas de manteles de diferentes fábricas usados.

Por veinte y siete servilletas ydem.

Por tres pares de calzones, el un par de paño y los dos de seda.

Por dos casacas usadas, una de paño y otra de seda.

Por una dicha azul de medio carro de oro.

Por quatro chupas, las tres de seda y una de paño.

Por una capa de paño azul.

Por una colcha de damasco carmesí.

Por dos cortinas de damasco ydem. //14v

Por una sávana.

Por una tohalla".

En el segundo baúl:

"Por cinco camisas llanas y veinte y seis guarnecidas de damasco. //15r

Por diez y seis pares de calzoncillos blancos.

Por nueve chalecos de lienzo blancos.

Por quatro sávanas.

Por nueve tohallas o paños de manos.

Por cinco servilletas alemaniscas.

Por quatro fundas de almohadas.

Por quatro pedazos de camisas viejas.

Por dos paños de barva viejos con sus tohallas.

Por dos navajeros.

Por diez y ocho pares de escarpines.

Por treze corvatines.

Por siete virretes blancos.

Por quatro dichos de algodón.

Por un pañuelo blanco.

Por ocho pares de medias, los siete de seda y uno de lana.

Por siete pares de calceptas (sic) de hilo.

Por un emboltorio, trapos de lienzo.

Por quatro pares de calzones, dos de carro de oro azul, uno de terciopelo negro y otro de seda.

Por una chula de thisú y bueltas de casaca de lo mismo.

Por una dicha de tafetán negro.

Por una dicha de grodetur (sic) encarnado y guarnecido de punta de España de oro.

Por una casaca de carro de oro azul guarnecida de punta de España de oro. //15v

Por una dicha de tafetán negro.

Por una dicha de terciopelo negro.

Por un pedacito de zinta negra".

Y en el cuarto baúl:

"Por dos mosquiteros viejos.

Por una bata de seda listada vieja.

Por una mantilla y fundas de terciopelo carmesí viejas con galón.

Por quatro cortinas y dos cenefas de tafetán carmesí.

Por un pedazo de coleta aplomada.

Por dos pedazos de tercianela o pequi de China, uno de color café y otro verdoso.

Por dos colchas y un pedazo bayeta blanca de Ynglaterra.

Por dos servilletas.

…

Tres carteras de raso".

El resto de objetos inventariados son de naturaleza muy diversa pero igualmente reseñables, completan la relación un libro denominado "Diccionario Militar" en cuyo interior había una cajetilla con unos espejuelos; otros cuatro pares de espejuelos (tres pares en sus respectivas cajas y un par suelto); una tetera con su taza; un lebrillo; cuatro candeleros; una cafetera; dos pares de espabiladeras; un salero y un pimentero; 28 cucharas y 28 tenedores; 14 cuchillos; una pileta de agua bendita; un velador; un recado de escribir compuesto de tintero, salvadera, obledera, plumero y campanilla; dos cepillos; dos bragueros[60]; un vidrio pequeño graduado; un canuto de caña con una pluma para limpiar los dientes; 16 atados de papeles de varias cartas de correspondencia y otros papeles sueltos además de un pergamino con los papeles de sus servicios y su testamento.

Sin formar parte de los baúles Diego de Peñalosa llevaba también consigo algunos muebles sobre los que no se realiza la más mínima descripción, además de dos frasqueras, una con siete frascos de cristal y otra con cinco; una petaca de cuero; un cajón envejecido fabricado en Manila que venía intitulado "al coronel don Joseph Peñalosa"[61] y una silla con estribos y freno.

Sobre este abultado patrimonio el propio Diego de Peñalosa dejará escrito que es "es bien adquirido (por ser castrenses) producido de los sueldos que Su Magestad (Dios legue) me ha pagado lo que //²⁸ᵛ he ido guardando escusando en los empleos que he obtenido gastar pompa ni vanidad, sino solamente lo muy presiso para la decencia de mi persona con intención de distribuirlo y convertirlo todo en ciertas obras pías que declararé"[62].

Así pues ese era el destino principal de los bienes de Peñalosa, la conformación de una obra pía sobre la que daremos debida cuenta a lo largo de estas páginas, pues es el objeto principal de esta investigación. No obstante, antes de morir dejó establecido el reparto de parte de sus bienes entre sus familiares y algunos de sus amigos y vecinos, además de destinar dinero, recordemos, para la celebración de sus funerales y misas, como no podía ser de otra manera, así como algunas limosnas a instituciones religiosas con carácter piadoso.

Volviendo sobre este asunto, con ánimo de completar la información dictada por el mariscal de campo en su testamento, Diego de Peñalosa reserva una partida de dinero para la celebración de las misas por su alma de la que ya hicimos mención, que debían realizarse de la siguiente manera: en el primer día después de su fallecimiento y en el noveno se celebraría una misa cantada y en los 7 días intermedios doscientas misas rezadas. Éstas se repartirían a voluntad de sus albaceas, que en el momento de la firma del testamento eran, por orden, los alcaldes ordinarios Martín de Miranda y Telechea y Fenando Bustillo y el regidor perpétuo de la ciudad Tomás Pérez, entre los sacerdotes, clérigos y religiosos de la ciudad,

---

60 Según la RAE: Aparato ortopédico o vendaje para contener las hernias; su forma y tamaño varían dependiendo del tipo de hernia al que se apliquen o de la edad de la persona a que se apliquen.

61 Se trata de su hermano Juan de Peñalosa que, como vimos en el acta de bautismo tenía como segundo nombre José, de hecho él será quien lo reclame como suyo.

62 ANEXO 2. AGI. *Bienes de difuntos: Diego de Peñalosa. Testamento.* Contratación, 5631, N. 1, ramo 1, folios 28r-28v.

dando por limosna un peso por cada una. Peñalosa también tiene en cuenta el pago de las mandas forzosas acostumbradas para la Casa de Jerusalén. A éstas suma las destinadas al proceso de beatificación del venerable Gregorio López[63], no sabemos si solo por imposición o también por convicción.

El líquido resultante de su caudal, habiéndose pagado el funeral, entierro, misas así como el resto de disposiciones testamentarias[64], se debía entregar a los representantes de la Casa de la Misericordia de Ceuta, con intervención y anuencia de sus dos hermanos varones, Juan y Martín[65]. Ese caudal debía ponerse a censo sobre fincas seguras para su establecimiento y perpetuidad, y con sus réditos se debían atender, por un lado, el aniversario de su memoria, con misa y vigilia por valor de 50 pesos, como así resultó; y por el otro, atender a sus "hermanos, hermanas, sobrinos, sobrinas, parientes y parientas necesitadas"[66].

El reparto de los remanentes se debía hacer al arbitrio de los veedores, priostes, priores o superiores de la Casa de la Misericordia y con intervención también de sus dos hermanos, quedando excluidos y sin derechos sus familiares pudientes o de vida cómoda. El prorrateo del dinero no debía hacerse a partes iguales sino en cantidades diferentes en función del resultado de la inspección realizada según necesidad, atendiendo primero y con carácter urgente a los más necesitados, previniendo la ancianidad, enfermedad y número de familiares y prefiriendo:

> "...las mugeres a los varones, las doncellas a las viudas, y las viudas a las casadas, y en caso de haver dos familias de igual nesesidad que tenga un proprio número de individuos, se atenderá a la que tuviere mayor mugerío por ser como es mi ánimo aliviar a los más desvalidos sobre //29v cuya graduación e inspección les encargo a todos y a cada uno de por sí de los que las hizieres gravemente la conciencia, librando la mía en las suyas. Y extinguida que sea toda mi parentela y linage se distribuirán dichos

---

63   Gregorio López está considerado como uno de los primeros ermitaños del Nuevo Mundo, nacido en Madrid en 1542 y fallecido en México en 1596. Será en 1562 cuando emigra a América, en su viaje se detuvo en Guadalupe y más tarde en San Juan de Ulúa (Veracruz). Repartió sus haberes y enseres entre los pobres.

64   Recordemos entre ellas los 50 pesos destinados a la Casa de la Misericordia, a la Iglesia de Nuestra Señora de África, al convento de religiosos descalzos de San Diego y al de los Trinitarios Descalzos de Ceuta, en concepto de misas por su alma.

65   Debemos advertir que del líquido de su caudal se entregará a Martín de Peñalosa la cantidad de 15.085 reales y 26 maravedís en concepto de ayuda por los gastos ocasionados por su viaje a Cádiz para atender los asuntos de su competencia establecidos en la testamentaria de su hermano. Este dinero, en principio denegado por la Casa de Contratación, lo percibió a finales de 1758 después de numerosas solicitudes de auxilio. Ver ANEXOS 15, 16, 17, 18 y 23.

66   ANEXO 2. AGI. *Bienes de difuntos: Diego de Peñalosa. Testamento.* Contratación, 5631, N 1, ramo 1, folio 29r.

réditos con las mismas calidades y circunstancias que van prevenidas en la (sic) personas de calidad, pobres, honradas de buenas familias de dicha ciudad de Zeuta, que así es mi voluntad y como tal mando se guarde, cumpla y execute según y como en esta cláusula se contiene la que se ha de entender literalmente, sin controversia, tergiversasión, ni interpretación alguna"[67].

En relación a los objetos antes mencionados lega a su hermano Juan el espadín con el puño de oro y el juego de hebillas de pie, charratelas y corbatín del mismo material; a su hermano Martín, la cajuela de polvos de oro y el recado de barba de plata; a su hermana Jacoba, la lámina de la Huída a Egipto y el resto de pinturas y estampas así como el Lignum Crucis que llevaba colgado al cuello, a ella también la asiste con la cantidad de 10 pesos mensuales. Por último, su colección de bastones que debía repartirse entre sus dos hermanos a excepción de uno que debía elegir antes del reparto su viejo amigo Salvador, al que menciona como corregidor y teniente coronel de la Plaza de Ceuta.

Por su parte, el dinero que dejó bajo custodia de Martín de Aróstegui en la Habana tardó en ser enviado al puerto de Cádiz (Figura 14). Sobre este asunto debió tomar partido el gobernador de la ciudad Francisco Cagigal de la Vega a instancias de la Casa de Contratación de Indias, involucrando este al contador Juan Tomás de la Barrera, al tesorero de la contaduría mayor de Hacienda Diego de Peñalver Angulo y al oficial supernumerario de las reales cajas Antonio Pérez Rivero. El gobernador dio orden finalmente a Tomasa Basave, esposa y apoderada del ausente Aróstegui, para facilitar las anotaciones monetarias y posibilitar la remisión del caudal pendiente en su poder que recordemos ascendía a la cantidad nada desdeñable de 7.700 pesos[68].

El 1 de septiembre de 1757 Tomasa Basave facilitó a las autoridades las cuentas relacionadas con el dinero depositado por Peñalosa, por la cual se dedujo alguna cantidad de pesos por la realización de escrituras, comisiones y deudas contraídas, entre otros asuntos[69]. El resultado fue el envío de 3.099 pesos y 5 reales que embarcó en el navío llamado La Europa al mando del capitán Álvaro-

---

67   ANEXO 2. AGI. *Bienes de difuntos: Diego de Peñalosa. Testamento.* Contratación, 5631, N. 1, ramo 1, folios 29r-29v.

68   ANEXO 12. AGI. *Bienes de difuntos: Diego de Peñalosa. Auto emitido por el gobernador de la Habana y tres oficiales relacionados con asuntos económicos de la ciudad.* Contratación, 5631, N. 1, ramo 1, folios 163r-163v.

69   ANEXO 14. AGI. *Bienes de difuntos: Diego de Peñalosa. Cuentas del Mariscal de Campo a cargo de Martín de Aróstegui.* Contratación, 5631, N. 1, ramo 1, folio 175r.

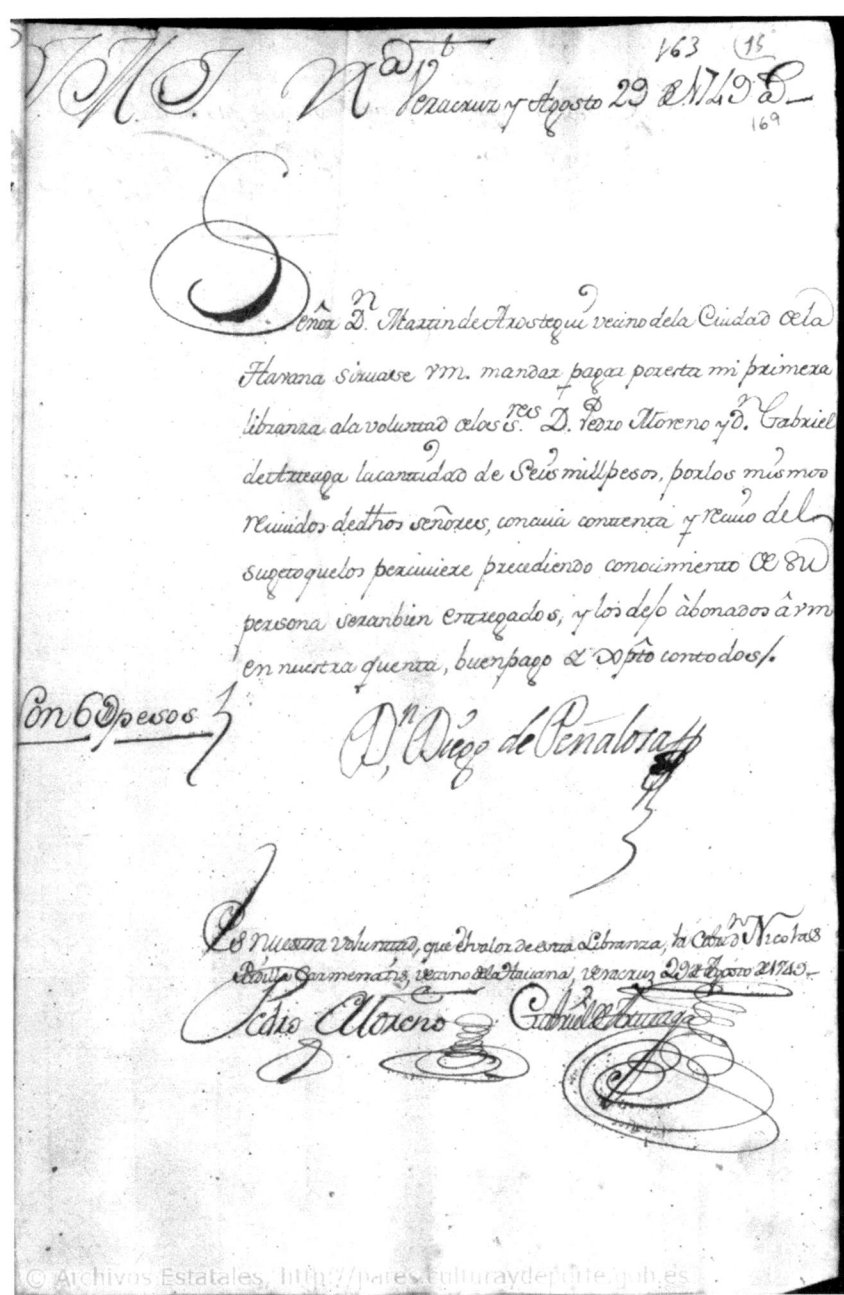

Figura 14. AGI. Contratación, 5631, N.1, folio 177r. Libranza ordenada por Diego de Peñalosa desde Veracruz a Martín de Aróstegui, residente en la Habana. En ella puede apreciarse claramente la firma de Diego de Peñalosa.

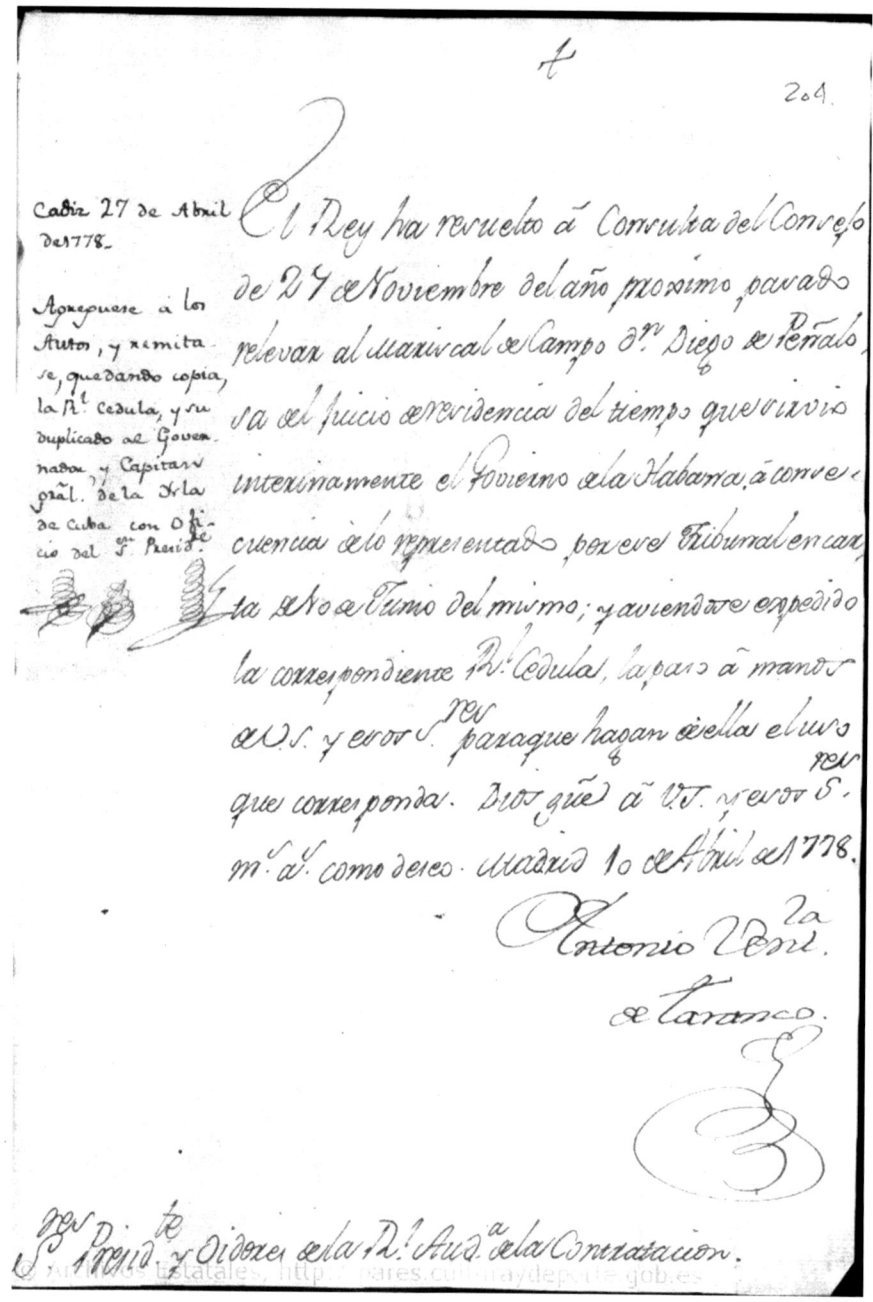

Figura 15. AGI. Bienes de difuntos: Diego de Peñalosa. Relevo de residencia. Contratación, 5631, N. 1, ramo 4, folio 204r.

Cabreros[70]. En relación a los 4.000 pesos reservados para el juicio de residencia, estos permanecieron en Cuba por no haberse verificado esta aún. Las autoridades indianas decretaron que ese caudal, una vez llegara a puerto, podía entregarse a Pedro Sáenz de Santamaría o quedarse en la caja general de difuntos[71].

Con el tiempo las autoridades indianas, a petición del obispo de Ceuta y proveedor de la Casa de la Misericordia, solicitan de nuevo el envío de este dinero al puerto de Cádiz. La solicitud oficial se realiza el 15 de febrero de 1765, pues se pensaba que a estas alturas el juicio de residencia ya se habría ejecutado, estando dirigida a Tomasa Basave como viuda de Aróstegui. La sorpresa fue la notificación de que este procedimiento aún no se había ejecutado, por lo que, las autoridades indianas, quizás por presiones de los interesados, resuelven consultar al Rey sobre la posibilidad de dejar sin ejecución la residencia.

El Rey Carlos III resuelve, en El Pardo el 23 de marzo de 1768, el relevo de la residencia al gobernador Diego de Peñalosa por dos motivos, en primer lugar por el tiempo dilatado del procedimiento, y en segundo lugar por los fines piadosos del caudal[72]. La notificación del decreto real llegó a Cádiz al mes siguiente sin que sepamos si finalmente los 4.000 pesos salieron en algún momento de Cuba, pues no hay ninguna noticia de su llegada a la Casa de Contratación ni su recepción por parte de la Casa de la Misericordia ceutí (Figura 15).

---

70   ANEXO 13. AGI. *Bienes de difuntos: Diego de Peñalosa. Notificación de Tomasa Basave sobre el envío de 3.099 pesos y 5 reales a Cádiz.* Contratación, 5631, N. 1, ramo 1, folios 171r-171v.

71   AGI. *Bienes de difuntos: Diego de Peñalosa. Disposiciones del fiscal.* Contratación, 5631, N. 1, ramo 1, folios 189r-189v.

72   AGI. *Bienes de difuntos: Diego de Peñalosa. Copia de expediente sobre el caudal de la residencia de Diego de Peñalosa con decreto del Rey Carlos III.* Contratación, 5631, N. 1, ramo 4, folios 222r-225r.

2.2. El primer reparto de los bienes del mariscal de campo

El proceso de reparto de sus bienes fue bastante largo y complejo con numerosos actores en escena. De un lado, los hermanos Peñalosa, quienes momentáneamente acudirían a apoderados que los representaran en función del momento y de las circunstancias de cada uno de ellos; de otro, el albacea Pedro Sáenz de Santamaría, quien a pesar de haber intentado en varias ocasiones delegar o renunciar a esta condición no tuvo más remedio que custodiar y velar por los bienes del finado hasta el término del proceso[73]; de otro, los jueces, fiscales y oidores de la Casa de Contratación de Indias y de la Plaza de Cádiz, quienes resolvieron según su criterio lo más conveniente en cada momento teniendo en cuenta las escrituras y argumentaciones de los representados y, por último, los responsables directos de la Real Casa de la Misericordia de Ceuta que velaron por la fundación y puesta en marcha de la obra pía. Entre todos ellos el cruce de documentación es frecuente dilatándose razonablemente los tiempos.

---

[73] Pedro Sáenz de Santamaría, vecino y comerciante de Cádiz, manifestó haber recogido las alhajas, efectos y bienes de Diego de Peñalosa el 9 de enero de 1756, no obstante, diez días después emite una petición dirigida al padre general de menores y defensor de ausentes solicitando desistir de su asignación como albacea motivado supuestamente por las muchas ocupaciones que tenía y que le impedían actuar con el debido celo y cuidado en el proceso que ahora se iniciaba. Este resuelve que al recoger los bienes el día 9 de enero estaba aceptando el nombramiento de albaceazgo así como al estar presente en la apertura de la documentación testamentaria contenida en los baúles del finado, por lo que resuelve que no se encuentra en tiempo de desistir en su comisión ni entendía que la justicia le exonerara de sus obligaciones, remitiendo la decisión final al gobernador de la plaza de Cádiz, don Antonio Arlor. En estas circunstancias, Sáenz de Santamaría vuelve a justificar su necesidad de desistir como albacea y solicita unos meses más tarde su destitución al gobernador. El auto con la resolución negativa se emitirá el 31 de mayo de ese mismo año. Aún así el comerciante no se da por aludido y al solicitarle el presidente y oidores de la Real Audiencia de la Casa de Contratación de Indias el 19 de agosto que entregara el documento con el depósito formal de los bienes del difunto, este contesta el 23 de agosto que no podía realizar lo que le pedían pues ya había advertido en una carta anterior fechada el 5 de junio que no era albacea del finado sino "tan solamente persona encargada para el recivo en esta ciudad de sus baúles y papeles por lo que desde luego está prompto a poner en la parte que se le <ordene> todos los dichos bienes y efectos, dándosele al correspondiente resguardo, a que se agrega las muchas ocupaciones que tiene y no le dan lugar a entender en asumptos de semejante naturaleza, aun quando fuere albacea nombrado por el citado difunto". En diciembre de 1756 Sáenz de Santamaría vuelve a elevar una petición de desistimiento en primer lugar por tener que ausentarse un largo tiempo de Cádiz y en segundo lugar por haberse enterado que Diego de Peñalosa había fallecido de tisis y al presuponer que esta enfermedad era contagiosa tenía miedo de que su familia enfermara, pues la ropa del difunto seguía en su casa, petición que tampoco será atendida. AGI. *Bienes de difuntos: Diego de Peñalosa.* Contratación, 5631, N. 1, ramo 1, folios 29v-35v; 47r-50v y 78r-78v.

Sáenz de Santamaría, en su condición no deseada de albacea, hizo relación de los bienes que quedaron en su poder, suponiendo este un punto de partida para conocer el montante de dinero final perteneciente a Diego de Peñalosa. Así manifestó haber recibido el 9 de enero de 1756 de la tesorería de Indias los cuatro baúles con la ropa de uso y alhajas relacionadas por inventario así como 1.297 pesos y medio de 128 cuartas en diferentes monedas de oro que hacían un total de 10.380 reales de plata de 16 cuartas. El 2 de abril recibió, a instancias de la misma institución, 10496 pesos fuertes y 16 cuartos del maestre del navío la Limpia Concepción, donde falleció el mariscal de campo, como resto de los 12.000 pesos embarcados en su momento, este importe hacían un total de 111.521 reales de plata de 16 cuartas. Por último, el 12 de abril le entregaron 6.559 pesos, 8 reales y 6 cuartos del resto líquido de los 7.500 pesos que Peñalosa embarcó en el navío la Limeña a cargo de don Joseph Garro Mordel, lo que montaban 69.698 reales de plata de 16 quartas y un octavo[74]. El total del dinero en poder del comerciante será de 191.599 reales de plata de 16 cuartas y un octavo, una cantidad como podemos apreciar nada desdeñable. Sáenz de Santamaría también hizo referencia a la entrega de "...un negrito que está en mi poder legado para que le sirva a su hermano por el término de seis años según me pareze y constará de dicho codicilio puesto en los autos"[75].

Pero la entrega de los bienes materiales y económicos a los diferentes destinatarios no podía efectuarse sin la pertinente autorización por parte de los responsables de la Casa de Contratación de Indias, por lo que Pedro Sáenz de Santamaría debía esperar las órdenes oportunas a tal fin. Así pues, para agilizar los trámites todos los interesados se pusieron manos a la obra para presentar las certificaciones pertinentes así como la documentación necesaria que permitieran el libramiento del dinero y la entrega de los bienes a sus legítimos propietarios. Es por ello que Martín de Peñalosa, capitán del regimiento de infantería de Saboya que se hallaba de guarnición en Barcelona otorga amplios poderes a un tal Francisco Manuel, comerciante y vecino de Cádiz, para que lo representara en todo lo concerniente al testamento de su hermano por encontrarse ausente[76]. Jacoba de Peñalosa nombra como apoderado a su hermano Juan[77], capitán de infantería agregado a la plana mayor de la Plaza de Ceuta que además se representaría a sí mismo. Los tres reclamaron en una carta conjunta los bienes legados por su her-

---

74   AGI. *Bienes de difuntos: Diego de Peñalosa.* Contratación, 5631, N. 1, ramo 1, folio 44v.

75   AGI. *Bienes de difuntos: Diego de Peñalosa.* Contratación, 5631, N. 1, ramo 1, folio 44r.

76   AGI. *Bienes de difuntos: Diego de Peñalosa. Poder otorgado por Martín de Peñalosa.* Contratación, 5631, N. 1, ramo 1, folio 50r-53r.

77   AGI. *Bienes de difuntos: Diego de Peñalosa. Poder otorgado por Jacoba de Peñalosa.* Contratación, 5631, N. 1, ramo 1, folio 54r-57r.

mano, la pensión de 10 pesos mensuales de Jacoba con carácter retroactivo y la entrega del esclavo Rafael[78].

Por su parte, los miembros de la Santa y Real Casa de la Misericordia de Ceuta se reunieron el 31 de julio de 1756 en su Sala Capitular bajo presidencia del proveedor Joseph San Just de la Orden de Santiago y Teniente del Rey de la Plaza de Ceuta, para comunicar la noticia del fallecimiento de Diego de Peñalosa a sus hermanos y elegir que representaran su intereses ante las autoridades indianas. El resultado de la votación daría como resultado el nombramiento unánime del hermano de primera Fernando Álvarez de Acosta, capitán y alcalde del puerto de Ceuta, y del hermano de segunda Fernando Gómez Socorro, sargento de caballería, de todo lo cual levantó acta su secretario Tomás López Páez[79].

La resolución del presidente y oidores de la Real Audiencia de la Casa de Contratación llegó el 15 de noviembre de ese mismo año[80]. A través de ella se autorizaba al reparto de los bienes muebles asignados por Diego de Peñalosa a sus hermanos, así como a la entrega del esclavo congoleño a Juan de Peñalosa y del montante de las mesadas a Jacoba de Peñalosa con carácter retroactivo desde la llegada del navío al puerto y a razón de 28 cuartos por mes equivalentes a los 10 pesos mensuales. A Juan de Peñalosa le correspondía además hacerse cargo del montante de dinero destinado a los funerales, 60 pesos, y del coste de las misas por el alma del difunto, 150 pesos en total a repartir a partes iguales recordemos entre San Diego, la Trinidad y la iglesia de Nuestra Señora de África.

En relación a la Santa y Real Casa de la Misericordia se autoriza igualmente la entrega de los 50 pesos de limosna para las misas pero no así del montante mayoritario del dinero para el establecimiento de la obra pía. En este asunto las autoridades indianas ratifican el informe del fiscal, emitido en Cádiz el 16 de octubre[81], a través del cual se resuelve que para la entrega del dinero era requisito indispensable la presentación de la documentación acreditativa de las fincas que se pretendían comprar, certificando que fueran seguras para la perpetuidad de la obra pía, con aprobación de los hermanos Peñalosa y testimonio de ser útil y válida la compra. También se establece como requisito que las diligencias de estos asuntos

---

78 AGI. *Bienes de difuntos: Diego de Peñalosa. Petición elevada por los Peñalosa*. Contratación, 5631, N. 1, ramo 1, folio 59r-59v.

79 AGI. *Bienes de difuntos: Diego de Peñalosa. Elección de representantes de la Casa de la Misericordia*. Contratación, 5631, N. 1, ramo 1, folio 65r-65v.

80 ANEXO 8. AGI. *Bienes de difuntos: Diego de Peñalosa. Resolución de las autoridades de la Real Audiencia de la Casa de Contratación*, 5631, N. 1, ramo 1, folio 72v-75r.

81 AGI. *Bienes de difuntos: Diego de Peñalosa. Resolución del fiscal*. Contratación, 5631, N. 1, ramo 1, folio 72r-72v.

se ejecutaran ante el juez competente de quien dependiera la institución teniéndose en cuenta también las leyes de Indias, enviándose entonces estos testimonios a la Casa de Contratación para su tratamiento, revisión, autorización y archivo.

La cajuela de oro para tabaco y el recado de barba de plata se le entregaría finalmente a Martín de Peñalosa el 19 de noviembre de 1756[82]. El 26 de noviembre le tocaría el turno a Juan de Peñalosa quien como apoderado de su hermana Jacoba recibió la lámina de la Huída a Egipto, la vitela pequeña de Nuestra Señora de Guadalupe, dos relicarios romanos con ceras de Agnus y el Lignum Crucis, además de 110 pesos de 128 cuartos por las mesadas desde el 22 de diciembre de 1755 cuando llegó el navío al puerto. En su propio nombre recibió sus bienes, recordemos el espadín con el puño de oro, el juego de hebillas de pie, charratelas y corbatín del mismo material y al congoleño Rafael[83]. Igualmente se le entregaron los 60 pesos para los funerales y los 150 pesos de las misas, quedando pendiente la entrega de la documentación acreditativa de su celebración y, por tanto, de su cumplimiento.

Los hermanos Peñalosa caen en la cuenta de algunas irregularidades en la entrega de los bienes y por ello dirigen una petición a las autoridades indianas solicitando su reparación. En primer lugar recuerdan que Diego de Peñalosa había donado todas las estampas y pinturas a Jacoba y no todas se les había entregado, por otro lado hacen mención a los bastones los cuales debían repartirse entre Juan y Martín una vez que el coronel del regimiento fijo de Ceuta Salvador Correa hubiera elegido uno. Por su parte, Juan reclama también el cajón de China rotulado con su nombre. En cuanto a las prendas de vestir y demás textiles del uso de Diego de Peñalosa se hacen eco por primera vez de la posibilidad de que éste hubiera fallecido de tuberculosis y proponen, para la tranquilidad de Pedro Sáenz de Santamaría quemar toda la ropa y sacar del fuego ya extinto el oro y la plata que se hubiera desprendido de éstas[84].

El fiscal, en un escrito emitido en Cádiz el 5 de marzo de 1757[85], no tuvo ningún reparo en autorizar la entrega de las láminas y pinturas al representante legal de Jacoba Peñalosa, ni a permitir la quema de los textiles recuperándose de las

---

82   AGI. *Bienes de difuntos: Diego de Peñalosa. Recibo y carta de pago de Martín de Peñalosa a favor de Sáenz de Santamaría*. Contratación, 5631, N. 1, ramo 1, folios 75v-76r.

83   AGI. *Bienes de difuntos: Diego de Peñalosa. Recibo y carta de pago de Juan de Peñalosa a favor de Sáenz de Santamaría*. Contratación, 5631, N. 1, ramo 1, folios 76r-76v.

84   ANEXO 9. AGI. *Bienes de difuntos: Diego de Peñalosa. Petición de los hermanos Peñalosa*. Contratación, 5631, N. 1, ramo 1, folios 85v-86r.

85   AGI. *Bienes de difuntos: Diego de Peñalosa. Respuesta del fiscal*. Contratación, 5631, N. 1, ramo 1, folios 87r-87v.

llamas los galones y otras cosas equivalentes "purificadas al fuego", no obstante, en relación al resto de peticiones establece objeciones de diferente calado. La primera en relación al cajón de China pues según su criterio no quedaba suficientemente claro que este fuera de la propiedad de Juan de Peñalosa, ahora bien, teniendo en cuenta el, según su criterio, escaso valor del objeto y la evidencia de estar intitulado a su nombre resuelve entregárselo una vez se hubiera inspeccionado y constatado su procedencia. La segunda en cuanto a la entrega de los bastones pues el fiscal consideraba que los hermanos no habían cumplido con la disposición anterior en la cual se les ordenaba que en el plazo de dos meses una vez percibieran el dinero entregaran los certificados de haberse realizado los funerales por Diego de Peñalosa y haberse celebrado las misas, cuestión no resuelta, por lo que deja pendiente la entrega de los bastones hasta que estos hubieran satisfecho la orden anterior.

Lo primero que se ejecuta es la quema de las ropas de Diego de Peñalosa, particularmente las chupas, casacas, fundas y los envueltos de los galones que se entresacaron de los tres baúles donde se localizaban. El encargado de proceder con la quema y extraer los metales preciosos fue el fiel contraste de la Real Audiencia Juan Antonio Pastor[86]. Según la diligencia que se dictó en Cádiz el 27 de julio de 1757, el líquido resultante fue de 39 onzas y dos ochavas de plata de 20 reales de vellón[87]. Dos días más tarde el resto de textiles contenidos en el inventario fueron también quemados así como los baúles que los contenían, el encargado de ejecutarlo será en esta ocasión el alguacil Cayetano Moleón, describiéndolo el escribano de la siguiente manera:

"...don Cayetano Moleón uno de los alguaciles de la Real Audiencia y Casa de la Contratación, a un días, acompañado de mi el infraescripto escribano de Su Magestad, pasó a las casas de la morada de don Pedro Sáenz de Santa María, vecino de esta ciudad y su comercio, en cuio poder existen los caudales, bienes y efectos que dexó don Diego de Peñalosa, desde donde se condujeron a la playa de la Puerta de Sevilla quatro baúles, los tres de ellos comprehensivos de toda la ropa del referido Peñalosa, y el otro vacío haviendo antes sacádose de él la plata labrada que contenía, y estando en dicha playa se les puso fuego a dichos quatro baúles con

86   AGI. *Bienes de difuntos: Diego de Peñalosa. Notificación al fiel contraste Juan Antonio Pastor.* Contratación, 5631, N. 1, ramo 1, folio 113r. La diligencia de haberse efectuado la recogida de los ropajes se encuentra en: ANEXO 10. AGI. *Bienes de difuntos: Diego de Peñalosa. Diligencia sobre la quema de ropajes efectuada por Juan Antonio Pastor en casa de Pedro Sáenz de Santamaaría.* Contratación, 5631, N. 1, ramo 1, folios 113r-114r.

87   ANEXO 11. AGI. *Bienes de difuntos: Diego de Peñalosa. Diligencia de entrega del resultado de la quema por parte del fiel contraste Juan Antonio Pastor.* Contratación, 5631, N. 1, ramo 1, folios 116r-116v.

dicha ropa (a excepción de varias pinturas, reliquias, estampas y distintos papeles) y estubieron ardiendo hasta que efectivamente se combirtió todo en zenizas, y para que conste lo pongo por diligencia que firmó dicho alguacil de que doy fe"[88].

En relación a los bastones, en el verano de 1757, Gervasio Heusch Gutiérrez, teniente del regimiento de infantería de Córdoba, como representante de Salvador Correa, coronel del regimiento fijo de Ceuta, entró en las casas de Pedro Sáenz de Santamaría quien le mostró los 5 bastones que habían pertenecido a Diego de Peñalosa[89]. Éste eligió uno con puño de oro quedando ya bajo su custodia y dejando el resto para su entrega a sus legítimos dueños. Gervasio Heusch Gutiérrez actuaba desde ese momento también como apoderado de la Santa y Real Casa de la Misericordia de Ceuta, habiendo sido nombrado por el reverendísimo obispo don José de la Cuesta y Velarde, don Martín de Obedos y Viegas, capitán del regimiento fijo de Ceuta, y don Antonio Nicolás Ruiz Román, capitán del mismo regimiento y escribano y tesorero de la institución eclesiástica. Cumpliendo su cometido Gutiérrez solicitó a la Real Audiencia de la Casa de Contratación de Indias el abono de los 50 pesos de 128 cuartos legados por Peñalosa[90]. La carta de pago se emitirá en Cádiz el 22 de octubre de 1757[91].

Las actuaciones del teniente del regimiento de infantería de Córdoba no terminan aquí pues a los pocos días, estando ya en Ceuta y presuponemos que habiendo entregado ya tanto el bastón como el dinero a sus destinatarios, sería de nuevo elegido para un nuevo cometido. En esta ocasión fueron el reverendo padre fray Pedro de San Luis y los frailes Juan de San Miguel y Francisco de San Mauricio, ministro y conciliarios respectivamente del Real Colegio de Trinitarios Descalzos que actuaban en nombre de la comunidad; Juan Francisco de Cortázar, director de abastos de Ceuta y síndico del convento de religiosos descalzos de San Francisco, y Juan Camúñez, racionero de la Catedral, tesorero y administrador de la "yglesia y fábrica de la milagrosa ymagen de Nuestra Señora de África",

---

88   AGI. *Bienes de difuntos: Diego de Peñalosa. Diligencia practicada por el alguacil Cayetano Moleón para la quema de los baúles y textiles de Peñalosa.* Contratación, 5631, N. 1, ramo 1, folios 118v119r.

89   AGI. *Bienes de difuntos: Diego de Peñalosa. Reconocimiento y elección de bastón hecho por el apoderado de Salvador Correa.* Contratación, 5631, N. 1, ramo 1, folios 137v-138r.

90   AGI. *Bienes de difuntos: Diego de Peñalosa. Petición hecha por Gervasio Heusch Gutiérrez de los 50 pesos donados a la Santa y Real Casa de la Misericordia.* Contratación, 5631, N. 1, ramo 1, folio 143r.

91   AGI. *Bienes de difuntos: Diego de Peñalosa. Carta de pago emitida por Gervasio Heusch Gutiérrez.* Contratación, 5631, N. 1, ramo 1, folios 156v-157r.

quienes le otorgan carta de poder conjunta a Gervasio Heusch Gutiérrez[92]. Con esta actuación revocaron los poderes que los trinitarios habían dado hacía casi un año al capitán y alcalde del puerto Fernando Álvarez de Acosta, y el que desde la catedral se había emitido a fray José Camuñez prior del convento de San Juan de Dios en Cádiz, probablemente hermano o familiar directo de su racionero, quienes no habían podido cumplir con su cometido. Sería por tanto Heusch Gutiérrez quien representaría conjuntamente los intereses de las tres comunidades, debiendo reclamar el importe de los 50 pesos legados por Peñalosa a cada una de ellas para la celebración de las oportunas misas por el alma del mariscal de campo.

Tras la petición del apoderado quedó en evidencia el incumplimiento por parte de Juan de Peñalosa, pues este había percibido el importe íntegro de los 150 pesos más los 60 de los funerales hacía ya casi un año y era perentorio que no lo había entregado creyendo verosímil el fiscal que los hubiera retenido para su propio uso[93]. Este se justificó alegando una enfermedad que lo había mantenido en cama[94] devolviendo el dinero en dos partidas diferentes y bajo comparecencia judicial el 16 de mayo[95] y el 15 de junio de 1758[96]. Ese último día también entregó un documento certificando la celebración de las exequias y honras fúnebres de su hermano, las cuales se oficiaron, como ya vimos en el convento franciscano de la ciudad.

En cuanto a la plata labrada inventariada y que quedó bajo custodia de Pedro Sáenz de Santamaría debemos esperar a finales de 1759 para volver a tener noticias sobre ella. José de la Cuesta Velarde, obispo de la ciudad de Ceuta que actuaba recordemos como mayordomo de la Real y Santa Casa de la Misericordia solicitó al Consejo de Indias a través de su apoderado Francisco José Hidalgo la tasación de estos bienes[97]. La intención no era otra que la de conocer su valor para que se pudiera proceder a su venta e integrar así el líquido percibido para la obra pía, so-

92 AGI. *Bienes de difuntos: Diego de Peñalosa. Poder dado por tres de las comunidades religiosas de Ceuta a Gervasio Heusch Gutiérrez.* Contratación, 5631, N. 1, ramo 1, folios 156v-157r.
93 AGI. *Bienes de difuntos: Diego de Peñalosa. Disposiciones del fiscal.* Contratación, 5631, N. 1, ramo 1, folios 189r-189v.
94 AGI. *Bienes de difuntos: Diego de Peñalosa. Notificación de Juan de Peñalosa.* Contratación, 5631, N. 1, ramo 1, folios 237v-238r.
95 AGI. *Bienes de difuntos: Diego de Peñalosa. Primera comparecencia de Juan de Peñalosa.* Contratación, 5631, N. 1, ramo 1, folio 239v.
96 AGI. *Bienes de difuntos: Diego de Peñalosa. Segunda comparecencia de Juan de Peñalosa.* Contratación, 5631, N. 1, ramo 1, folios 239v-240r.
97 AGI. *Bienes de difuntos: Diego de Peñalosa. Solicitud de tasa de la plata labrada realizada por el obispo de Ceuta y mayordomo de la Misericordia José de la Cuesta Velarde.* Contratación, 5631, N. 1, ramo 3, folios 44r-44v.

licitándose también que desde la Casa de Contratación se autorizara la realización de todo el proceso sin coste alguno, para beneficio de la fundación.

El presidente y oidores de la Real Audiencia de la Casa de Contratación de Indias resolvieron favorablemente la solicitud y nombraron de nuevo a Juan Antonio Pastor, su fiel contraste, a realizar el reconocimiento, peso y aprecio de los objetos de plata. Estos, una vez tasados, debían entregarse al también apoderado del obispo ceutí, el canónigo lectoral Jerónimo Ignacio Cavero, y a Juan Manuel de Bulnes, vecino de Cádiz y miembro del consejo de Indias para su custodia. A ellos también se entregaría la porción de plata que quedó tras la quema de los ropajes efectuada dos años atrás[98].

El reconocimiento por parte de Juan Antonio Pastor tuvo lugar el 20 de noviembre de 1759 en la casa de Pedro Sáenz de Santamaría y en presencia de Jerónimo Ignacio Cavero y Juan Manuel de Bulnes, dando fe de ello el escribano Pedro Sánchez Permal. El resultado fue el siguiente[99]:

"Primeramente cinquenta y seis platos trinches que pesan ciento diez y seis marcos, dos onzas y una octava que a ochenta y quatro reales de plata de a diez y seis quartos el marco importan nueve mil setecientos sesenta y seis reales de plata y dos octavos de dicha moneda   9766 2/8

Ytem, dos platones grandes, dos más pequeños y quatro más chicos, pesan quarenta y tres marcos y dos octavas de once que a ochenta y quatro reales de plata de dicha moneda el marco importan tres mil seiscientos catorze reales de plata y quatro octavos   3614 4/8

Ytem, una escrivanía que se compone de su plato, tintero, salvadera, campanilla, obledera, plumero, un platillo con sus espaviladeras, dos mecheros para velas con sus albotantes, vara, pantalla y sello, pesa todo diez y siete marcos, quatro onzas y siete octavas //[47v] y media que a ochenta y quatro reales de plata el marco de la misma especie importan un mil quatrocientos setenta reales de plata   1470

---

98   AGI. *Bienes de difuntos: Diego de Peñalosa. Autorización para tasar la plata labrada y nombramiento del fiel del contraste Juan Antonio Pastor.* Contratación, 5631, N. 1, ramo 3, folio 44v.

99   ANEXO 29. AGI. *Bienes de difuntos: Diego de Peñalosa. Reconocimiento y tasación de la plata labrada por el fiel del contraste Juan Antonio Pastor.* Contratación, 5631, N. 1, ramo 3, folios 47r- 48r.

Ytem, un lebrillo con dos azas, una salvillita y una vasinilla, pesa todo quinze marcos, una onza y dos octavas, que a ochenta y quatro reales de plata de dicha especie el marco importan un mil doscientos setenta y tres reales de plata y un octavo

1273 ⅛

Ytem, cinco candeleros, los quatro hechura antigua y el otro hechura moderna y dos espaviladeras con sus puntas, pesa todo treze marcos, cinco onzas y seis octavas que a ochenta y quatro reales de plata de dicha especie el marco importan un mil ciento cinquenta y dos reales de plata y tres octavos

1152 ⅜

Ytem, treinta y dos cucharas, treinta y dos tenedores, diez y ocho cabos de cuchillos, pesa todo veinte y ocho marcos, siete onzas y seis octavas que a ochenta y quatro reales de plata de la misma moneda el marco importan dos mil quatrocientos treinta y dos reales de plata y tres octavos

2432 ⅜

Ytem, una cafetera, una pileta para //⁴⁸ʳ agua bendita, dorada a manchas y dos saleros, pesa todo siete marcos, cinco onzas y una octava que a ochenta y quatro reales de plata de dicha especie el marco importan seiscientos quarenta y un reales de plata y seis y medio octavos

645 61/2
8

Ytem, un espadín con su puño de hilillo, broches para birieu y rematito, pesa todo, rebajando la madera que tiene el puño, un marco, dos onzas y cinco octavas que a ochenta y quatro reales de plata de la misma moneda el marco importan ciento onze reales de plata y quatro y medio octavos

111 4 ½
8

Y quatro bastones con sus puños de oro que le parece pesan cinco onzas que a diez <y seis> pesos cada una importan ochenta pesos de ciento veinte y ocho quartos que valen seiscientos y quarenta reales de plata de esta especie

64"

El valor total de la plata se establece en 21102 reales de plata de a 16 cuartos. Ese mismo día la totalidad de las piezas reconocidas entre las que se incluían los bastones de puño de oro y la plata quemada quedaron a disposición de Jerónimo Ignacio Cavero y Juan Manuel de Bulnes para su custodia y tras la venta entregarse el líquido a los responsables de la obra pía de Diego de Peñalosa.

El resultado del producto de la plata labrada se presentó, por parte de Cavero y Bulnes, en Cádiz el 20 de junio de 1760, resultando lo siguiente[100]:

	Deve Reales plata
Por el valor de un bastón en ser por no haverse proporcionado su enajenación a causa de su inutilidad	128
Por dos onzas 2/8 que tubo de merma la plata al tiempo de enagenarse, pues al de la entrega estaba mohada y sucia	021 2/8
Por pagados a don Juan Pastor artista platero por el reconocimiento y aprecio de la plata a 1 peso %	211
Por pagados a don Francisco Joseph Hidalgo por razón de la agencia, solicitud y cuidado con que sirve esta dependencia, paser y papel que no se le tasaron	340
Por 1680 reales plata que se han satisfecho al cavallero abogado a cuio cuidado ha corrido la dirección desta dependencia por todo lo que en ella ha trabajado y entendido	1680 5/8
Por líquido que contra nosotros resulta que queda en nuestro poder a disposición de los señores presidente y oydores de la real audiencia de contratación del producto de dicha plata con los que se salda esta quenta	13139
	21512 7/8

	Ha de haver Reales plata
Por 243 marcos 4 onzas 6/8 que pesaron todas las piesas de plata que se nos (sic), que según el reconocimiento y aprecio della importa	20462 6/8

---

100   AGI. *Bienes de difuntos: Diego de Peñalosa. Resultado de la venta de la plata labrada por parte de Jerónimo Cavero y Juan Manuel de Bulnes.* Contratación, 5631, N. 1, ramo 3, folio 149r.

Por 4 bastones con puño de oro que se reguló y tasó cada uno en 16 pesos	640
Por 39 onzas y 2/8 de plata quemada a peso fuerte cada una	417 1/8
	21572 7/8

La cantidad líquida obtenida por la venta de la plata labrada por Jerónimo Cavero y Juan Manuel de Bulnes fue de 13139 reales, deducidos ya los pagos efectuados y que constan en la relación anterior, solicitando los implicados su aprobación a las autoridades indianas a través del procurador de la Real Audiencia Francisco José Hidalgo[101]. El fiscal ve justo el precio de la adjudicación de la plata labrada y de la quemada, aprueba las cuentas y cancela la obligación y fianza contraída por Cavero y Bulnes[102].

---

101 AGI. *Bienes de difuntos: Diego de Peñalosa. Solicitud por parte de Jerónimo Cavero y Juan Manuel de Bulnes de anulación de su obligación y fianza.* Contratación, 5631, N. 1, ramo 3, folios 160r-160v.

102 AGI. *Bienes de difuntos: Diego de Peñalosa. Solicitud por parte de Jerónimo Cavero y Juan Manuel de Bulnes de anulación de su obligación y fianza.* Contratación, 5631, N. 1, ramo 3, folio 168r.

3
LA CREACIÓN DE LA OBRA PÍA Y LA COMPRA DE LAS FINCAS

3.1. La Santa y Real Hermandad, Hospital y Casa de Misericordia de Ceuta

El escribano de la Santa y Real Casa de la Misericordia de Ceuta, Tomás López Páez, quizás a petición de las autoridades indianas, emite un certificado en el cual hace balance y resumen del origen y fundación de la institución. Este documento ofrece una síntesis muy valiosa, argumentada parece ser en la documentación de archivo al que tenía acceso por su cargo, que nos ayuda a comprender su importancia y relevancia para la ciudad, pues según expone en ella se encuentra lo más distinguido de la nobleza ceutí.

Comienza su relato refiriéndose a la Real Casa de la Misericordia de Lisboa que fue fundada por los reyes don Juan II de Portugal y su esposa doña Leonor. Conquistada Ceuta por Juan I en 1415 "algunos años después establecieron esta vajo de sus constituciones, sirviéndole de govierno el mismo Santo Compromiso de la de Lisboa, que se compone de quarenta y un capítulos comprehendidos in ciento quarenta y cinco folios, y en el último la aprobación de ellos, como consta de su Real Cédula dada en la ciudad de Lisboa a diez y nuebe de mayo del año de mil seiscientos y diez y ocho que finaliza Christóval Suárez, lo hizo escribir. Rey. El duque de Villa Hermosa, Conde de Ficalho. Y en este tiempo que se mantubo esta plaza por la Corona de Portugal solo ha sido visitada de orden del Rey por el doctor Jorge Seca, en diez y nuebe de henero de mil quinientos ochenta y seis, que vino de aquella corte, por no conocer jurisdición alguna //67v como se expreza en el libro primero de sus ordenanzas, párrafo quarenta y dos, al folio ciento quarenta y cinco, cuias palabras en su ydioma son las siguientes: *âs Casa da Misericordia, e todos os mais lugares píos en que nâo entendimos nossos proveedores por vía ordinaria sem particular commissáon nossa, nao entender~ao os prelados, ne seu visitadores sen~ao con nossa licencia, por asso serede nossa immediata proteis~ao"[103].*

No se especifica, por tanto, la fecha exacta de la fundación por parte de Lisboa de la Real Casa de la Misericordia de Ceuta, no obstante, se habla de algunos años después de la conquista de la ciudad y de la fundación de la Real Casa lisboeta. Debemos tener en cuenta que esta institución benéfica fue fundada por la reina Leonor el 15 de agosto de 1498 sirviendo de modelo a otras aprobadas en otros lugares del Reino[104]. Desconocemos la fecha exacta de creación de la Misericordia de Ceuta. En la literatura científica se baraja como posibilidad que esta se estableciera el mismo año que la de Lisboa pues en la temprana fecha de 1502 hay concesiones a la Casa ceutí localizadas por algunos investigadores[105], otros refieren la fecha de 1521, 1524, 1570 o incluso la tardía fecha de 1559[106], no obstante, nos inclinamos por pensar que esta debió tener lugar poco tiempo después de la fundación de la de la capital portuguesa y, por tanto, la horquilla oscilaría entre los últimos años del siglo XV y las primeras décadas del XVI.

Tal y como refiere José Luis Gómez Barceló, "la Santa y Real Casa de la Misericordia se instaló en la Ermita de San Blas, junto a la Catedral, agregándose a esta, en 1524 unas casas para ampliar el hospital que ya tenían en él. Ese hospital

---

103 ANEXO 7. AGI. *Bienes de difuntos: Diego de Peñalosa. Certificación del escribano Tomás López Páez en razón de la Real y Santa Casa de la Misericordia de Ceuta.* Contratación, 5631, N. 1, ramo 1, folios 67r-70r.

104 GÓMEZ BARCELÓ, José Luis. "El fondo de la Santa y Real Hermandad y Casa de la Misericordia del Archivo General de Ceuta". En: CAMACHO MARTÍNEZ, Rosario; ESCALANTE JIMÉNEZ, José; ROMERO TORRES, José Luis; GÓMEZ BARCELÓ, José Luis y SÁNCHEZ LÓPEZ, Juan Antonio (eds.). *Archivos y fondos documentales para la historia del Patrimonio Cultural de las Hermandades.* Málaga: Excelentísimo Ayuntamiento de Málaga y Archivo histórico Municipal, 2004, p. 134.

105 MENDES DRUMOND BRAGA, I.M.R. Y DRUMOND BRAGA, P. *Ceuta portuguesa (1415-1656),* Ceuta, 1998, p. 160.

106 CÁMARA DEL RÍO, Manuel. Beneficencia y asistencia social: La Santa y Real Hermandad, Hospital y Casa de Misericordia de Ceuta. Ceuta: Instituto de Estudios Ceutíes, 1996; GÓMEZ BARCELÓ, José Luis. "El fondo de la Santa y Real Hermandad y Casa de la Misericordia del Archivo General de Ceuta". En: CAMACHO MARTÍNEZ, Rosario; ESCALANTE JIMÉNEZ, José; ROMERO TORRES, José Luis; GÓMEZ BARCELÓ, José Luis y SÁNCHEZ LÓPEZ, Juan Antonio (eds.). Archivos y fondos documentales para la historia del Patrimonio Cultural de las Hermandades. Málaga: Excelentísimo Ayuntamiento de Málaga y Archivo histórico Municipal, 2004, pp. 127-152; CORREA DA FRANCA, Alejandro. *Historia de Ceuta.* Manuscrito de la Biblioteca Nacional. AFR C 7050-20; MASCAREÑAS, Jerónimo. *Historia de la ciudad de Ceuta (única plaza de Portugal y sus conquistas que conservó la debida obediencia al Rey N.S.), sus sucesos militares y políticos; memorias de sus Santos y Prelados y elogios de sus Capitanes Generales.* Edición de la Biblioteca Digital Hispánica, 1671, pág. 16, disponible en: https://datos.bne.es/edicion/a5035745.html.

se mantendría, como el resto de las instalaciones hasta 1694 año en el que el cerco impuesto a la ciudad por Muley Ismail arruinó sus instalaciones, por cierto, recién remodeladas"[107]. Posteriormente se trasladarían a una pequeña ermita denominada de San Sebastián en el barrio de la Cerca[108].

Una vez que Ceuta pasó a manos de la Corona de Castilla el rey Felipe IV, por cédula dada en Aranjuez el 30 de abril de 1656, le concede a la Santa y Real Casa de la Misericordia todos los fueros, privilegios, prerrogativas y exenciones contenidos en los reglamentos de la plaza, consignádosele mensualmente 312 reales para la crianza de los niños expósitos, cuyo importe sumado a otros caudales propios se destinaban tanto a esta como a otras obras pías. Todos los caudales y limosnas quedaban en poder del tesorero distribuyéndose sin intervención de la justicia ordinaria, no obstante, la persona receptora del dinero donado, de los legados testamentarios o de los bienes llegados por otras vías, denominada *recibidor*, debía ser de condición noble, honrada y acaudalada[109].

A partir de 1710 se trasladaron de nuevo al edificio ocupado por el Recogimiento de Doncellas, cuyas beatas habían abandonado la ciudad al comenzar el asedio. Ya en esta época y en el nuevo edificio dejaron de realizar la labor hospitalaria al asumir esta función el estado con el Hospital Real pero sí el resto de sus funciones. Los cambios producidos por la administración borbónica y la desamortización de los bienes de Cofradías posterior, producida en los últimos años del siglo XVIII hizo que su subsistencia peligrara hasta desaparecer a fines de la centuria siguiente. (Figura 16).

La Misericordia era, por tanto, una institución asistencial, de atención al necesitado, pobre o enfermo. Ros y Calaf señala que sus objetivos eran "redimir cautivos, socorrer a los pobres, recoger a los expósitos y los huérfanos, asistir a los enfermos y ajusticiados, como también hacer celebrar misas para el eterno descanso de las almas"[110].

---

107 GÓMEZ BARCELÓ, José Luis. "El fondo de la Santa y Real Hermandad y Casa de la Misericordia del Archivo General de Ceuta". En: CAMACHO MARTÍNEZ, Rosario; ESCALANTE JIMÉNEZ, José; ROMERO TORRES, José Luis; GÓMEZ BARCELÓ, José Luis y SÁNCHEZ LÓPEZ, Juan Antonio (eds.). Archivos y fondos documentales para la historia del Patrimonio Cultural de las Hermandades. Málaga: Excelentísimo Ayuntamiento de Málaga y Archivo histórico Municipal, 2004, pp. 136-137.

108 Debemos reseñar que en 1559 ya funcionaba la Hermandad como cofradía de nobles y oficiales.

109 Sobre las obligaciones y deberes del recibidor consultar la certificación completa contenida en el ANEXO 7.

110 ROS Y CALAF, Salvador. *Historia eclesiástica y civil de la célebre ciudad de Ceuta*. Ceuta, 1912, pág. 213.

Figura 16. La Santa y Real Casa de la Misericordia. Fotografía histórica extraída de: http://blogdeceuta.com/2020/06/real-casa-de-la-misericordia-ceuta.html

Manuel Cámara del Río, especialista en la institución ceutí, menciona que entre las obras relativas a sus deberes en el terreno material, una de las primeras acciones realizadas fue la creación de un refugio de pobres y niños expósitos. Otra labor realizada era en relación a las huérfanas, a las que se les procuraba asistencia que se concretaba en lo económico con la dote a las doncellas en edad de contraer matrimonio. En cuanto a la labor hospitalaria mencionada con anterioridad esta se creó para atender a los enfermos y heridos que carecían de familia, pobres, desterrados o presos. También tenían contemplada como obligación ayudar a los cautivos de la ciudad para paliar sus sufrimientos y penalidades y a los retenidos fuera de la ciudad. Por último, se menciona como misión de los hermanos la de consolar física y espiritualmente a los condenados a muerte antes de ser ejecutados[111].

3.2. La fundación de la obra pía de Diego de Peñalosa

Desde que en el año 56 las autoridades indianas notificaran a la Misericordia de Ceuta su obligación de presentar certificación de las fincas seguras en las que invertir el dinero de Peñalosa como garantía para el envío del dinero nada se sabía sobre sus gestiones. Desde la Audiencia de la Casa de Contratación se exigía que todas las actuaciones, como por ejemplo el coste de la escribanía o la tasación de los inmuebles susceptibles de establecerse a censo, fueran sufragadas en primer lugar por la institución y más tarde, el montante de lo gastado se cubriría de los bienes de Peñalosa. En 1757 el fiscal se interesaría por la situación de la imposición y emite un auto exigiendo explicaciones[112].

El obispo don José de la Cuesta y Velarde, proveedor electo de la Real Casa de la Misericordia, responde alegando dos inconvenientes, el primero, el estar esperando el regreso de Juan y Martín de Peñalosa a Ceuta, pues ellos debían participar de todo el proceso de imposición como garantes del patronato; el segundo, ratificar la imposibilidad de abonar los costes exigidos por la audiencia pues el líquido de la Real Hermandad estaba destinado a otros fines piadosos y no se podía destinar a otros objetivos distintos a los signados, por otro lado, también argumenta que las personas susceptibles de vender sus propiedades lo hacían por necesidad y que tampoco podían ellos hacerse cargo de los gastos de tasación y escribanía,

---

111 CÁMARA DEL RÍO, Manuel. "Beneficencia y asistencia social: La Santa y Real Hermandad, Hospital y Casa de Misericordia de Ceuta". Ceuta: Instituto de Estudios Ceutíes, 1996, páginas 59-60.

112 AGI. *Bienes de difuntos: Diego de Peñalosa. Notificación del fiscal.* Contratación, 5631, N. 1, ramo 1, folios 143v-144v.

siendo este último asunto el principal que impedía que se agilizaran los trámites de la imposición. Aun así, presenta una primera lista de posibles bienes para ser adquiridos para la obra pía, propiedades que advertimos no fueron las definitivas, y que sirvieron, entendemos, para dar garantías de que se estaba trabajando en este asunto y no había dejadez por su parte:

"Notizia de las poseciones que se venden actualmente útiles para la ymposizión:

La casa de don Pedro Segundo Carrasco.

La casa donde vive don Juan de Cortezar.

Ydem, donde vive el coronel de la plaza.

La de don Juan de la Peña.

Huerta y Casa de don Ruperto Ruis de Neira.

La Huerta de los herederos de doña Theresa del Toro.

Unas casas pequeñas de don Juan de Palma y don Juan Aguado.

La huerta de los herederos de don Simón de Andrade"[113].

Finalmente el 20 de septiembre de 1758 el notario mayor establecía en Ceuta el patronato de legos fundado por Diego de Peñalosa. Para dar fe de ello se adquirió un libro en el que se debía tomar razón de las escrituras de venta que se celebraran, especificando el día, mes y año de celebración y el escribano ante quien se firmaran las escrituras, además de añadir el precio de cada vivienda, los linderos y parajes y otras cuestiones que se consideraran relevantes para la seguridad de cada compra (Figura 17). Este libro, por fortuna, se conserva en el Archivo General de Ceuta y sirve de síntesis de las propiedades relacionadas con la obra pía, no obstante, la mayor fuente de información la seguimos teniendo en el Archivo General de Indias donde se conserva el expediente completo enviado a la audiencia para obtener la autorización para las compras y para la entrega de los caudales con los que sufragarlas. Ambos expedientes, y otros legados dispersos conservados en estos mismos archivos, son los utilizados para la descripción de las propiedades que conformaron el rico legado indiano de Peñalosa en Ceuta.

Desde el año 1758 hasta el año 1776 se fueron comprando las fincas y vivien-das que conformó el rico legado Peñalosa en esta ciudad norteafricana, la mayoría de las veces con el caudal legado por el mariscal de campo y en otras ocasiones con los réditos acumulados de la propia fundación piadosa. Los principales actores que iniciaron el proceso de fundación y, por tanto, las gestiones para la compra de

---

113   AGI. *Bienes de difuntos: Diego de Peñalosa. Notificación del fiscal.* Contratación, 5631, N. 1, ramo 1, folio 147r.

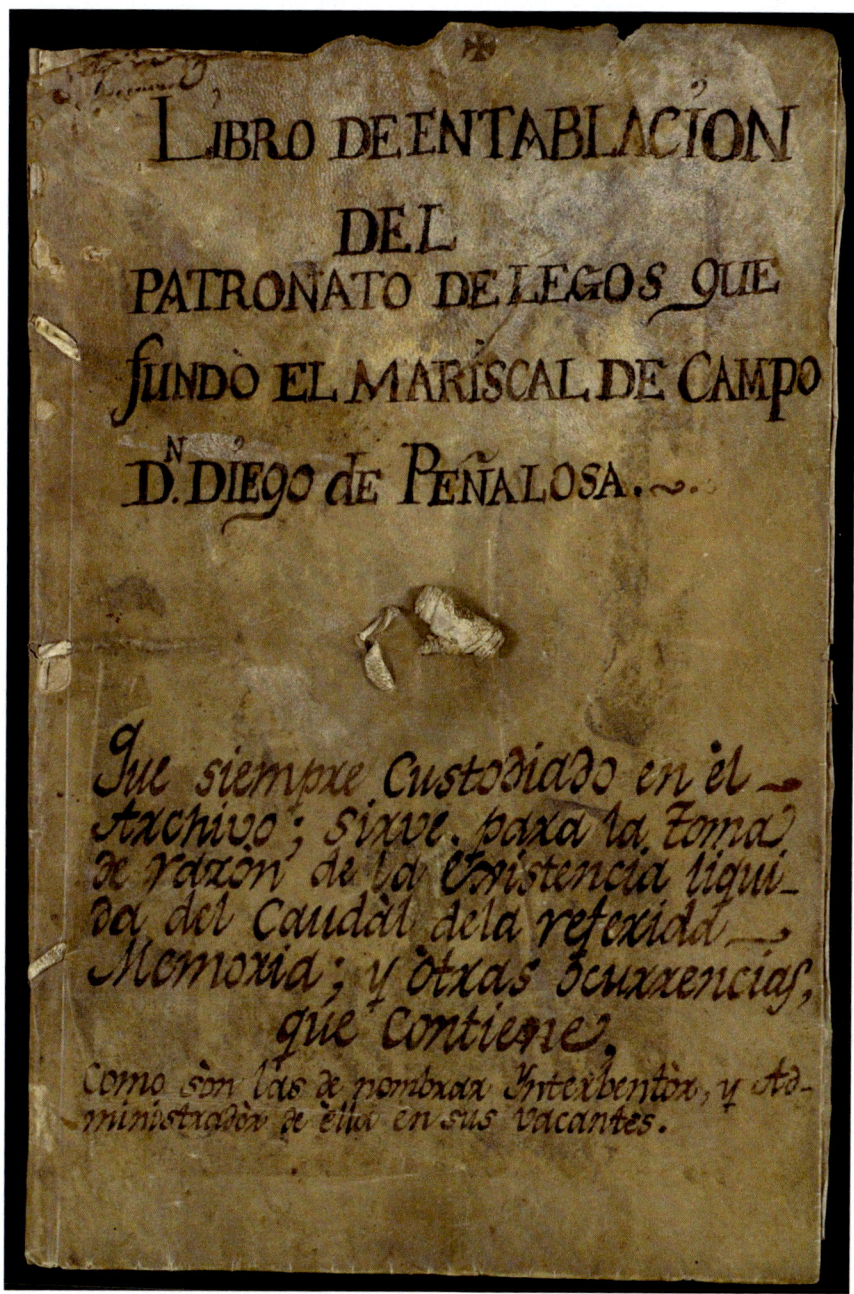

Figura 17. Libro de entablación del patronato de legos que fundó el mariscal de campo don Diego de Peñalosa AGC. Fondo Casa de la Misericordia de Ceuta. 1135. Signatura Caja 34, folio 1r.

las propiedades, fueron el ilustrísimo señor obispo José de la Cuesta Velarde como proveedor de la Santa y Real Casa de la Misericordia, recientemente reelegido, que actuaba como comisario de la imposición; Antonio Nicolás Ruiz, capitán del regimiento fijo y tesorero de la Misericordia; Juan Tomás Ximénez Corruchaga, escribano del rey y José Alonso Gregorio de Ortigosa abogado de los reales consejos, provisor y vicario general de Ceuta que actuaba como juez para los autos de imposición de la obra pía[114].

Ellos se encargaron de preparar la documentación necesaria para certificar que las tierras y casas susceptibles de compra por parte de la fundación fueran adecuadas, seguras, útiles, legítimas y de valor en venta y renta. Esta documentación, una vez organizada y acompañada de tasaciones de arboleda, carpintería y albañilería, de declaraciones de testigos y de la liquidación correspondiente se presentaba ante las instituciones competentes de la Casa de Contratación en Cádiz para reclamar el caudal necesario para su compra y poder así celebrar las escrituras de venta definitivas. El encargado de realizar esta labor sería Jerónimo Ignacio Cavero, canónigo lectoral de la capital gaditana con poder otorgado por el proveedor José de la Cuesta Velarde[115]. En Ceuta este obispo también contó como apoderado con el provisor y vicario general Antonio Nicolás Ruiz Román para los asuntos de trámites y pedimientos en relación a la calidad de las fincas y viviendas.

---

114 Debemos tener en cuenta que con el paso de los años los representantes de la Santa y Real Casa de la Misericordia fueron sustituidos fruto de los procesos electorales de la Hermandad.

115 AGI. *Bienes de difuntos: Diego de Peñalosa. Poder otorgado por José de la Cuesta Velarde a Jerónimo Ignacio Cavero.* Contratación, 5631, N. 1, ramo 2, folios 3v-6v.

4

LAS PROPIEDADES QUE CONFORMAN EL LEGADO DE DIEGO DE PEÑALOSA. PRIMER GRUPO DE ADQUISICIONES, 1758-1761[116]

4.1. Compra de la casa de don Martín de Obedos en la Almina, en la calle que llaman de doña Catalina de Angulo

Don Marín de Obedos Viegas pretendía vender una casa de su propiedad para el legado de la obra pía, por ello, presentó ante el escribano y ante el juez los títulos de propiedad y legitimidad. Esta documentación constaba de una escritura de censo de un pedazo de terreno, antes ocupado por viña, compuesto de 14 varas de frente por 20 de largo. Esta tierra lindaba por levante con la huerta de los herederos de Domingo de Albuquerque y por el norte con la huerta de Pedro de Mendoza Arráez. La posesión le venía por línea de Isidro Díaz de Angulo, natural y vecino de Ceuta, quien el 2 de agosto de 1717, ante el escribano Antonio Prieto, vendió el terreno a su padre Antonio Díaz Viega por 225 pesos en escudos de plata, pasando después a manos de su tío Andrés Viega de Obedos. De esta compra quedaron por redimir 50 pesos por parte de su tío que fueron satisfechos a Díaz de Angulo en 1720, quedando libres. También presenta un poder otorgado por su hermano Pedro de Obedos, capellán del regimiento de infantería de León, en su favor y firmado en Cartagena el 16 de enero de 1755, por el que le faculta para actuar en su nombre en caso de venta o alquiler de las propiedades familiares[117]. Por su parte, María de Obedos, la tercera de las hermanas y heredera también de

---

116   Se ha respetado en todo momento el orden de la documentación que conforma el expediente que sobre los bienes de Diego de Peñalosa se custodia en el Archivo General de Indias, a pesar de que algunas propiedades tienen fecha de auto y liquidación anterior.

117   AGI. *Bienes de difuntos: Diego de Peñalosa. Exposición de hechos por parte de Juan Tomás Ximénez Corrurraga en relación a la propiedad de Martín de Obedos Viegas.* Contratación, 5631, N. 1, ramo 2, folios 8r-10v.

la finca, presenta el testamento de su marido Pedro Segundo Carrasco, capitán de la compañía de escopeteros de Getares, como prueba, al ser ya viuda, actuando en nombre propio al residir en la ciudad.

En esta finca los padres de Martín de Obedos, Pedro de Obedos y María de Obedos, levantaron unas casas, tras dejarlas en 1720 libres de censo. Estas según se desprende de la documentación se fabricaron:

> "...de los mejores matheriales y maderas, como que a toda satisfacción las hizieron y es notorio sobre que jura en norma y como noticioso por el edito que se ha publicado sobre la ymposizión de caudales de dicha obra pía, ha tratado de venderla por sí, con poder de su hermano y en nombre de su hermana, residente en esta ziudad, revajando solo dos mil reales de vellón por ser dicha finca tan espezial y conozida, y siendo como es por la notoriedad de nosotros los apoderados y hermanos del difunto zierta y verdadera esta relación, y útil de yncidente a dicha obra pía, concurriendo como concurre la qualidad de ser libre de todo censo, tributo, aniversario, obligación, ni hipoteca y restando solo justificar dichas cualidades para pasar //[17v] a la zelebración de la correspondiente escritura con que se libre la cantidad del valor de dicha finca en la real audiencia de la contratación a Yndias en Cádiz donde existen los caudales y exiviendo dichas dos escrituras de compra de parte del terreno y redención de la restante."[118]

Estas casas se localizaban en la Almina, en la calle conocida como de doña Catalina de Angulo, lindando por poniente con el callejón de don Domingo Fernández, por el norte con unos cuartos y huertas pertenecientes a don Pedro de Obedos y por levante con la propiedad de don Juan Bautista Perelo. Se componían de portada, escalera, sala grande y tres alcobas, con su barandilla correspondiente y bajo patio con otro cuarto, su jardín contaba con varios árboles, corredor de parras, corral de gallinas y contaba con otro pequeño terreno en el que había un pozo. Sobre ellas Antonio Nicolás Ruiz Román, como apoderado de José de la Cuesta Velarde, y con presencia y anuencia de Juan de Peñalosa y José de Acuña, apoderado de Martín de Peñalosa, solicitó su tasación e inspección.

José Gregorio Alonso de Ortigosa nombró para este cometido a Juan Guerrero y Juan Sánchez, maestros mayores de albañilería y carpintería, respectivamente, y a Damián Ocete y Juan de Retamosa, peritos de huertas y arboledas, para que, cada cual en lo referente a su oficio, realizaran la comprobación pertinente, tasaran

---

118 AGI. *Bienes de difuntos: Diego de Peñalosa. Pedimiento en relación a la propiedad de Martín de Obedos.* Contratación, 5631, N. 1, ramo 2, folios 16v-17v.

la finca y casa y expresaran su opinión acerca de la utilidad de la propiedad para la obra pía[119].

Guerrero y Sánchez declararon que las casas se hallaban bien construidas con mampostería y las maderas utilizadas eran de castaño, gruesas y de consistencia. Tasaron la albañilería en 13.244 reales, la carpintería en 3.550 reales del mismo valor y el terreno, en el que se incluía el jardín compuesto en total por 120 varas, 3.600 reales a razón de 30 reales/vara. Las tres partidas sumaban el total de 20.394 reales vellón. En opinión de los maestros el alquiler de la vivienda podía establecerse en 75 reales al mes[120]. Por su parte, los peritos de arboledas tasaron diecisiete parras en 260 reales; tres damascos en 60; un albérchigo en 5; tres perales en 45 y un naranjo agrio en 3, siendo la suma total 400 reales vellón[121].

Los testigos aportados que dieron veracidad a los datos aportados en el procedimiento por parte de Martín de Obedos y sus hermanos fueron Domingo Fernández, teniente de granaderos del regimiento fijo, Antonio Díez Viera, subteniente de la compañía de caballería de dotación de la plaza y Antonio Olaguer Feliú, capitán del regimiento fijo. En paralelo, para otorgar mayores garantías a la compra y certificar que la casa no tenía ningún tipo de gravamen en perjuicio futuro de la obra pía, se solicita a la Colecturía General de la Santa Iglesia Catedral, al Real Colegio de Trinitario Descalzos y a la Santa y Real Casa de la Misericordia que revisaran que esta propiedad no estaba sujeta a censos, tributos, aniversarios o memorias, como así se atestigua en certificaciones anexas al expediente.

En base a ello, en Ceuta a 30 de junio de 1758, el escribano Juan Tomás Ximénez Corruchaga, procedió a realizar la liquidación[122], incluyendo una rebaja en el precio de la tasación de 2.000 reales vellón realizado por los propietarios. Así pues, sumada la partida de albañilería y carpintería que recordemos ascendía a 20.394 reales, más la tasa del jardín y arboleda de 400 reales, y restando la rebaja de los propietarios quedaría el importe de la finca y vivienda para su compra por parte de la obra pía en 18.794 reales vellón. El valor en renta para la fundación sería de 900 reales vellón al año, estableciéndose un alquiler mensual de 75 pesos

119   AGI. *Bienes de difuntos: Diego de Peñalosa. Nombramiento de tasadores para la finca de Martín de Obedos y hermanos.* Contratación, 5631, N. 1, ramo 2, folios 18r-18v.

120   AGI. *Bienes de difuntos: Diego de Peñalosa. Declaración de los maestros de albañilería y carpintería Juan Guerrero y Juan Sánchez en relación a la casa de Martín de Obedos y hermanos.* Contratación, 5631, N. 1, ramo 2, folios 20r-21v.

121   AGI. *Bienes de difuntos: Diego de Peñalosa. Declaración de los peritos de arboleda Damián Ocete y Juan de Retamosa en relación a la casa de Martín de Obedos y hermanos.* Contratación, 5631, N. 1, ramo 2, folios 19r-20r.

122   AGI. *Bienes de difuntos: Diego de Peñalosa. Liquidación de la casa de Martín de Obedos y hermanos.* Contratación, 5631, N. 1, ramo 2, folios 28r-29r.

de a 15 reales. En auto[123] emitido el 3 de julio de ese mismo año de informa de que el procedimiento de comprobación se había concluido quedando solo pendiente la autorización y el libramiento del dinero por parte de las autoridades indianas, las escrituras de la finca, mientras se fijaba el día de la firma de la escritura de venta a la obra pía, quedaba momentáneamente en manos de sus propietarios. La compra formal de la propiedad tuvo lugar en Ceuta el 13 de septiembre de 1758 ante el escribano Juan Tomás Ximénez Corruchaga[124].

4.2. Compra de la casa de don José Álvarez Doyague y María García Flores en la Calle Real de la Almina

La siguiente propiedad susceptible de incorporarse a la fundación de Peñalosa fue la perteneciente a don José Álvarez Doyague, boticario mayor del Real Hospital de Ceuta y su esposa, doña María García Flores, situadas en la Calle Real, linde por poniente con las casas de don Juan de Villalba, por el norte con la huerta de doña Josefa Tamayo y Ariño, por levante con la Iglesia de Nuestra Señora de los Remedios y por el sur con la Calle Real, libres de cargas. En un principio de acuerdo al que llegaron Juan de Peñalosa y Martín de Peñalosa, a través de su apoderado José de Acuña, los responsables de la Casa de la Misericordia y los dueños de la finca se fijó la venta en la cantidad de 5.850 pesos de a 15 reales de vellón, estando inserta la gratificación correspondiente por la localización privilegiada de la vivienda, tal y como se establecía de manera ordinaria a todas las situadas en la Calle Real. La vivienda estaba "bien construída"[125] y había sido labrada por el matrimonio. El terreno sobre el que se asentaba era considerable en cuanto a sus dimensiones, siendo el resultado de un proceso de compras por menor justificado con seis escrituras diferentes[126]:

- Una primera escritura otorgada por Juan Ramuer de Castro y su mujer María Cairola, fechada en 3 de marzo de 1721 ante el escribano Francisco de Miranda, de unas casas terreras, dos pozos y terreno libre de censos, por el precio de 234 pesos, escudos de a ocho de plata antiguos.

---

123 AGI. *Bienes de difuntos: Diego de Peñalosa. Auto en relación a la casa de Martín de Obedos y hermanos.* Contratación, 5631, N. 1, ramo 2, folios 30r-31r.

124 AGC. Fondo Casa de la Misericordia de Ceuta. "Libro de entablación del patronato de legos que fundó el mariscal de campo don Diego de Peñalosa". 1135. Signatura Caja 34, folios 11v-12r.

125 AGI. *Bienes de difuntos: Diego de Peñalosa. Pedimiento en relación a la casa de José Álvarez Doyague y su mujer.* Contratación, 5631, N. 1, ramo 2, folio 35v.

126 AGI. *Bienes de difuntos: Diego de Peñalosa. Auto en relación a la casa de José Álvarez Doyague y su mujer.* Contratación, 5631, N. 1, ramo 2, folios 33r-35r.

- Una segunda escritura de venta de seis varas de terreno de oficio, adquirida a los hijos y herederos de José Álvarez, que hacía linde con las casas compradas con anterioridad. Su importe fue de 15 reales vellón y se celebró ante el mismo escribano el 19 de abril de 1726.

- El tercer documento acreditativo fue otra escritura de venta otorgada por José Olmedo, médico de la ciudad. En este caso adquirieron tres casas pequeñas terreras situadas en un terreno que se había tomado a censo a los hijos y herederos de Antonio de Mendoza Pacheco y que tenía 61 varas de terreno de oficio, situada en la Calle Real. Lindaba por levante con la Iglesia de Nuestra Señora de los Remedios y con el terreno de Catalina de Ariño y por poniente con la propiedad de José Álvarez. Francisco de Miranda fue el escribano ante quien se celebró la venta, fechada el 25 de octubre de 1727.

- La cuarta escritura en favor de José Álvarez Doyague fue la venta por parte de los hijos y herederos de Antonio de Mendoza Pacheco, de 28 varas y media de terreno de oficio en la Calle Real, lindero con la Iglesia de Nuestra Señora de los Remedios, la capellanía de Antonio Matías y el terreno de su propiedad. La venta se estableció en 71 pesos y 2 reales de plata antiguos y se firmó el 8 de noviembre de 1727 ante el mismo escribano.

- La quinta adquisición fue 47 varas y media de terreno de oficio situada en el mismo lugar y con las mismas lindes que la escritura anterior, en precio de 118 pesos de ocho de plata antiguos y seis reales, dada el 18 de noviembre de 1727 ante Francisco de Miranda.

- La última escritura fue otorgada por el capitán Salvador Tamayo, su mujer María Cuello de Ariño, José de Acuña y Josefa Tamayo Cuello de Ariño y constaba de 51 varas de terreno pomar, con dos naranjos, tres higueras, una azufaifa, un granado y parras en la Almina, linde con terrenos del comprador y otras de los vendedores, libre de cargas, en precio de 3.000 reales vellón. Este documento se firmó el 15 de julio de 1737 ante el escribano Francisco Antonio de Luengas.

El 8 de julio de 1758 los peritos de arboleda Damián Ocete, de 59 años de edad, y Juan de Retamosa, de 62 años, acudieron a realizar la inspección de los elementos tocantes a su oficio[127]. El resultado fue la existencia de 32 parras valo-

---

127 AGI. *Bienes de difuntos: Diego de Peñalosa. Tasación de los peritos de arboleda en relación a la casa de José Álvarez Doyague y su mujer.* Contratación, 5631, N. 1, ramo 2, folios 38v-39v.

radas en 320 reales, 3 higueras en 45; 3 damascos en 24; una azufaifa en 10 y dos "plantones" de manzano en 8, sumando el total de 407 reales vellón. En opinión de ambos especialistas, teniendo en cuenta el lugar tan ventajoso que ocupaba el jardín y la buena calidad de las parras y de los árboles, el valor de lo tasado iría en aumento y no al revés, por lo que la compra de la propiedad sería útil y conveniente a la obra pía.

El mismo día hicieron lo propio Juan Guerrero y Juan Sánchez, maestros de albañilería y carpintería, cuya tasa es la que sigue[128]:

	"Reales Vellón
Por lo que haze a toda la albañilería que compreende las zitadas casas quarenta y siete mil quinientos sesenta y cinco reales	47565
Por lo que corresponde a la carpintería de las citadas casas veinte y cinco mil ochocientos treinta y cinco	25835
Por trescientas sesenta y dos varas de terreno de ofizio que ocupan dichas casas y jardín a treinta y siete reales y medio cada una, treze mil quinientos setenta y cinco	13575
	86975
Por varandas, pasamanos de escalera y balcón grande a la calle y otras pequeñas //⁴⁰ᵛ de salas y alcobas nuevecientos setenta y cinco reales	975
	87950"

Guerrero y Sánchez, terminan el reconocimiento manifestando su opinión:

"... dichas casas se hallan bien construidas de mampostería, maderas de castaño, quejigo (sic) y flandes, gruesas y de consistencia y que mediante la situazión de dichas casas que es la más ventajosa y apreciable en la Calle Real de esta Almina, sus abitaciones altas y vajas que refiere el pedimiento y han visto que nunca dejarán de estar ocupadas ni jamás lo han estado, y por la experiencia que tienen de los regulares alquileres

---

128   AGI. *Bienes de difuntos: Diego de Peñalosa. Tasación de los maestros de albañilería y carpintería en relación a la casa de José Álvarez Doyague y su mujer.* Contratación, 5631, N. 1, ramo 2, folios 39v-41v.

que se reputan en esta plaza, son de sentir puedan ganar en un alquiler mensual corriente y justo de veinte y quatro a veinte //[41r] y seis pesos de a quinze reales vellón, por cuias razones no se les ofreze ninguna duda que en venta y renta es muy útil y combeniente a la obra pía mandada fundar por el mariscal de campo don Diego de Peñalosa la compra de estas casas como que es una gran pozesión y finca".

Los testigos aportados al proceso fueron el mercader Antonio Duarte, Francisco del Viso y el comerciante Manuel Pérez. Este último llegó a decir que la vivienda estaba construida con muy bellos materiales y que, en su opinión, son las mejores que existía en la ciudad, por su gran construcción y habitaciones y por estar levantadas en uno de los lugares más ventajosos y distinguidos. Por otro lado, la Colecturía General de la Santa Iglesia Catedral, el Real Colegio de Trinitario Descalzos y la Santa y Real Casa de la Misericordia hicieron lo propio en relación a las cargas, certificándose no estar sujeta a censos, tributos, aniversarios ni memorias.

La liquidación resultante estableció el precio de venta en 87.750 reales vellón, 607 reales menos que lo establecido por tasación, siendo esta la cuantía acordada con los vendedores[129]. La utilidad de la compra se evidencia al estimarse su alquiler mensual en 360 reales vellón lo que al año podría repercutir en 4.320 reales vellón a la obra pía. Finalmente, el 12 de julio de 1758 se firma el auto[130] en el que se deja por escrito el acuerdo quedando pendiente del libramiento de dinero por parte de la Audiencia de la Casa de Contratación de Indias y su autorización final. El 13 de septiembre de 1758 se firmaron en Ceuta las escrituras de venta de la propiedad ante el escribano Juan Tomás Ximénez Corruchaga[131].

4.3. Compra de dos casas a doña Josefa Brígida de Tortosa en la Calle Real de la Almina y en el barrio de la Cigarra

Josefa Brígida de Tortosa, viuda de Francisco Antonio de Luengas, manifestó su intención de vender dos de sus propiedades a la fundación de Diego de Peña-

---

129 AGI. *Bienes de difuntos: Diego de Peñalosa. Liquidación en relación a la casa de José Álvarez Doyague y su mujer.* Contratación, 5631, N. 1, ramo 2, folios 48r-49r.

130 AGI. *Bienes de difuntos: Diego de Peñalosa. Auto con el acuerdo final establecido en relación a la casa de José Álvarez Doyague y su mujer.* Contratación, 5631, N. 1, ramo 2, folios 49v-51r.

131 AGC. Fondo Casa de la Misericordia de Ceuta. "Libro de entablación del patronato de legos que fundó el mariscal de campo don Diego de Peñalosa". 1135. Signatura Caja 34, folio 12r.

losa[132]. La primera de ellas estaba situada en la Calle Real de la Almina, frente a la Iglesia de los Remedios, linde por poniente y sur con la vivienda del canónigo Francisco Javier de Murga, haciendo esquina con el Callejón del Cebollino. La casa fue labrada por su tío, el presbítero Juan Pinto de Andrade y por su marido, costeando cada uno de ellos la mitad de su coste, habiendo heredado Josefa ambas partes por testamento, tras el fallecimiento de ambos. Según expone la propietaria por esta finca pagaba anualmente 48 reales y 16 maravedís a la colecturía general por el terreno en el que estaba fabricada la casa y 30 reales también de anualidad por una misa cantada el día de Santo Domingo de Guzmán, dispuesta por testamento por Francisco Javier de Murga y vinculada a la mitad correspondiente de su vivienda. Dicha misa debía celebrarse en la capilla dedicada a este santo en la Iglesia de los Remedios de la que era sacristán mayor.

La segunda era una casa baja situada en lo alto del barrio nuevo de San Francisco, que llamaban de la Cigarra, linde por levante con el Callejón del Espino y por poniente con la propiedad de la viuda María Corona. Esta vivienda se componía de dos salas, una alcoba, cocina, dos corrales, patio, huerto, parras, árboles y tres pozos, con la carga de 93 reales y 32 maravedís anuales de censo por el terreno en que estaban fabricadas a favor del coronel de caballería Joaquín de Mendoza Pacheco. La escritura de esta propiedad se realizó ante el escribano Francisco Antonio de Luengas el 2 de mayo de 1738, y fue adquirida a Juana del Puerto y Arriola que actuaba con poder de su marido Vicente Alfonso Ibáñez[133].

Las otras dos escrituras que se muestran y se incorporan al expediente se corresponden a la vivienda de la Calle Real. La primera es un testimonio librado el 1 de marzo de 1758 que contenía las cláusulas del testamento de Juan Pinto de Andrade, presbítero, otorgado el 8 de julio de 1743 y a través del cual se dejaba patente el legado que hacía a su sobrina de la mitad de la casa que le correspondía. El segundo documento es una certificación realizada tras la muerte de Francisco Antonio de Luengas y fechada el 14 de enero de 1746, por las cuales por vía judicial se sentenció su pertenencia a Josefa Brígida de Tortosa.

En un principio de acuerdo establecido entre el vicario general Antonio Nicolás Ruiz Román, como apoderado del obispo y comisario de la imposición José de la Cuesta Velarde y la propietaria, con la anuencia de Juan de Peñalosa y de Martín de Peñalosa, a través de José de Acuña, al seguir ausente, se conviene la compra de ambas propiedades. La de la Calle Real por el precio de la tasación a

---

132 AGI. *Bienes de difuntos: Diego de Peñalosa. Pedimiento en relación a la casa de Josefa Brígida de Tortosa.* Contratación, 5631, N. 1, ramo 2, folio 56r-58r.

133 AGI. *Bienes de difuntos: Diego de Peñalosa. Auto en relación a la casa de Josefa Brígida de Tortosa.* Contratación, 5631, N. 1, ramo 2, folio 53r-55v.

lo que se añadiría la gratificación acostumbrada por su ventajosa ubicación como también se reseñó en el caso anterior, y la del barrio de la Cigarra se le rebajaría la cuarta parte del precio fijado. A ambas se reduciría el importe de los censos por el terreno y la misa cantada.

Damián Ocete y Juan de Retamosa pasaron a realizar la inspección de la casa situada en lo alto del barrio de la Cigarra el 17 de julio de 1758[134]. Registraron diez parras que tasaron en 50 reales, cuatro higueras en 40, dos granados en 12 y una azufaifa en 10, haciendo un total de 112 reales vellón.

El mismo día Juan Guerrero y Juan Sánchez inspeccionaron y evaluaron las cuestiones tocantes a sus oficios como maestros de albañilería y carpintería, resultando de la siguiente manera[135]:

	Reales vellón
Por lo que haze a toda la albañilería que compreende las casas prinzipales frente de los Remedios, pozos y sumideros diez y seis mil quinientos nobenta y cinco reales	16595
Por la varanda del patio, pasamano de escalera, balcón y rejas y libentes, mil y veinte reales vellón	1020
	17615
Por quarenta y tres varas de terreno de ofizio a treinta y siete reales y medio //[61v] cada una, mil seiscientos doze y medio	1612 17
Por lo que respecta a la carpintería de dichas casas nueve mil ochocientos ochenta y nueve reales	9889
Que valen las casa de la Calle Real	29116 17

(Al margen:) Casas de lo alto del barrio de la Zigarra.

---

134   AGI. *Bienes de difuntos: Diego de Peñalosa. Tasación de los peritos de arboledas en relación a la casa de Josefa Brígida de Tortosa.* Contratación, 5631, N. 1, ramo 2, folio 60r-60v.

135   AGI. *Bienes de difuntos: Diego de Peñalosa. Tasación de los maestros mayores de albañilería y carpintería Juan Guerrero y Juan Sánchez en relación a la casa de Josefa Brígida de Tortosa.* Contratación, 5631, N. 1, ramo 2, folio 60r-60v.

	Reales vellón
Por la albañilería de las casas en lo alto del barrio de la Zigarra que expresa el pedimiento, tres mil ziento nobenta y cinco reales	3195
De ziento diez y ocho varas de terreno de oficio que en aquel sitio solo valen a treinta reales cada una ymportan tres mil quatrocientos quarenta reales	3440
De lo que mira a la carpintería de dichas casas mil ziento quarenta y cinco reales	1145
Que ymporta dicha casa de lo alto de la Zigarra	7780

El valor sumado de ambas propiedades ascendía a 36.896 reales y medio de vellón, estando incluidas en la cifra las cargas mencionadas. Según su apreciación ambas casas estaban bien construidas, en especial la de la Calle Real, fabricada de buena mampostería, con maderas de castaño y quejigo, gruesas y de consistencia. El alquiler mensual estipulado para esta vivienda ascendería a los 8 pesos de a 15 reales vellón y la de la vivienda de la Cigarra en dos pesos del mismo valor.

Los testigos fueron Manuel Matías Fernández, Francisco Rodríguez Pastor y el interventor de las reales obras y fortificaciones Manuel Serrado. Los tres afirman que la antigüedad de la propiedad de los Remedios era de unos 20 años aproximadamente. A continuación, la Colecturía General de la Santa Iglesia Catedral, el Real Colegio de Trinitario Descalzos y la Santa y Real Casa de la Misericordia hicieron lo propio en relación a las cargas, certificándose no estar sujeta a más censos, tributos, aniversarios ni memorias.

La liquidación de las propiedades queda de la siguiente manera[136]:

Ymportan las casas	Reales vellón
Prinzipales, frente de la Yglesia de los Remedios, propias de doña Josepha Brígida de Tortosa, viuda de don Francisco Antonio //[72r] de Luengas, según la tasa de los peritos, veinte y nueve mil ciento diez y seis reales y medio vellón	29116 ½

---

136 AGI. *Bienes de difuntos: Diego de Peñalosa. Liquidación en relación a la casa de Josefa Brígida de Tortosa.* Contratación, 5631, N. 1, ramo 2, folios 71v-73r.

Váxanse dos mil seiszientos diez y seis reales de la propia expezie, los un mil seiscientos y diez y seis de ellos por el censo de su terreno y los un mil restantes prinzipal de la memoria de misa anual cantada al señor Santo Domingo, según resulta del certificado de colecturía de esta Santa Yglesia Cathedral	2616
Queda líquido valor en venta desta casa	26500 17

(Al margen:) La del barrio de la Zigarra.

Ymporta el total valor de esta casa, según la tasazión de los peritos siete mil ochocientos nobenta y dos reales	7892
Váxanse por el principal //⁷²ᵛ del censo del terreno sobre que están fabricadas tres mil ziento treinta y dos reales vellón y quedando quatro mil setecientos sesenta reales del valor líquido de dichas casas, se vajan en consequencia de lo tratado mil ciento noventa reales de la misma moneda, ymporte de su quarta parte, que ambas partidas hazen quatro mil trescientos veinte y dos reales	7892 4322
Quedan líquidos de esta casa por valor	3570
De suerte que juntas las dos partidas líquidas del valor de ambas casas componen treinta mil setenta reales y medio de vellón	30070 17
Y prorrateado este valor prinzipal en venta para renta resulta salvo (herror) un cinco por //⁷³ʳ ciento y treinta y tres maravedís y medio, con diferencia de nieve maravedís que no tienen proporción	05 33 ½

El 13 de septiembre de 1758 se firmaron en Ceuta las escrituras de venta de las casas ante el escribano Juan Tomás Ximénez Corruchaga[137], tras la aprobación y visto bueno de la audiencia de la Casa de Contratación de Indias y el libramiento del importe íntegro con cargo al depositario Pedro Sáenz de Santamaría.

---

137 AGC. Fondo Casa de la Misericordia de Ceuta. "Libro de entablación del patronato de legos que fundó el mariscal de campo don Diego de Peñalosa". 1135. Signatura Caja 34, folios 12r-12v.

4.4. Compra de una casa a doña Ana de Peñalosa y sus hijos, como herederos de Fabián de Acuña, situada en la Almina, en el Callejón del Cebollino

La siguiente propiedad susceptible de incorporarse a la obra pía de Diego de Peñalosa fue precisamente la de su hermana Ana Micaela de Peñalosa, quien por fallecimiento de su marido el capitán del regimiento fijo de Ceuta Fabián de Acuña[138], heredó la parte correspondiente de la herencia recayendo el resto en favor de los tres hijos del matrimonio: Diego de Acuña, residente en Algeciras y del que presenta un poder que habilitaba a su madre a actuar en su nombre; Ana de Acuña y Peñalosa, soltera de 36 años de edad y José de Acuña, casado con Josefa Tamayo, vecinos ambos de Ceuta y, por tanto, con representación propia en el proceso de venta.

Ana Micaela de Peñalosa, ante el vicario general Antonio Nicolás Ruiz Román como apoderado de José de la Cuesta Velarde, su hermano Juan de Peñalosa y José de Acuña, que, como sabemos, actuaba en nombre de su otro hermano Martín de Peñalosa, propone la venta de una casa en la Almina, construida en el Callejón al Cebollino y muy cercanas a la Calle Real, junto a la Iglesia de Nuestra Señora de los Remedios. Se componía de sala alta y dos alcobas, cuatro cuartos bajos, tres patios, dos jardines con arboleda, cinco pozos y un aljibe con una puerta falsa al callejón. La finca lindaba por levante con las casas del presbítero Juan Cambriles, por poniente con la del mercader Juan Jacobo Fascio, y por el sur con la finca de la viuda y herederos de Roque González[139]. La propiedad se la compró Fabián de Acuña a su madre, Ana Luisa Caballero, viuda del sargento mayor del regimiento fijo de Ceuta José Matías de Acuña, y padre de Fabián, en escritura firmada el 29 de noviembre de 1728 ante el escribano Francisco de Miranda, tomando posesión de ellas ese mismo día.

---

138   Fabián de Acuña debió morir hacía relativamente poco tiempo pues en la documentación aportada por Juan Tomás Ximénez Corruchaga se menciona un poder para testar fechado el 7 de junio de 1758 y un testamento firmado el 7 de julio de ese mismo año. En una de las cláusulas que ha trascendido se establece lo siguiente: "Que por el referido poder dicho su padre (quien fue hijo de don Joseph de Acuña y de doña Ana Cavallero) ynstituyó de sus herederos a ley y estilo de esta ziudad a doña Ana de Peñalosa, como su muher doña Ana María, don Joseph y el otorgante como sus tres hijos, para que vaxo de dicha ley y estilo lo hayan, hereden y gozen para siempre, como lo dispone el que otorga". AGI. *Bienes de difuntos: Diego de Peñalosa. Auto en relación a la casa de Ana de Peñalosa e hijos.* Contratación, 5631, N. 1, ramo 2, folio 115v..

139   AGI. *Bienes de difuntos: Diego de Peñalosa. Pedimiento en relación a la casa de Ana de Peñalosa e hijos.* Contratación, 5631, N. 1, ramo 2, folios 120r-122v.

La propiedad tenía algunas dos cargas según advierte Ana de Peñalosa. Un censo por parte del terreno de 2.251 reales de vellón en favor del mencionado Juan Cambriles, como heredero de su madre Margarita de Acosta, al que se le pagaba sesenta y siete reales y medio anuales al respecto del 3%, aunque se advierte que en la escritura de compra de la casa figuraba el importe de 1751 al no incluirse un pedazo de tierra que se ajustó en 500 reales, adquirida cuando aún vivía José Matías de Acuña, por documentación firmada el 28 de noviembre de 1701. Otro censo, por el resto del terreno que ocupaba la casa, a favor de los herederos de Duarte Cabral, establecido en 1.126 reales vellón, que al 3% anual hacían 35 reales con 20 maravedís.

El precio convenido de venta de la propiedad parte del valor de la tasación, al que se rebajaría el importe de los censos más 1.000 reales extras, argumentándose la seguridad de la compra al afirmar los propietarios rendir de alquiler mensual 75 reales y estar edificada la casa con buenos materiales.

El 15 de enero de 1759 los maestros mayores de albañilería y carpintería de reales obras, Juan Guerrero y Juan Sánchez, inspeccionaron la vivienda y terreno de los herederos de Fabián de Acuña y realizaron la tasación pertinente[140]. El resultante de la valoración fue 12.938 reales vellón por la parte de obra y 2.985 reales vellón por lo tocante a las maderas, lo que hacía un importe de 15.923 reales vellón, mencionando los tasadores no incluir el terreno al estar en su totalidad establecido a censo, como ya vimos. En opinión de ambos:

> "... las nominadas casas ganan de presente setenta y cinco reales vellón de alquiler al mes y aún merezen algo más, que por el reconocimiento y tasa que han hecho, saven están vien construydas, de buenos matheriales que subsistirán mucho tiempo. Que por dichas razones y de su buena situación en el Callejón que llaman del Zevollino, antes de su minución el qual cae a la Calle Real de la Almina junto a la Yglesia de los Remedios, no les queda duda que en venta y renta es muy útil y de reconocido veneficio la compra de dichas casas para la obra pía que mandó fundar el mariscal de campo don Diego Peñalosa //[125r] rindiendo como rinden un alquiler tan proporcionado, que es cuanto saven y pueden dezir en descargo del juramento que fecho tienen, firmáronlo y que son de hedad

---

140 AGI. *Bienes de difuntos: Diego de Peñalosa. Tasación de Juan Guerrero y Juan Sánchez, maestros mayores de albañilería y carpintería en relación a la casa de Ana de Peñalosa e hijos.* Contratación, 5631, N. 1, ramo 2, folios 123v-125r.

dicho Juan Guerrero de sesenta y dos años poco más o menos y dicho Juan Sánchez de zinquenta y quatro poco, doy fe"[141].

Un día más tarde, el 16 de enero de 1759, los peritos de arboleda Damián Ocete y Domingo Vaquero tasan el valor de las parras y árboles del patio y los dos jardines de la propiedad en 2465 reales vellón, siendo el resultado el siguiente[142]:

- En el patio: cuatro parras valoradas en 132 reales vellón; un limonero en 75; un peral en 60 y un albaricoque en 15.

- En el primer jardín: nueve parras tasadas en 297 reales vellón; nueve naranjos chinos en 990; tres naranjos agrios en 180; un limonero en 75 y dos limas en 150.

- En el segundo jardín: diez y ocho parras cuyo valor se fija en 441 reales vellón y dos azufaifas en 50.

Los testigos que aportan veracidad fueron el subteniente del regimiento fijo Juan Sánchez Pantoja, el también subteniente del regimiento fijo Nicolás del Castillo y Antonio Álvarez, del que no se aporta profesión. Después de insertarse la documentación relativa a los dos censos mencionados la Colecturía General de la Santa Iglesia Catedral, el Real Colegio de Trinitario Descalzos y la Santa y Real Casa de la Misericordia comunicaron oficialmente que la vivienda de Ana de Peñalosa e hijos no tenía otras cargas, tributos, aniversarios ni memorias. La liquidación queda así de la siguiente manera[143]:

	Reales vellón
Valen las casas de albañilería y carpintería según su tasa quinze mil novecientos veinte y tres reales vellón	15923
Ymportan las parras y árboles de los dos jardines como resulta de su tasa	2465
	18388

---

141 AGI. *Bienes de difuntos: Diego de Peñalosa. Tasación de Juan Guerrero y Juan Sánchez, maestros mayores de albañilería y carpintería en relación a la casa de Ana de Peñalosa e hijos.* Contratación, 5631, N. 1, ramo 2, folios 124v-125r.

142 AGI. *Bienes de difuntos: Diego de Peñalosa. Tasación de los peritos de huertas y arboledas Damián Ocete y Domingo Baquero en relación a la casa de Ana de Peñalosa e hijos.* Contratación, 5631, N. 1, ramo 2, folios 125v-126r.

143 AGI. *Bienes de difuntos: Diego de Peñalosa. Liquidación en relación a la casa de Ana de Peñalosa e hijos.* Contratación, 5631, N. 1, ramo 2, folios 132v-133v.

Vaxanse los un mil reales vellón a beneficio de la obra pía como así consta del pedimiento de las partes que yntentan vender	1000
Queda líquido el valor de las casas en	17388
De suerte que hecho prorrateo deste principal con los nuevezientos reales de alquiler anual de las mismas casas resulta un cinco y un sexto por ziento, y sobre un quebrado de un real, sesenta y dos, cien abos de otro, que no se le encuentra proporción	5 ⅙ por 100

El 19 de mayo de 1759 los representantes del legado de Diego de Peñalosa compraron la vivienda de Ana de Peñalosa y sus tres hijos en el valor líquido de 17.388 reales, por escritura firmada ante el escribano Juan Tomás Ximénez Corruchaga[144], lógicamente tras el visto bueno de las autoridades de la Casa de Contratación de Indias y el libramiento del dinero con cargo al depositario Pedro Sáenz de Santamaría.

4.5. Compra de una casa a los herederos de Antonio de Meus situada en la Calle Real

El 21 de noviembre de 1758 de libró pedimiento[145] para incorporar la casa heredada tras el fallecimiento de Antonio de Meus a la obra pía fundada por el mariscal de campo Diego de Peñalosa. La propiedad quedaba muy dividida pues le correspondía parte al presbítero Antonio de Meus y a su hermano fray Isidoro de Jesús María, religioso trinitario descalzo de la ciudad de Córdoba, que presentó renuncia en favor del primero, quien también actuaba como curador de los derechos de José, Jacinta y María, tres de sus hermanos menores de edad fruto del matrimonio de su padre con su segunda mujer llamada María Baena. Antonio de Meus, en primeras nupcias, se había casado con Ana Puyol y fruto del matrimonio tuvieron a Juana de Meus quien se había casado con Manuel de Castro y que también debía recibir por herencia su parte proporcional. El juez de la jurisdicción ordinaria y padre de menores autorizó la venta con la condición de poner la parte reservada de los tres menores a custodia de Juan Mais, vecino de Ceuta y dedicado a asuntos de comercio, hasta que alcanzaran la mayoría de edad o modificaran su estado civil.

---

144 AGC. Fondo Casa de la Misericordia de Ceuta. "Libro de entablación del patronato de legos que fundó el mariscal de campo don Diego de Peñalosa". 1135. Signatura Caja 34, folio 12v.

145 AGI. *Bienes de difuntos: Diego de Peñalosa. Pedimiento en relación a la casa de Antonio de Meus.* Contratación, 5631, N. 1, ramo 2, folios 143r-145v.

Como prueba de los derechos sobre la propiedad se presenta la escritura de compra efectuada entre Antonio de Meus y Juan Cambriles, cadete del regimiento fijo, el 21 de abril de 1734 ante Francisco Antonio de Luengas. No obstante, el escribano Juan Tomás Ximénez Corruchaga advierte que aunque por muerte de la primera mujer de Antonio de Meus, Ana Puyol, se hicieron particiones pero que no se efectuaron al vivir este en la casa con María de Baena, su segunda esposa. Tras la muerte de ambos debió reintegrarse las legítimas de Ana Puyol celebrándose un juicio de partición que se inició el 6 de abril y se aprobó el 26 de septiembre de 1758, con el resultante del reconocimiento de los derechos a los hijos fruto de ambos matrimonios.[146]

La vivienda que pretendían vender estaba situada en la Calle Real y hacía linde con las del patrimonio de Juan Cambriles por levante y por poniente con la propiedad de los herederos de Pedro Cambriles, apalabrándose el precio según tasación y sin descontar ninguna cuantía al no estar sujeta a ningún tipo de carga. La casa que al parecer estaba muy bien construida y ubicada en una localización envidiable se componía de "sala y alcoba alta enladrillada, tres vajos, y otros dos sótanos, jardín cuadrado con dibersos árboles, pozo, medio pozo, zistena y silo"[147].

La tasación se presentó formalmente ante el provisor y vicario general del obispado el 21 de noviembre de 1758. Juan Sánchez y Juan Guerrero, maestros mayores de albañilería y carpintería de reales obras, como venía siendo habitual pasaron a tasar la propiedad siendo el resultado 13.326 reales vellón[148]:

	Reales vellón
Por lo que toca a albañilería que compreenden dichas casas expresadas siete mil nuevecientos cinquenta y seis reales vellón	7956
Por lo que respecta a la carpintería que que en sí tiene dicha casa, dos mil ochocientos nobenta y cinco	2895

---

146 AGI. *Bienes de difuntos: Diego de Peñalosa. Auto en relación a la casa de Antonio de Meus.* Contratación, 5631, N. 1, ramo 2, folios 137r-140r.

147 AGI. *Bienes de difuntos: Diego de Peñalosa. Pedimiento en relación a la casa de Antonio de Meus.* Contratación, 5631, N. 1, ramo 2, folio 144r.

148 AGI. *Bienes de difuntos: Diego de Peñalosa. Tasación de albañilería y carpintería en relación a la casa de Antonio de Meus.* Contratación, 5631, N. 1, ramo 2, folios 146v-148r.

Ydem, por sesenta y seis varas de terreno de oficio y propias que ocupan dichas casas a treinta y siete reales y medio vellón //[147v] cada una, dos mil quatrocientos setenta y cinco	2475

13326

Por su parte Damián Ocete y Domingo Baquero, los peritos de jardines y arboledas tasaron en el jardín los siguientes árboles: un moral en 60 reales vellón; un peral en 60; tres limoneros en 45; un naranjo chino en 35; un granado en 6; un ciruelo en 6; un damasco en 8; una azufaifa en 40; un ciprés en 12 y 4 parras en 40[149].

En opinión de ambos maestros la casa estaba bien construida de mampostería y con maderas de consistencia, su situación era de lo más ventajosa pues se ubicaba como sabemos en la Calle Real y "a vista" de la plazuela del convento de San Francisco. Al parecer rendía de alquiler setenta reales mensuales, siendo tanto para los maestros de albañilería y carpintería como para los peritos de arboledas un precio bastante reducido pudiendo percibirse una renta más alta al estar libre de cargas. La adquisición de esta propiedad por parte de la obra pía sería, sin duda, ventajosa y útil.

Los testigos fueron el boticario del regimiento fijo José Romo, Francisco Mariano Mendoza y Joseph Dávila, de los que no se aporta profesión. Por su parte, desde la Colecturía General de la Santa Iglesia Catedral, el Real Colegio de Trinitario Descalzos y la Santa y Real Casa de la Misericordia comunicaron oficialmente que la vivienda de Antonio de Meus no tenía otras cargas, tributos, aniversarios ni memorias, quedando la liquidación de la siguiente manera[150]:

	Reales vellón
Resulta el valor de dichas casas según su tasa con ynclusión de árboles del jardín, en venta para la obra pía por treze mil seiscientos treinta y ocho reales vellón	13638

---

149   AGI. *Bienes de difuntos: Diego de Peñalosa. Tasación de los peritos de arboledas en relación a la casa de Antonio de Meus.* Contratación, 5631, N. 1, ramo 2, folios 148r-149v.

150   AGI. *Bienes de difuntos: Diego de Peñalosa. Liquidación de los peritos de arboledas en relación a la casa de Antonio de Meus.* Contratación, 5631, N. 1, ramo 2, folio 155r.

Parece corresponde según la renta que se justifica de sesenta reales   6 5 ½
mensual, que al año ymportan ochozientos quarenta reales por un
seis por ciento, cinco maravedís y medio, y ay un quebrado que no
tiene proporción

Una vez admitida la documentación por parte de la audiencia de la Casa de
la Contratación y autorizarse el libramiento del caudal a Sáenz de Santamaría se
procedió a formalizar la venta de la propiedad en favor de la obra pía. Así, el 13 de
agosto de 1759 las partes interesadas firmaron las escrituras por el importe fijado
en la liquidación y sin ningún contratiempo[151]. (Figura 18).

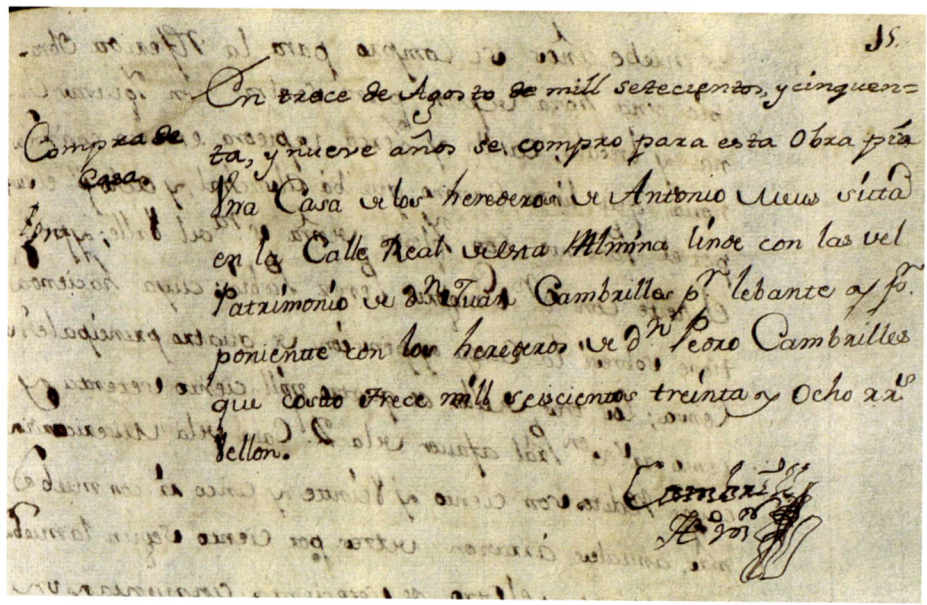

Figura 18. Escritura de compra de la casa de Antonio de Meus. AGC. Fondo Casa de la
Misericordia de Ceuta. "Libro de entablación del patronato de legos que fundó el mariscal
de campo don Diego de Peñalosa". 1135. Signatura Caja 34, folio 15r.

4.6. Compra de dos casas a Juan Francisco de Cortázar situada en la Calle Real

El director de abastos Juan Francisco de Cortázar conviene la venta de dos
propiedades a la fundación de Diego de Peñalosa. Las dos fincas estaban situadas

---

151   AGC. Fondo Casa de la Misericordia de Ceuta. "Libro de entablación del patronato de legos que
      fundó el mariscal de campo don Diego de Peñalosa". 1135. Signatura Caja 34, folio 15r.

en la Calle Real de la Almina, pasada la Iglesia de Nuestra Señora de los Remedios. Una hacía linde por levante con la vivienda del que se presenta como primer médico del Real Hospital llamado Tomás Exarch, y por poniente con la del Marqués de Murillo; se componía de tres cuartos altos, otros tantos bajos, un patinillo y un pozo medianero, libres de censo, tributos y cargas.

La segunda propiedad constaba de dos cuartos altos, dos altos, un patio pequeño y un pozo de mediana con la finca de Teresa de Aguilar con quien lindaba la vivienda por la parte de poniente; por levante lo hacía con la casa de Francisca Caballero, viuda de un tal José Garria, a quien pagaba, como propietaria del terreno, 30 reales anuales de censo, sin que se pusiera en evidencia ninguna otra obligación ni carga. De esta propiedad se estaba percibiendo de alquiler mensual 40 reales vellón, mientras que de la anterior el importe ascendía a 45 reales vellón.

Ante el escribano del rey Juan Tomás Ximénez Corruchaga se presentaron las escrituras que atestiguaban ambas posesiones:

> "... exiviendo las escrituras de su pertenencia por compra que hizo ante mí el escrivano y ciertos testigos en veinte y nueve de abril del año próximo pasado de mil setezientos zinquenta y siete a don Jasinto Monge, vezino de la población de Algeciras, con poderes de don Pedro Monge y doña Ysavel López Alustante, sus padres y testimonio de lixitimidad y pertenencia a dicha doña Ysavel, en partisiones amigables hechas por muerte de don Joseph López Alustante su padre, regidor perpétuo que fue en dicho Algeciras entre doña María de la Rosa, madre de la susodicha //[159v] y doña Josepha López, su hermana, y dentro dicho testimonio por Luis de Mora Monsalbe, escribano de dicho Algeciras a tres de agosto de mil setecientos zinquenta y seis.
>
> Otra escritura de compra de las primeras casas por dicho don Joseph López Alustante por fin y muerte de María Barela muger en segundas nunpcias de Manuel Millán y en primeras de Juan Bareda, cuia escritura de venta judicial fecha primero de abril de setezientos y veinte y seis, otorgada por don Manuel Barzelar y Argullo, juez de la real jurisdicción (...) padre general de menores ante Juan Joseph Ortiz de Molina escrivano, de que aprendió posesión judición en la misma fecha, don Francisco Rodríguez Pastor apoderado de don Joseph López Alustante.
>
> Otra escritura de compra del susodicho de las //[160r] otras casas a los hijos de Joseph García, con la carga de zenso expresado y por escritura de dos de noviembre de setecientos veinte y nueve ante Francisco Antonio de Luengas, escrivano, por cuios tres títulos de ventas y ser propio, lexítimo dueño y aposesionado dicho don Juan Francisco de Cortázar, pidió con

las partes de la zitada obra pía le comprasen en parte de su fundazión en el precio de su tasazión, por bien construidas, situación ventajosa y lo útil de su rendimiento, sin apreciar o tasar el terreno de las otras casas como censatario, y quedando la obra pía encargado de su paga anual"[152].

El 8 de noviembre de 1758 los maestros mayores de albañilería y carpintería de reales obras, Juan Guerrero y Juan Sánchez, realizaron ante el provisor y vicario general la declaración correspondiente a la tasación realizada en ambas viviendas, siendo el resultado el siguiente[153]:

- La casa que lindaba con la propiedad de Tomás Exarch se evalúa en 9.900 reales vellón, siendo 6.800 reales lo tocante a albañilería; 2082 reales y medio en concepto de carpintería y 1.017 reales y medio por las 27 varas de terreno de oficio a 37 reales y medio cada una.

- La casa que lindaba con la vivienda de Teresa de Aguilar, viuda de Dionisio Martín de Ávila, se tasa en 8.100 reales vellón, correspondiendo 6.045 reales a albañilería y 2.055 a carpintería, no valorándose el terreno por ser censitario.

Tras la comparecencia de los testigos, que en este caso fueron solo dos, Pedro Espinosa de los Monteros y Diego Martínez, y de la entrega de la documentación de la Colecturía, los Trinitarios y la Casa de la Misericordia que acreditaba que ambas propiedades no tenían obligaciones contraídas con ellos se realiza la liquidación[154]:

El valor de ambas casas pues aunque la una tiene tributo de su terreno no está tasado su valor, y así no se paga por la obra pía, y solo deve envargarse desde la fecha de la escritura, diez y ocho mil reales vellón	18000
Corresponde según prorrateo de los alquileres que renden dichas dos casas según autos a zinco por ziento, veinte y dos maravedís y medio, y hay un quebrado que no tiene proporción	5 22 ½

152 AGI. *Bienes de difuntos: Diego de Peñalosa. Auto en relación a las viviendas de Juan Francisco de Cortázar.* Contratación, 5631, N. 1, ramo 2, folios 159r-160r.

153 AGI. *Bienes de difuntos: Diego de Peñalosa. Tasación de los maestros de carpintería y albañilería en relación a las viviendas de Juan Francisco de Cortázar.* Contratación, 5631, N. 1, ramo 2, folios 163v-165r.

154 AGI. *Bienes de difuntos: Diego de Peñalosa. Liquidación en relación a las viviendas de Juan Francisco de Cortázar.* Contratación, 5631, N. 1, ramo 2, folio 170r.

La adquisición definitiva de ambas propiedades, previa autorización de las autoridades indianas y el libramiento del dinero, se hizo el 19 de mayo de 1759[155], el mismo que se firmó también escritura de compra de la vivienda de Ana de Peñalosa, pasando a estar integrada desde entonces en la obra pía.

4.7. Compra de una huerta de regadío a José de Acuña y Josefa Tamayo, situada en el Callejón de los Remedios

El 11 de noviembre de 1758 en presencia de José Gregorio Alonso de Ortigosa, abogado de los Reales Consejos, provisor y vicario general y juez para la fundación de la obra pía, con intervención del proveedor de la Santa y Real Casa de la Misericordia y anuencia de los hermanos Juan y Martín de Peñalosa, se convino la compra de una huerta de regadío en el Callejón de los Remedios, tierra de pomar, perteneciente a José de Acuña y su esposa Josefa Tamayo[156], por el precio de su tasación[157].

La finca lindaba con la Iglesia de Nuestra Señora de los Remedios y con las posesiones de Antonio Olaguer Feliú. La propiedad provenía por la línea de herencia de Josefa Tamayo, en parte del pago en partición de los bienes que quedaron por el fallecimiento de Ana García de Ariño, su abuela. En ella se contaban dos pozos, una noria, una alberca, tapias y terreno hasta la cerca denominada del Pomar que se vendió en su día a José Álvarez Doyague, y al parecer, además de lo ventajoso de su situación, era una tierra de calidad por la abundante agua que tenía.

La huerta rendía al mes 37 reales y medio de alquiler teniendo la carga de 752 reales vellón y 32 maravedís, pagándose de rédito anual 22 reales vellón y 22 maravedís a favor de la Cofradía del Santísimo Sacramento. Para demostrar la veracidad de su legitimidad se presentó un testimonio ejecutado por el escribano Francisco Antonio de Luengas, fechado el 8 de agosto de 1737, donde se expresaba la partición hecha ante Pedro de Vargas Machuca, juez ordinario, de los bienes que quedaron por la muerte de García de Ariño entre Salvador Tamayo, capitán, esposo de María Cuello y Ariño, hija de la finada, y Josefa Tamayo, esposa de José de Acuña, siendo la huerta propiedad íntegra de esta última.

---

155 AGC. Fondo Casa de la Misericordia de Ceuta. "Libro de entablación del patronato de legos que fundó el mariscal de campo don Diego de Peñalosa". 1135. Signatura Caja 34, folios 12r-12v.

156 AGI. *Bienes de difuntos: Diego de Peñalosa. Auto en relación a la huerta de José de Acuña y Josefa Tamayo.* Contratación, 5631, N. 1, ramo 2, folios 174r-175v.

157 AGI. *Bienes de difuntos: Diego de Peñalosa. Pedimiento en relación a la huerta de José de Acuña y Josefa Tamayo.* Contratación, 5631, N. 1, ramo 2, folios 175v-177r.

La declaración de la tasación se realizó ante el juez al día siguiente, el 12 de noviembre de 1758 y fue realizada por el maestro mayor de reales obras Juan Guerrero. Declarando el valor de 8.550 reales vellón en concepto de 228 varas de terreno de oficio a razón de 37 reales y medio la vara, y 3.375 reales vellón en lo tocante a las paredes y medianeras, la noria, la alberca y los dos pozos, ascendiendo la suma a 11.925 reales vellón.

Los testigos fueron Juan Ramón Columna, Jacobo Quintanilla y Francisco de Mendoza Cebollino, teniente del regimiento fijo. Por su parte, desde la Colecturía General de la Santa Iglesia Catedral, el Real Colegio de Trinitario Descalzos y la Santa y Real Casa de la Misericordia se comunica la no existencia de cargas, tributos, aniversarios ni memorias en relación a la huerta. La cofradía sí presenta la papeleta correspondiente al censo (Figura 19).

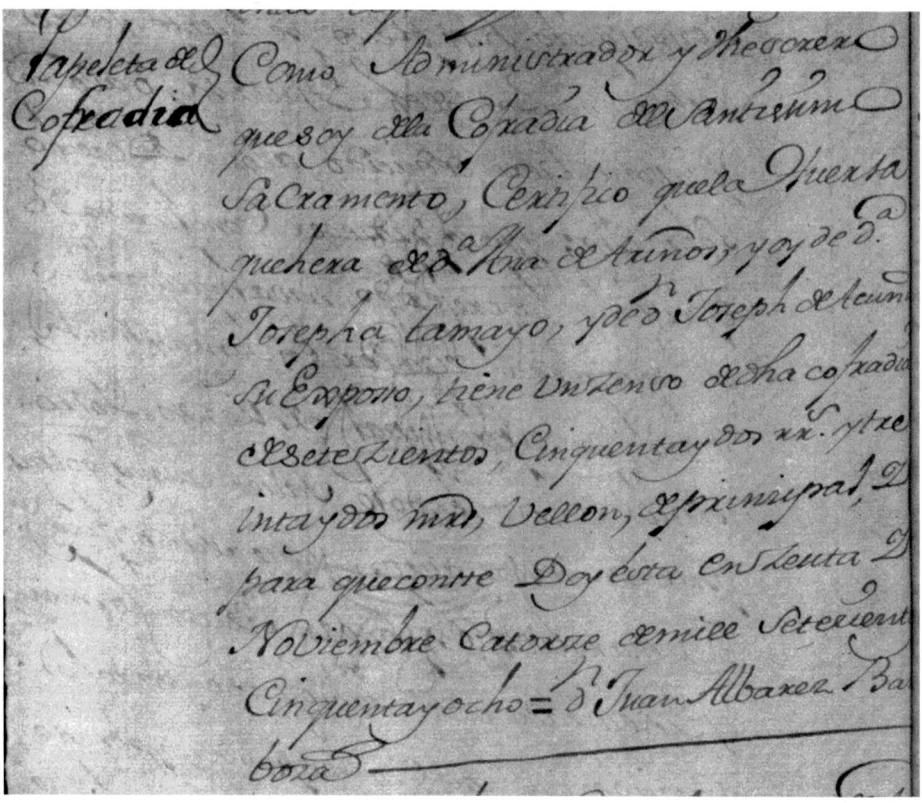

Figura 19. AGI. Bienes de difuntos: Diego de Peñalosa. Papeleta de la Cofradía del Santísimo en relación a la huerta de José de Acuña y Josefa Tamayo. Contratación, 5631, N. 1, ramo 2, folio 183v.

Hechas las comprobaciones la liquidación quedó de la siguiente manera[158]:

Es el valor de la menzionada huerta pomar de regadío según la tasa hecha en autos onze mil nueveczientos y veinte y cinco reales	11925
Vajanse setezientos cinquenta y dos reales y treinta y dos maravedís, ymporte principal del zenso que resulta a favor de la Cofradía del Santísimo Sacramento	752 32
	11172 2
Queda líquido el valor de la huerta onze mil ciento setenta y dos reales con dos maravedís, y prorrateada la renta corresponde a quatro reales //[185v] por ziento y un maravedí que no alcanza por haver número quebrado	4 por 100

Aceptada la declaración y prorrateo quedan pendientes de la autorización de la audiencia de la Casa de Contratación de Indias y el libramiento del dinero en posesión de Pedro Sáenz de Santamaría. La escritura de compra de la huerta se celebra en Ceuta el 31 de agosto de 1759 por el precio acordado[159], extrayéndose de este documento información muy relevante del resto del linderos del terreno, lo que permite una mejor localización, así, por poniente lindaba con la casa de Antonio Olaguer Feliú, por el sur con la casa de José Álvarez, por el norte con el callejón de doña Catalina Angulo y por levante con el callejón de los Remedios.

4.8. Compra de una hacienda a los hijos de José del Toro y Teresa Villalobos, situada en las inmediaciones de la Iglesia de Nuestra Señora del Valle

Los numerosos herederos del veedor de Melilla José del Toro y su mujer Teresa Villalobos, quisieron vender para su imposición en la obra pía de Diego de Peñalosa una hacienda de pan sembrar con higueras y brevales, que incluía una casa pequeña y una cerca de piedra seca con una noria. El terreno lindaba por el sur con el camino que comunicaba el Sarchal con el Hacho, por el poniente con la Iglesia de Nuestra Señora del Valle y por el norte con la propiedad del presbítero

---

158 AGI. *Bienes de difuntos: Diego de Peñalosa. Liquidación en relación a la huerta de José de Acuña y Josefa Tamayo.* Contratación, 5631, N. 1, ramo 2, folios 185r-185v.

159 AGC. Fondo Casa de la Misericordia de Ceuta. "Libro de entablación del patronato de legos que fundó el mariscal de campo don Diego de Peñalosa". 1135. Signatura Caja 34, folio 15r.

Gregorio Pérez de Pavía, produciendo de rentabilidad cada anualidad 900 reales vellón[160].

Entre las personas con derechos de herencia se contabilizaba principalmente a los hijos del matrimonio principal, en los que nos centraremos, aunque por fallecimiento de alguno de ellos también trascienden algunos de sus nietos, resultando lo siguiente[161]:

- Juana del Toro, quien estuvo casada con Manuel Columna, teniente y ayudante del Regimiento Fijo, pero que a estas alturas ya había muerto. Del matrimonio resultaron 4 hijos, Juan Columna y Toro casado con María Antonia Ramírez; Fernando Columna y Toro de unos 25 años; Josefa Columna y Toro de 23 y María Columna y Toro de 22, ambas solteras, todos nietos, por tanto, de José del Toro y Teresa Villalobos.

- Francisco del Toro, que estaba casado con Ana de Torres.

- María del Toro, soltera, de unos 32 años, heredera de los bienes de su hermana Francisca del Toro, a la que mencionaremos con posterioridad.

- Josefa del Toro y Vargas, hija de Francisco de Vargas e Isabel del Toro Villalobos, que había fallecido en Indias. Josefa era nieta de José del Toro y Teresa Villalobos y estaba casada con Casimiro de Mendoza.

- Manuel del Toro[162], soltero y sin disposición de testamento, su herencia recayó en su madre Teresa Villalobos y tras el fallecimiento de ésta y de su hermana Francisca, en su también hermana María del Toro.

---

160 AGI. *Bienes de difuntos: Diego de Peñalosa. Auto en relación a la hacienda de José del Toro y Teresa Villalobos.* Contratación, 5631, N. 1, ramo 2, folios 191r-191v.

161 AGI. *Bienes de difuntos: Diego de Peñalosa. Auto en relación a la hacienda de José del Toro y Teresa Villalobos.* Contratación, 5631, N. 1, ramo 2, folios 190v-191r.

162 En una declaración jurada realizada por el racionero de la catedral Juan Álvarez Barbosa en la ciudad de Ceuta trasciende una información relevante sobre un tal Manuel del Toro. Según esta información Manuel del Toro fue secretario del mariscal de campo Diego de Peñalosa cuando este obtuvo el empleo que lo condujo hacia América y posteriormente continuó con el desempeño del mismo cargo con el siguiente gobernador Francisco Gagigal de la Vega en La Habana. Falleció en Cuba siendo soltero y dejando como heredera de sus bienes, como trascendió en el auto, a su madre Teresa Villalobos. Fue Diego de Peñalosa, según parece motivado por la buena amistad que los unía, quien remitió por vía de Cádiz el caudal líquido que dejó Manuel del Toro y que ascendía a 982 pesos, además de una serie de cartas que consiguieron llegar a Ceuta y que recibieron los hermanos del finado. AGI. *Bienes de difuntos: Diego de Peñalosa. Información sobre Manuel del Toro realizada con juramento por Juan Álvarez Barbosa, racionero de la Catedral.* Contratación, 5631, N. 1, folios 253r-253v.

- Juan del Toro, alférez del regimiento de Cuenca en Mallorca, soltero, sin disposición de testamento, su herencia recayó en su madre Teresa Villalobos y tras el fallecimiento de esta y de su hermana Francisca, en su también hermana María del Toro.

- Francisca del Toro, ya fallecida.

Entre los títulos de propiedad presentados que acreditaban y garantizaban la posesión del terreno entre los herederos de José del Toro y Teresa Villalobos figuraba[163]:

- Una escritura de compra de la hacienda que vendió Servando López Páez y su mujer Catalina Pinto de Pavía a José del Toro, fechada el 9 de octubre de 1717 ante el escribano Bartolomé García, tomándose posesión de ella el 29 de octubre de ese mismo año.

- El testamento de José del Toro, otorgado en Melilla ante el notario público Tomás Martín Rendón el 3 de abril de 1721.

- El testamento de Teresa de Villalobos realizado en Ceuta ante el escribano Francisco Antonio de Luengas el 6 de agosto de 1742, por el que se instituía como herederos a sus 5 hijos, pues Manuel y Juan ya habían fallecido.

- Una escritura de los hermanos del Toro fechada el 22 de octubre de 1755 ante Juan Tomás Ximénez Corruchaga declarando que Francisca del Toro instituyó por heredera a su hermana María.

- El testamento de Juana del Toro, mujer de Manuel Columna, a través del cual instituía por herederos a su marido y a sus hijos.

- El testamento de Isabel del Toro, instituyendo como heredera de sus bienes a su hija Josefa, mujer de Casimiro de Mendoza.

Todos los herederos convienen la venta de la hacienda para la imposición de la obra pía de Diego de Peñalosa en el precio de la tasación y rebajándose del importe los 4 censos que tenía. Tres de ellos ascendían a 4.175 reales vellón dispuestos en favor de la Santa y Real Casa de la Misericordia y el cuarto de 751 reales vellón en favor de la capellanía que poseía el presbítero Bartolomé Velázquez. De los tres primeros censos se pagaban de réditos anuales al 3% 125 reales

---

163 AGI. *Bienes de difuntos: Diego de Peñalosa. Auto en relación a la hacienda de José del Toro y Teresa Villalobos.* Contratación, 5631, N. 1, ramo 2, folios 191r-192r.

con 9 maravedís y del cuarto 22 reales y medio[164]. En opinión de los hermanos del mariscal de campo Peñalosa y de los responsables de la Misericordia dicha compra sería bastante útil y conveniente debido a su buen arriendo y a su situación, pues lindaba con la Almina.

Como ya era habitual los maestros mayores de albañilería y carpintería de reales obras Juan Guerrero y Juan Sánchez acudieron a prestar declaración en relación a la inspección y tasación realizada de la propiedad. De esta trasciende que la hacienda se componía de 7.000 varas de oficio y que incluyendo en ella la casa pequeña, la noria y la cerca de piedra en seco, su valor ascendía a 21.823 reales con 18 maravedís, contándose cada vara a 3 reales y 4 maravedís[165].

Por su parte, los peritos de huertas y arboledas, Damián Ocete y Domingo Vaquero, realizaron lo propio en lo tocante a los asuntos de su oficio, tasándolo de la siguiente manera[166]:

	Reales vellón
Por veinte higueras brevales a treinta reales vellón	600
Por otras veinte de ydem a treinta y tres reales vellón	660
Suma	1260 //[198v]
De atrás	1260
Por otras veinte de ydem a veinte y dos reales vellón	440
Por un moral quarenta y dos reales y diez y seis maravedís	46 16
Por las higueras thumas que comprehende, ziento diez reales vellón	110
	1852 16

Los testigos que declararon en favor de la veracidad de los datos del expediente que hemos analizado fueron el comerciante Diego Zegalas, José Álvarez y Francisco González. Por su parte, desde la Colecturía General de la Santa Iglesia Catedral, desde el Real Colegio de Trinitario Descalzos y desde la Santa y Real Casa de la Misericordia se comunica la no existencia de cargas, tributos, aniversarios ni

164 AGI. *Bienes de difuntos: Diego de Peñalosa. Pedimiento en relación a la hacienda de José del Toro y Teresa Villalobos*. Contratación, 5631, N. 1, ramo 2, folios 195r-195v.

165 AGI. *Bienes de difuntos: Diego de Peñalosa. Tasación de los maestros mayores de albañilería y carpintería Juan Guerrero y Juan Sánchez en relación a la hacienda de José del Toro y Teresa Villalobos*. Contratación, 5631, N. 1, ramo 2, folios 197r-198r.

166 AGI. *Bienes de difuntos: Diego de Peñalosa. Tasación de los peritos de arboleda Damián Ocete y Domingo Vaquero en relación a la hacienda de José del Toro y Teresa Villalobos*. Contratación, 5631, N. 1, ramo 2, folios 198r-199r.

memorias en relación a la hacienda. La capellanía por su parte quedará acreditada convenientemente por su capellán Bartolomé Velázquez Valenzuela (Figura 20).

La liquidación quedó realizada solo a la espera de la aprobación y autorización por parte de las autoridades indianas, dejando constancia del valor de la hacienda en un total de 23.676 reales vellón, fruto de la suma de lo tasado por los 4 peritos mencionados. Ahora bien, rebajado el importe principal de los censos su valor líquido se rebaja hasta los 18.750 reales vellón[167].

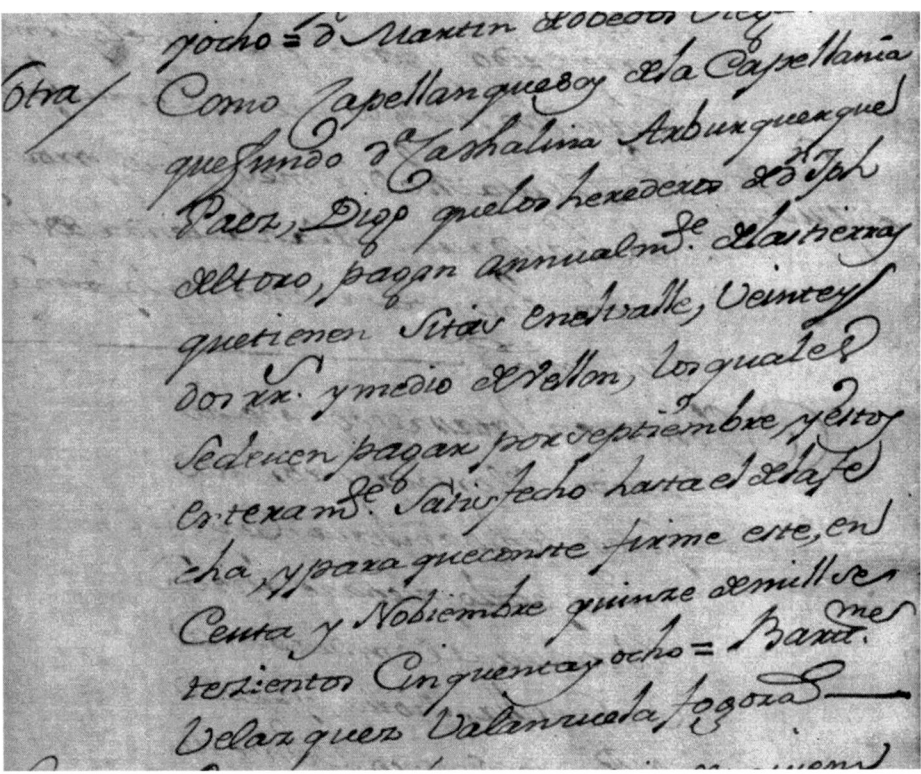

Figura 20. AGI. Bienes de difuntos: Diego de Peñalosa. Certificación del capellán Bartolomé Velázquez Valenzuela en relación a la capellanía sobre la que tenía obligación la hacienda de José del Toro y Teresa Villalobos. Contratación, 5631, N. 1, ramo 2, folio 205r.

---

167 AGI. *Bienes de difuntos: Diego de Peñalosa. Liquidación en relación a la hacienda de José del Toro y Teresa Villalobos.* Contratación, 5631, N. 1, ramo 2, folios 205v-206v.

La compra definitiva de la hacienda tuvo lugar el 17 de agosto de 1759 tal y como trasciende del libro de entablación del patronato de legos custodiado en el Archivo General de Ceuta[168]:

(Al margen:) "Compra de haza.

En diez y siete de agosto de mil setecientos y cinquenta //15v y nueve años, se compró para la referida obra pía una haza de pan para sembrar con ygueras chunas y brebales, casilla y zerca de piedra en seco con una noria que linda camino que ba al Sarchal y Acho por el sur, por el poniente con Yglesia de Nuestra Señora del Valle y por el norte con don Gregorio Pérez Pabía, cuya hacienda tiene sobre sí la carga y pensión de quatro principales de censos, los tres de ellos de quatro mil ciento setenta y cinco reales vellón, principal a favor de la Real Casa de la Misericordia, cuyos réditos son ciento y veinte y cinco reales con nuebe maravedís anuales, a razón de tres por ciento según la nueba pragmática, y el otro de sete-cientos cinquenta y un reales de princial, a favor de la Capellanía que fundó doña Cathalina Alburquerque y oy posee don Bartolomé Belázquez, a quien se pagan anualmente réditos veinte y dos reales vellón y con dichas cargas se bendió esta hacienda por los herederos de don Joseph del Toro y doña Theresa Villalobos en precio de diez y ocho mil setecientos cinquenta reales vellón.

Cambril". *(rubricado)*

4.9. Compra de una casa a las herederas de José López Alustante[169], situada en la Calle Real

La siguiente propiedad que se ofrece para su imposición en la obra pía del mariscal de campo Peñalosa, tras los edictos publicados, fue una casa principal situada también en la Almina de Ceuta, en la Calle Real, antes de la Iglesia de Nuestra Señora de los Remedios, en las que en esta época vivía y tenía sus oficinas el director de abastos Juan Francisco de Cortázar, que la tenía arrendada por la cantidad de dos mil reales vellón anuales[170]. La vivienda constaba de cuartos altos y bajos, con almacén de aceite, huertas y jardín propios. Su ubicación exacta sería en la mencionada calle principal de la ciudad, frente al Callejón de Correa, linde

---

168 AGC. Fondo Casa de la Misericordia de Ceuta. "Libro de entablación del patronato de legos que fundó el mariscal de campo don Diego de Peñalosa". 1135. Signatura Caja 34, folios 15r-15v.

169 En algunos documentos se referencia como Alvistante.

170 AGI. *Bienes de difuntos: Diego de Peñalosa. Auto en relación a la casa de las herederas de José López Alustante.* Contratación, 5631, N. 1, ramo 3, folio 8v.

por levante con la propiedad de Francisco Rodríguez Pastos, por poniente con la de Sebastián Fioll y por el sur y levante con las casas y terrenos de los herederos del capitán de la mar Benito de Guevara[171].

La vivienda y su terreno habían pertenecido al regidor en el Campo de Gibraltar José López Alustante, que a raíz de su fallecimiento las había legado a su esposa María de la Rosa y a sus dos hijas, Isabel López Alustante, al parecer mujer de un tal Pedro Monje, y Josefa López Alustante, viuda de Francisco de las Casas. Ambas hermanas por vivir en Algeciras habían firmado un poder fechado el 22 de julio de 1759 en favor de José Álvarez Doyague, recordemos boticario mayor del Real Hospital de Ceuta para que actuara en su nombre en la venta de la propiedad. Por la casa se había llegado ya a un principio de acuerdo y aunque se estimaba que el precio de su tasación iba a ser más alto, se había fijado el coste de su venta en la cifra nada desdeñable de 56.500 reales vellón, rebajándose a esta cantidad los censos que tuviera como carga[172].

Las escrituras que se presentan de su legitimidad y cargas son las siguientes[173]:

- Una copia del contrato de alquiler anual realizado con Juan Francisco de Cortázar realizado en Algeciras el 20 de abril de 1759 por el escribano Cristóbal Fábrega y Quevedo, quien despachaba en la escribanía de Luis de Mora y Monsalve por encontrarse este enfermo y del que no trasciende la antigüedad de la escritura original. El arriendo como mencionamos ascendía a 2.000 reales vellón anuales que se pagaban por mitad a Isabel y Josefa López Alustante.

- Una copia de la cláusula testamentaria de José López Alustante, por la que instituía a sus dos hijas como herederas y que fue presentada por el apoderado José Álvarez Doyague.

- Una escritura de censo dada por el presbítero Manuel Rodríguez como apoderado de Domingo del Valle, capellán de la capellanía que fundó el doctor Antonio Pérez a favor de Diego Ramírez y su mujer Ana Suárez Varo, realizada el 29 de marzo de 1721 ante el escribano Francisco de Miranda, vinculada a 240 varas de terreno habilitado para la construcción. El valor del censo perpetuo ascendía a 509 pesos, escudos de a ocho

---

171 AGI. *Bienes de difuntos: Diego de Peñalosa. Pedimiento en relación a la casa de las herederas de José López Alustante*. Contratación, 5631, N. 1, ramo 3, folios 16v-17r.

172 AGI. *Bienes de difuntos: Diego de Peñalosa. Auto en relación a la casa de las herederas de José López Alustante*. Contratación, 5631, N. 1, ramo 3, folios 8r-11r.

173 AGI. *Bienes de difuntos: Diego de Peñalosa. Pedimiento en relación a la casa de las herederas de José López Alustante*. Contratación, 5631, N. 1, ramo 3, folios 15v-19r.

de plata antiguos, y sus réditos quince pesos y dos maravedís de plata, pagados por mitad, el treinta de septiembre y el 31 de marzo de cada año.

- Otra escritura de censo perpetuo dada también por el capellán Domingo del Valle ante el escribano Francisco de Miranda en 30 de marzo de 1721 por 62 varas de terreno edificable a José López Alustante y su mujer María de la Rosa. Su principal ascendía a 205 pesos, tres escudos de plata y dos cuartillos antiguos, y su rédito a 3% un real de plata y 17 maravedís, pagados también por mitad en 30 de septiembre y 30 de marzo.

- Una tercera escritura de censo firmada ante el mismo escribano Francisco de Miranda el 2 de abril de 1721 en favor de Pedro Muñoz y Josefa Férniz por 13 varas y media de terreno, porción que poseían de la capellanía mencionada con anterioridad. El acuerdo se realizó para que José López Alustante y su mujer pudiesen ampliar su casa y realizar mejoras en la propiedad. El censo principal se fijó en 75 pesos siendo la anualidad 33 reales vellón y 25 maravedís.

- Una escritura de venta de unas casas altas y bajas que en este terreno estaban edificadas y que pertenecían a Diego Ramírez y a su segunda esposa María de Vargas. La compra del inmueble se realizó ante el escribano Francisco de Miranda el 13 de junio de 1728, tomando José López Alustante posesión de ellas dos días más tarde.

Como puede comprobarse la propiedad heredada por las hijas de José López Alustante era fruto de diversas adiciones que se efectuaron por partes con el tiempo en diversas acciones realizadas por el regidor del Campo de Gibraltar. Una vez todas las piezas unidas se realizaron mejoras fabricándose partes nuevas y reedificándose otras siendo el resultado en opinión de todos los implicados en el proceso de compra por parte de la obra pía de una propiedad bien construida, con buenos materiales y dispuestas en la más apreciable y ventajosa situación.

El 31 de julio de 1759, y por primera vez de manera conjunta, los maestros mayores de albañilería y carpintería de reales obras Juan Guerrero y Juan Sánchez, y los peritos de huertas y arboledas Damián Ocete y Domingo Vaquero prestaron declaración de la inspección y tasa realizada en esta propiedad, a quien se les une además Manuel de la Cruz, persona "inteligente" en el avalúo de las tinajas de aceite que había almacenadas en la finca[174].

---

174 AGI. *Bienes de difuntos: Diego de Peñalosa. Tasación realizada por Juan Guerrero, Juan Sánchez, Damián Ocete, Domingo Vaquero y Manuel de la Cruz en relación a la casa de las herederas de José López Alustante.* Contratación, 5631, N. 1, ramo 3, folios 20v-22r.

De la tasa efectuada trascienden los siguientes importes:

- 45.400 reales vellón en lo tocante a la albañilería y en el que se incluía el valor de los pozos y la cisterna.

- 12.000 reales vellón en lo referente a toda la carpintería.

- 1.250 reales vellón por el aprecio de 38 pies de parra que había en la huerta valoradas en 1.070 reales vellón, de otra parra en el jardín en 15 reales vellón, de cuatro naranjos chinos 150 reales vellón y de un pie de limón 15 reales vellón.

- 1.500 reales vellón sería el valor de las diez tinajas de aceite que se encontraban en el almacén de la casa.

El importe total, en el que no se incluía el terreno por estar en su totalidad dispuesto a censo, ascendía a 60.150 reales vellón. Los peritos acreditaron la buena construcción de la vivienda, con materiales de calidad, trascendiendo su opinión de estar arrendadas a un precio muy por debajo de su valor y proponiendo la división de la vivienda para sacar mayor rentabilidad a la obra pía:

> "...a espirienzia del oficio que pofesan son de dictámen que está el alquiler de los dos mil reales que de presente da el director de abastos muy vaxo del que merece tanta y buena havitazión, lo que vien se calificaría dividiendo avitaciones que pueden ser hasta quatro, y por todas dichas razones es, sin duda, que la compra de estas casas será una de las //[22r] de más utilidad y conbeniencia a la obra pía del mariscal de campo don Diego de Peñalosa y la posesión y lexitimidad que han tenido dellas don Joseph López Alustante, regidor perpetuo de Algeziras y sus hixas, de treinta y ocho años a esta parte lo han visto ser y pasar así, además de ser público y notorio y común opinión en esta plaza..."[175].

Los testigos fueron el director de abastos y arrendatario de la propiedad Juan Francisco de Cortázar, quien acredita llevar viviendo en la casa alrededor de 13 años; un tal Francisco Rodríguez Pastor, del que no trasciende ocupación y Juan Álvarez Barbosa, racionero de la Catedral. Por su parte desde la Colecturía General de la Santa Iglesia Catedral, desde el Real Colegio de Trinitario Descalzos y desde la Santa y Real Casa de la Misericordia se comunica la no existencia de cargas, tributos, aniversarios ni memorias en relación a esta propiedad. A estos certificados o "papeletas" como figura en el expediente se le agrega una cuarta

---

175 AGI. *Bienes de difuntos: Diego de Peñalosa. Tasación realizada por Juan Guerrero, Juan Sánchez, Damián Ocete, Domingo Vaquero y Manuel de la Cruz en relación a la casa de las herederas de José López Alustante.* Contratación, 5631, N. 1, ramo 3, folios 21v-22r.

relacionada con la capellanía fundada por Antonio Pérez, de cuyo relato trasciende estar en posesión del presbítero Agustín Aparicio siendo el administrador su hermano Manuel Aparicio[176].

Teniendo en cuenta el preacuerdo existente en relación a la compra de esta propiedad entre los representantes de la obra pía y las herederas de José López Alustante la liquidación quedaría de la siguiente manera[177]:

Es el valor prinzipal de dichas casas (sin embargo de la tasa), por estar contra //[28v] tadas como acredita el poder de los vendedoras que hace caveza a estos autos, cinquenta y seis mil y quinientos reales	56500
Vaxánse onze mil y ochocientos y ochenta reales que resultan principal del zenso de todo el terreno de las casas, huerta y jardín a favor de la capellanía de don Antonio Pérez y al respecto de tres por ziento	11880
	44620
Queda líquido del valor en dinero que ha de desembolsar la obra pía para la compra destas casas por dever reconozer y encargarse de dicho principal de zenso quarenta y quatro mil seiscientos y veinte reales vellón y prorrateado el alquiler que rinde anual corresponde a quatro reales y diez y seis maravedís por ziento, y hay un que //[29r] brado que no tiene proporción	4 16 ½

La escritura de venta de la casa, previa autorización por parte de las autoridades indianas y el libramiento del dinero en poder de Pedro Sáenz de Santamaría, se realizará en Ceuta el 30 de noviembre de 1759[178].

4.10. Compra de una casa a los herederos de Pedro Cambril y Teresa de Miranda, situada en la Calle Real

Tras el fallecimiento del capitán del regimiento fijo de Ceuta Pedro Cambril, y de su esposa Teresa de Miranda, sus dos hijos recibieron como herencia unas

---

176   AGI. *Bienes de difuntos: Diego de Peñalosa. Papeleta de la capellanía en relación a la casa de las herederas de José López Alustante.* Contratación, 5631, N. 1, ramo 3, folios 27v-28r.

177   AGI. *Bienes de difuntos: Diego de Peñalosa. Liquidación en relación a la casa de las herederas de José López Alustante.* Contratación, 5631, N. 1, ramo 3, folios 28r-29r.

178   AGC. Fondo Casa de la Misericordia de Ceuta. "Libro de entablación del patronato de legos que fundó el mariscal de campo don Diego de Peñalosa". 1135. Signatura Caja 34, folio 13r.

casas que en este momento pretenden vender para su imposición en la obra pía. Se trataba de Pedro Cambriles y Miranda, subteniente del regimiento de Galicia y su hermana Micaela Cambriles, esposa de Diego Ruzafa, abogado de los reales consejos en la villa de Madrid. Ambos otorgaron poder en beneficio del canónigo de la Catedral Manuel Aparicio para que procediera en su nombre a realizar la documentación necesaria para la venta de la propiedad[179].

La casa tenía una localización excelente, estaba situada en la Calle Real a poca distancia de la Iglesia de Nuestra Señora de los Remedios, y contaba con huerta y jardín. Lindaba por el levante y el sur con la casa y terreno del presbítero Juan Cambril, probablemente familiar, y por poniente con las casas del capitán del regimiento fijo Antonio Olaguer Feliú. Las labró Pedro Cambril en el terreno de Margarita de Acosta, viuda del capitán Juan Cambril, quien le hizo donación de una parte quedando el resto temporalmente a censo por escritura fechada el 31 de marzo de 1728 ante el escribano José López Machado, tomando posesión de ella el 23 de abril siguiente. Por muerte del capitán le correspondió en herencia a Teresa de Miranda, su segunda esposa, quedando otras posesiones en poder de su primera mujer María de África Mendoza y de los hijos que tuvo con ella, como quedó certificado con un documento fechado en 1733 en el que intervinieron Pedro de Vargas Machuca, juez y padre general de menores, y el escribano Francisco Antonio de Luengas[180].

Se acredita igualmente la pertenencia y legitimidad de la casa y de la finca con un documento de compra del terreno restante con la que quedaba anulado el censo establecido con anterioridad. La venta la realiza el presbítero Juan Cambriles con poder de su madre Margarita de Acosta a quién pertenecía, fechado ante el escribano Francisco Antonio de Luengas el 12 de enero de 1741.

Para seguridad de la imposición se agrega al expediente el testamento de Teresa de Miranda, fechado en Madrid el 26 de marzo de 1759 ante el escribano Alejandro Chufa, a través del cual instituye a sus hijos Pedro y Micaela como legítimos herederos. Desde entonces estos se encargaron de cobrar el alquiler mensual fijado en 120 reales vellón al inquilino que disfrutaba de la vivienda, un tal José Fernández de la Concha, administrador de camas de la guarnición de la plaza.

El 27 de noviembre de 1759 los maestros mayores de albañilería y carpintería Juan Guerrero y Juan Sánchez y los peritos de huertas y arboledas Damián Ocete

---

179   AGI. *Bienes de difuntos: Diego de Peñalosa. Auto en relación a la casa de los herederos de Pedro Cambril y Teresa de Mendoza.* Contratación, 5631, N. 1, ramo 3, folios 54v-56r.

180   AGI. *Bienes de difuntos: Diego de Peñalosa. Pedimiento en relación a la casa de los herederos de Pedro Cambril y Teresa de Mendoza.* Contratación, 5631, N. 1, ramo 3, folios 61v-64r.

y Domingo Vaquero comparecieron conjuntamente para presentar la tasación de la vivienda y del terreno, declaración importante habida cuenta que los implicados en el proceso de compra - venta se habían convenido por el montante de la tasa. La valoración general quedó en 22.072 reales vellón, siendo su desglose el siguiente[181]:

- El valor de lo tocante a la albañilería de la vivienda 7.607 reales vellón[182].

- Por cuatro pozos 1.500 reales vellón, siendo el valor de cada uno de ellos 325 reales vellón.

- El valor de la carpintería ascendió a 6.180 reales vellón.

- De 178 varas de terreno de oficio donde se encontraban las casas, la huerta y el jardín a 37,5 reales cada una montaba 6.675 reales vellón.

- Por 9 parras que había en el jardín 65 reales vellón.

- Por un naranjo chino 25 reales vellón.

- Por dos granados 8 reales vellón.

- Por un moral 12 reales vellón.

Los testigos que declararon en favor de la veracidad de los datos del expediente que hemos analizado fueron el presbítero Juan Cambriles, el boticario mayor del Real Hospital José Álvarez Doyague y el maestro de la capilla de la Santa Iglesia Catedral Manuel Matías Fernández. Por su parte desde la Colecturía General de la Santa Iglesia Catedral, desde el Real Colegio de Trinitario Descalzos y desde la Santa y Real Casa de la Misericordia se comunica la no existencia de cargas, tributos, aniversarios ni memorias en relación a la vivienda ni al terreno de la finca.

La liquidación aceptada por todas las partes quedó fijada en función del valor de la tasa y del rendimiento de su arriendo[183]:

---

181 AGI. *Bienes de difuntos: Diego de Peñalosa. Tasación realizada por los maestros de albañilería y carpintería y los peritos de arboleda en relación a la casa de los herederos de Pedro Cambril y Teresa de Mendoza.* Contratación, 5631, N. 1, ramo 3, folios 65v-67r.

182 Según se desprende de la información contenida en la tasación la antigüedad de la obra era de 31 años. AGI. *Bienes de difuntos: Diego de Peñalosa. Tasación realizada por los maestros de albañilería y carpintería y los peritos de arboleda en relación a la casa de los herederos de Pedro Cambril y Teresa de Mendoza.* Contratación, 5631, N. 1, ramo 3, folio 67r.

183 AGI. *Bienes de difuntos: Diego de Peñalosa. Liquidación en relación a la casa de los herederos de Pedro Cambril y Teresa de Mendoza.* Contratación, 5631, N. 1, ramo 3, folios 72v-73r.

Es el ymporte de las casas, huerta y jardín destos autos, según su tasación, veinte y dos mil setenta y dos reales //[73r]	22072

Y prorrateado con este principal, los ziento veinte reales vellón de alquiler mensual que ganan dichas casas, pareze sale y corresponde a seis reales y diez y ocho maravedís y medio por 100, y ay un quebrado sin partición	al 100 6 reales 18 maravedís ½

La compra, previa autorización de la Casa de Contratación y del libramiento del dinero pudo realizarse en Ceuta, el 14 de abril de 1760 en el precio estipulado[184].

4.11. Compra a Francisca de Mora de una casa frente a la Iglesia de África y de una huerta en la Guardia de San Pedro

Francisca de Mora, viuda del guarda almacén de artillería de la villa de Coín, Manuel de Estrada, a través de su apoderado Manuel Guerrero, propone la venta a la obra pía de Peñalosa de una vivienda situada frente a la Iglesia de Nuestra Señora de África y de una huerta con dos casillas y arboleda en la Almina, en el Camino de Abajo que conducía a la Guardia de San Pedro[185].

De la primera casa trasciende el hecho de ser el lugar donde vivían desde hacía muchos años los tenientes del Rey, lindaba al sur con el mencionado templo, por el norte estaba orientada hacia la muralla, linde con la sala de armas, y por poniente y levante mediaba con propiedades que pertenecían al presbítero Fernando Álvarez y a Francisca de Mora. Se componía "...de ocho quartos altos, cocina y balcón en ella un patinillo, un corralillo para gallinas, una azotea, dos lugares comunes con su cañería que ba al mar hecha de ladrillos cubierta, quatro balcones de madera con sus zelozías, los dos de ellos grandes, y los mismos quartos vajos"[186]. Esta propiedad al parecer tenía agregada una casa que antes pertenecía a la Cofradía de Nuestra Señora de África y que pasó a formar parte de la finca a través de una carta de donación realizada en favor del presbítero Manuel de Mora.

---

184   AGC. Fondo Casa de la Misericordia de Ceuta. "Libro de entablación del patronato de legos que fundó el mariscal de campo don Diego de Peñalosa". 1135. Signatura Caja 34, folio 13v.

185   AGI. *Bienes de difuntos: Diego de Peñalosa. Auto en relación a la casa de Francisca de Mora.* Contratación, 5631, N. 1, ramo 3, folio 76v.

186   AGI. *Bienes de difuntos: Diego de Peñalosa. Pedimiento en relación a la casa de Francisca de Mora.* Contratación, 5631, N. 1, ramo 3, folio 81v.

Tenía de carga un censo de 95 reales vellón y 30 maravedís distribuidos de la siguiente manera: 34 reales vellón con 16 maravedís en favor de la capellanía de Pedro Fernández Palma de la que era capellán el cabildo catedralicio y que ascendía su principal a 1.223 reales vellón con 18 maravedís; 18 reales vellón de pensión por seis misas a la Colecturía de la Catedral, costando por tanto cada una 3 reales vellón, con su principal de 600 reales vellón que también se pagaba a la Colecturía por partes.

La huerta, por su parte de la que era legítima propietaria Francisca de Mora, se situaba en el barrio que llamaban antiguamente de las Tinerías en el interior de la Almina de la ciudad. Comprendía dos casitas para el uso del hortelano, dos norias, un pozo, parras, higueras y brevales. Estaba situada en el mencionado como Camino de Abajo, junto a la Guardia de San Pedro, como ya vimos, y lindaba por el norte con los herederos del presbítero Gaspar Barbosa, por poniente con la huerta del capitán del regimiento fijo Manuel Pinto, por el sur con las casas y jardín del presbítero Manuel de Mora, hermano de Francisca de Mora, y por levante con el callejón que conduce al Camino de Abajo.

Como muestra de la legitimidad de las propiedades se presentan siete instrumentos de posesión, que son los que siguen[187]:

- Escritura de donación y convenio fechada el 1 de febrero de 1730 ante el escribano José López Machado, otorgada por el deán Pedro Álvarez de Acosta y por Catalina Álvarez de Acosta, presumiblemente su hermana y viuda en este tiempo ya de Manuel de Mora. Esta documentación se refiere tanto a la casa que estaba agregada a la principal y que ya mencionamos como perteneciente anteriormente a la Cofradía de Nuestra Señora de África, como a los solares y vivienda principal, todo legado al presbítero Manuel de Mora.

- Escritura de donación del solar y de la casa principal realizada por el presbítero Manuel de Mora a su hermana Francisca de Mora, firmada el 17 de junio de 1730 ante el escribano José López Machado. En ella se contiene ya el censo en favor de la capellanía de Pedro Fernández Palma.

- Escritura de obligación e imposición de censo de "otras casillas" linde con dichos solares, fechada ante el escribano Francisco Antonio de Luengas el 20 de febrero de 1738, realizada por Manuel de Estrada cuyo principal ascendía a 1.768 reales vellón y 27 maravedís, al 3%, para pagar 23

---

187   AGI. *Bienes de difuntos: Diego de Peñalosa. Pedimiento en relación a la casa de Francisca de Mora.* Contratación, 5631, N. 1, ramo 3, folios 81r-85v.

misas, por un coste cada una de ellas de un real de plata, a la Colecturía de la Catedral, dándose lo restante a la Cofradía de Nuestra Señora de África. El canónigo Antonio Galván fue quien dispuso el censo del que luego tomó posesión Estrada.

- Una certificación del secretario contador de junta de reales obras fechada el 22 de junio de 1741 ante Juan Tomás Ximénez Corruchaga en la que consta la compra del corral por parte de Francisca de Mora por el importe de 660 reales. Este corral estaba situado entre la sala de armas y las casas de la ahora propietaria y se vendió "por no hacer falta a la fortificación y servicio de Su Magestad", siendo más útil para la vivienda.

- Un testimonio firmado también ante el escribano Juan Tomás Ximénez Corruchaga el 2 de noviembre de 1759 en relación a una disposición testamentaria y de mancomunidad realizada por Manuel de Estrada y su mujer, Francisca de Mora, el 17 de diciembre de 1746, a través del cual se instituyeron recíprocamente herederos al no tener descendencia ni otras personas con derechos forzosos sobre sus bienes.

- En relación a la huerta se presenta una escritura de censo dada por Gaspar Barbosa como capellán de la capellanía fundada por Isabel Hurtado de Mendoza. Se comprende en ella autos de la Curia Eclesiástica fechada el 15 de diciembre de 1699 ante el escribano Juan López de Prados, en favor del capitán Manuel de Mora y de Antonio López, por mitad, para hacer las huertas y cultivo de las tierras llamadas de Tinerías.

- Un testimonio realizado ante el escribano Francisco Antonio de Luengas fechado el 2 de octubre de 1731 en relación a las particiones hechas de los bienes que quedaron por fallecimiento de Manuel de Mora y de su mujer Catalina Pinto de Acosta, padres de Francisca de Mora. A ella se le adjudica la huerta expresada de las Tinerías de la que también se acredita una rebaja en el censo que queda en 45 reales y 9 maravedís.

El provisor Antonio Nicolás Ruiz Román como apoderado del obispo José de la Cuesta Velarde, Juan de Peñalosa y Martín de Peñalosa a través de José de Acuña, y Francisca de Mora llegan a un trato para la compra de ambas posesiones. La casa situada frente a la Iglesia de Nuestra Señora de África en 30.000 reales vellón, y la huerta en 9.000 reales vellón, aunque se estimaba que el valor de las posesiones en tasación sería más elevado, debiéndose encargar la obra pía del pago de los censos de ambas fincas.

Sobre la utilidad de las compras para la fundación de Diego de Peñalosa no se duda porque:

"... las casas prinzipales son en la más apreziable y ventajosa situación en la ziudad, como por estar vien construidas de todos buenos matheriales y rinden al presente ciento y veinte reales vellón, que antes heran ziento y zinquenta o más, según las más tropa que havía, y que la huerta está en el pueblo, de cómoda y vella situación y sus casillas de buena consistenzia y que rinde anualmente quatrozientos //[85r] treinta y cinco reales de vellón"[188].

Como venía siendo habitual la declaración sobre el estado y valor de las propiedades y terreno se realizará de manera conjunta entre los maestros mayores de albañilería y carpintería de reales obras Juan Guerrero y Juan Sánchez y los peritos de huertas y arboledas Damián Ocete y Domingo Vaquero[189]. El valor conjunto de ambas propiedades asciende, en opinión de los especialistas, 45.714 reales vellón.

En relación a las casas principales, esta se tasa por valor de 34364, quedando su desglose de esta manera:

- 18.723 reales vellón el montante relacionado con la albañilería, en la que se contaban un pozo y medio que le correspondía.
- 12.960 reales vellón lo relacionado con la carpintería.
- 2.681 reales vellón por 71 varas y media de terreno de oficio que no estaban puestas a censo ni tenían cargas, a razón de 37,5 reales la vara.

Por su parte la huerta y todo su contenido se valora en 11.350 reales vellón, resultado de las partidas siguientes:

7.900 reales vellón en concepto de albañilería, de un pozo, dos norias y dos casillas.

- 445 reales vellón de la carpintería de las dos casas.
- 1.135 reales vellón de 50 pies de parras.
- 1.230 reales vellón de 30 árboles de higueras negras y pardas.
- 400 reales vellón de higueras de otra especie.
- 40 reales vellón de un cañaveral.

---

188 AGI. *Bienes de difuntos: Diego de Peñalosa. Pedimiento en relación a la casa de Francisca de Mora.* Contratación, 5631, N. 1, ramo 3, folios 84v-85r.

189 AGI. *Bienes de difuntos: Diego de Peñalosa. Tasación hecha por los maestros de albañilería y carpintería de reales obras Juan Guerrero y Juan Sánchez y los peritos de huertas y arboledas Damián Ocete y Domingo Vaquero en relación a la casa de Francisca de Mora.* Contratación, 5631, N. 1, ramo 3, folios 86v-88v.

Los testigos aportados a la causa fueron el presbítero Bartolomé Velázquez, el subteniente del regimiento fijo Antonio Ramírez y el racionero de la catedral Juan Álvarez Barbosa, todos ellos testificaron de manera favorable. Desde la Colecturía General de la Santa Iglesia Catedral, el Real Colegio de Trinitario Descalzos y la Santa y Real Casa de la Misericordia se comunica la no existencia de más cargas o tributos que las mencionadas en el expediente.

La liquidación aceptada por todas las partes y realizada por el escribano Juan Tomás Ximénez Corruchaga, se une al final del expediente, quedando a la espera de la autorización y el libramiento del dinero por parte de la Casa de Contratación de Indias[190]:

	Reales vellón
Constan apreziadas las casas principales frente la Yglesia de Nuestra Señora de África, en treinta y quatro mil trescientos sesenta y quatro reales vellón	34364
Váxanse tres mil ziento setenta reales con un maravedí, principales de zensos a favor de la Colecturía desta Santa Yglesia Cathedral, contra dichas casas	3170 1
Queda líquido valor de las casas principales	31193 (...)
Se ha de hazer la venta por lo combenido entre las partes	30000 1193
Resulta de veneficio a la obra pía por resulta tasada la huerta //ᵍ/ᵗ con sus dos casillas y árboles en onze mil trescientos zinquenta reales vellón	11350
Váxanse un mil y quinientos reales con nueve maravedís vellón principal de zenso que paga a la Colecturía	1500 9
Quede líquido valor de la huerta con casillas y árboles	9845 25
Es lo combenido y tratado entre partes dar por la huerta, sus casillas y árboles nueve mil reales	9000

---

190 AGI. *Bienes de difuntos: Diego de Peñalosa. Liquidación en relación a la casa de Francisca de Mora.* Contratación, 5631, N. 1, ramo 3, folios 96v-97v.

Queda de vaxa y veneficio a la obra pía	849 25

Únense los mil ciento nobenta y tres reales con treinta y tres
maravedís de veneficio a la obra pía, en la compra de las casas con
los ochocientos quarenta y nueve, con veinte y cinco maravedís,
que tamvién lleva de beneficio en la huerta que componen dos mil
quarenta y tres reales con veinte y quatro maravedís

Veneficio a
la obra pía
2043 24

Y siendo lo que deve desembolsar //⁹⁷ᵛ la obra pía por ambas fincas
treinta y nueve mil reales de vellón y lo que ellas rinden anualmente
mil ochocientos setenta y cinco, pareze resulta, por un quatro por
ziento y veinte y siete maravedís vellón en que ay un quebrado que
no tiene proporción

Al ciento
4 reales y 27
maravedís

El 14 de abril de 1760 se adquirieron estas propiedades para su imposición en
la obra pía de Diego de Peñalosa, el mismo día que también se realizó la escritura
de compra de la casa de los herederos de Pedro Cambril y Teresa de Miranda. Su
importe, tal y como se había acordado, fue de 39.000 reales vellón y las cargas
finales asumidas de 95 reales y 30 maravedís en relación a las casas principales y
de 45 reales y 9 maravedís por la huerta, ambas en beneficio de la Colecturía[191].

4.12. Compra a Juan de Peña de una casa frente a la Iglesia de los Remedios

El capitán del regimiento de infantería de Soria, Juan de Peña, propone la
venta de unas casas de su propiedad situadas frente a la Iglesia de Nuestra Señora
de los Remedios, en la Calle Real, y que lindaba por poniente con la vivienda de la
viuda de un tal Manuel Pérez, por levante con la casa del canónigo don Francisco
de Murga y por el norte con la mencionada calle principal. La vivienda se adquirió
por varias escrituras que se muestran a continuación[192], no obstante Juan de Peña
prefirió derrumbarla y volver a levantarla de nuevo desde los cimientos con una
nueva distribución, con materiales de mejor calidad y con un balcón con rejas hacia
la calle, cobrando por su alquiler mensual 75 reales[193]. La casa se componía de

---

191 AGC. Fondo Casa de la Misericordia de Ceuta. "Libro de entablación del patronato de legos que
fundó el mariscal de campo don Diego de Peñalosa". 1135. Signatura Caja 34, folio 13v.

192 AGI. *Bienes de difuntos: Diego de Peñalosa. Pedimiento en relación a la casa de Juan de
Peña.* Contratación, 5631, N. 1, ramo 3, folios 115r-118r.

193 AGI. *Bienes de difuntos: Diego de Peñalosa. Pedimiento en relación a la casa de Juan de
Peña.* Contratación, 5631, N. 1, ramo 3, folio 117r.

sala, dos alcobas, corredor con cocina, en la parte alta otra sala, alcoba, despensa y otra habitación; y un corral[194].

La propiedad se había comprado en autos ejecutivos:

"...seguidos por don Thomás Antonio Giriarte, contra doña Ynés Calderón, viuda del capitán de ynfantería don Manuel del Holmo, por un mil doscientos cinquenta y un real de plata antiguo de que era deudora de plazo, cumpliendo respuesta que presentó y de que por sentencia de remate dada por el señor don Francisco Serantes y Carrillo, auditor de guerra que era y ante mi el escribano se otorgó escriptura de venta judicial fecha diez y seis de noviembre de mil setezientos quarenta y seis, concurriendo la executada en precio de tres mil trescientos setenta y cinco reales vellón, con ynserción de //[114r] dichos autos executivos, con carga y pensión de veinte y seis reales y veinte y nueve maravedís de dicha moneda, réditos anuales de zenso de veinte y tres varas y media de terreno que ocupaban dichas casas, exiviendo por título de propiedad de ellas dicha escriptura judicial"[195].

La segunda escritura que se aporta es de una compra efectuada ante el escribano Juan Tomás Ximénez Corruchaga el 2 de noviembre de 1749 de una porción de terreno a Juan Escribano y María Cebollino, su mujer. Se trataba de una medianería que lindaba con su propiedad y que se agrega a esta de once varas y una cuarta que era aproximadamente la mitad de hueco del callejón de acceso, con una entrada de una vara y media de oficio.

La tercera escritura, y de mayor importancia, se fecha el 22 de noviembre de 1759 ante el mismo escribano. Fue otorgada por Antonio Duarte y su mujer Juana Ginarte en convenio y donación en favor de Catalina Moreno, divorciada de Tomás Antonio Ginarte, capitán del regimiento de infantería de Cantabria cuyo original se realizó el 8 de febrero de 1747. A través de ella se vendió a Juan de Peña las 23.5 varas de terreno que ocupaban sus casas, con el paso y goce de la cuarta parte de un pozo que tenía la mitad el subteniente Juan Escribano y la otra cuarta parte el canónigo Francisco Javier de Murga. A esta documentación le acompañaba una información de haberse satisfecho los réditos del censo del terreno a los que se obligó cuando se compró la propiedad a Inés Calderón.

---

194 AGI. *Bienes de difuntos: Diego de Peñalosa. Notificación de compra de la casa de Juan de Peña.* Contratación, 5631, N. 1, ramo 3, folio 150v.

195 AGI. *Bienes de difuntos: Diego de Peñalosa. Auto en relación a la casa de Juan de Peña.* Contratación, 5631, N. 1, ramo 3, folios 113v-114r.

El 16 de abril de 1760 los maestros mayores de albañilería y carpintería de reales obras Juan Guerrero y Juan Sánchez comparecieron para exponer los resultados de su inspección y tasación, tras prestar juramento[196]. La propiedad se tasa en 18.145 reales vellón, comprendiendo 11.328 lo tocante a la albañilería; 5.940 lo relacionado con la carpintería donde se incluía el balcón y la reja y 877 reales vellón por las veinte y tres varas y media de terreno de oficio donde también se incluía la cuarta parte del pozo.

Los testigos aportados que dieron veracidad a la información contenida en el expediente fueron el racionero de la Catedral Juan Viera Matoso Álvarez de Pérez, el interventor de la Real Hacienda Manuel Serrano y el mercader Juan Pérez. Por otro lado, desde la Colecturía General de la Santa Iglesia Catedral, desde el Real Colegio de Trinitario Descalzos y desde la Santa y Real Casa de la Misericordia se comunica la no existencia de cargas, tributos, aniversarios ni memorias en relación a esta propiedad. Así pues, la liquidación puede resolverse rápidamente, con acuerdo favorable de todas las partes implicadas en la compra-venta, respetándose el precio de la tasación y teniéndose en cuenta el alquiler mensual para su prorrateo[197]:

	Reales vellón
Es el ymporte total diez y ocho mil ciento quarenta y cinco reales de vellón	18145
Prorratéase este principal con el alquiler mensual de setenta y cinco reales en cada uno, y corresponde a quatro reales y treinta y un maravedís, el ciento, y ay un quebrado que no admite proporción	al 100 004 32

El auto a través del cual los responsables y representantes de la obra pía de Peñalosa solicitan a la Casa de Contratación de Indias su autorización para proceder con la compra de esta propiedad se dicta en Ceuta el 18 de abril de 1760[198]. Su compra definitiva todavía se retrasa casi un año, pues a pesar de que desde la Real Audiencia ve favorablemente la adquisición de la vivienda y se ordena a Pedro Sáenz de Santamaría el libramiento del dinero, el mercader notifica que

---

196   AGI. *Bienes de difuntos: Diego de Peñalosa. Tasación realizada por los maestros mayores de albañilería y carpintería de reales obras Juan Guerrero y Juan Sanchez en relación a la casa de Juan de Peña.* Contratación, 5631, N. 1, ramo 3, folios 119v-120v.

197   AGI. *Bienes de difuntos: Diego de Peñalosa. Liquidación en relación a la casa de Juan de Peña.* Contratación, 5631, N. 1, ramo 3, folio 126r.

198   AGI. *Bienes de difuntos: Diego de Peñalosa. Auto final en relación a la casa de Juan de Peña.* Contratación, 5631, N. 1, ramo 3, folios 127r- 128v.

no se contaba con dinero suficiente, faltando 1.000 reales para cubrir la cantidad requerida.

Es así como se ordena efectuar diligencias con la intención de aclarar el estado de las cuentas sin perjuicio de las acciones emprendidas por la Casa de la Misericordia en favor del establecimiento de la fundación de Diego de Peñalosa, ni de los vendedores con los que se había adquirido ya un compromiso. Así, en cumplimiento de lo dispuesto Pedro Sáenz de Santamaría presenta las cuentas de su registro[199], en ellas se contienen todas las partidas desde 1756 hasta 1760, incluyendo las alhajas y objetos de plata; sus diferentes comisiones; los pagos a Jerónimo Cavero, recordemos apoderado en la recepción del dinero para la compra de las propiedades; las tasas de las escribanías y otros conceptos que por su interés mostramos de manera íntegra:

"1756.

Deven los bienes de dicho señor difunto mariscal don Diego de Peñalosa:

A saver	Reales de plata de a 16 quartos
En 9 de henero cinquenta y tres pesos de 128 quartos y un real y nueve quartos que se pagaron por los derechos de 1297 ½ pesos que se allaron en el baúl y se avonan en frente. Reales	425 9/16
Ytem, ocho reales plata y nuebe quartos por el arreglamiento de dichos derechos, guía y papel	008 9/16
Ytem, por la conduzión a casa de los quatro baúles	005 1/8
Ytem, ciento y setenta reales plata que se pagaron al escrivano del navío la Concepción por el codicilio y demás diligencias avordo	170 --
En 1 de agosto un mil novecientos diez y siete reales plata por mi comisión de recivo de lo avonado en frente a 1 por %	1916 --

---

199   AGI. *Bienes de difuntos: Diego de Peñalosa. Registro de partidas efectuado por Pedro Sáenz de Santamaría desde 1756 hasta 1760.* Contratación, 5631, N. 1, ramo 3, folios 141r- 141v.

En 13 de dicho ciento sesenta y ocho y medio reales plata pagados al procurador don Diego Botello en el oficio de don Francisco Xavier de Soldevilla, y ciento quarenta y ocho reales plata que pago a don Bernardo Rojo por sus escriptos y gastos de agencia, todo	316 8
En 25 de noviembre trescientos veinte pesos que en birtud de auto del tribunal de la contratazión se entregaron a don Juan de Peñalosa por las razones que expresa la carta de pago y la otorgó su hermano don Martín que hacen relación de las alajas entregadas, reales plata	2560 --
En 15 de junio quarenta y tres pesos puestos en el oficio de cámara de contratación limosna de otras tantas misas que faltavan por decir por el alma del difunto	311 --
Ytem, cinco pesos pagados al doctor Rojo por dos escritos presentados y al doctor Botello por su trabajo	010 --
En 29 de julio veinte y seis reales vellón que se pagaron al portero del tribunal por llevar los baúles a quemar con más quatro reales vellón a los cargadores y quarenta reales vellón a don Juan Pastor por meter en el fuego la plata, todo reales plata	037 3
En 25 de octubre cinquenta pesos de a 128 quartos que en birtud de auto del tribunal de 22 entregué al theniente don Gerbasio gutiérrez como apoderado del Ylustrísimo señor obispo de Zeuta, y demás de la Casa de la Misericordia de dicha ciudad, reales plata	400 --
	6222 15

Pasa a la buelta //[141vbis]

Han de aver los bienes del difunto señor mariscal de campo don Diego de Peñalosa, por los que han entrado en mi poder que son en la forma siguiente:

Reales de plata
de a 16 quartos

114

En 9 de henero reziví en la thesorería de Yndias quatro baúles con su ropa de uso y algunas alajas que constan de su ymbentario y en uno de ellos se allaron y se me entregaron un mil noventa y siete y medio pesos de a 128 quartos, en diferentes monedas de oro que hacen reales plata   10380

En 2 de abril rezeví en dicha thesorería como segundo consignatario diez mil quatrocientos noventa y seis pesos plata y diez y seis quartos del maestre del navío la Concepción por resto líquido de doce mil pesos que en él embarcó de quenta de dicho defunto don Martín de Miranda, vezino de Veracruz, a entregarme por falta de dicho señor, hacen reales   111521

En 12 dicho seis mil quinientos cinquenta y nueve pesos ocho reales efectivos y diez y seis quartos que reciví por la misma razón de don Joseph Garro maestre del navío la Limeña, por el resto líquido de siete mil y quinientos pesos que embarcó el mismo Miranda en Veracruz y con la misma consignazión, reales   69698 7/8

                                                                          191599 reales 14

Pasa a la buelta //[141v]

Deven dichos bienes como parece a la buelta: 6222 15

1758   En 31 de agosto ciento treinta y nuebe mil seiscientos   74170 7 ½
       quince reales vellón que por libramiento de dichos
       señores del real tribunal de contratazión se entregaron
       a don Gerónimo Ygnacio Cavero como parece de su
       recivo, hazen de plata

1759   En 10 de mayo setenta y ocho mil novecientos quarenta   11941 2 1/2
       y ocho reales vellón don maravedís que por libramiento
       de dichos señores del real tribunal de 23 de abril se
       entregaron a don <Gerónimo> Ygnacio Cavero de que
       dio recivo, reales plata

115

En 26 de octubre quarenta y quatro mil seiscientos veinte reales vellón que por auto de dichos señores del real tribunal se entregaron al mismo Cavero, hacen	23701 04 6
En 29 dicho dos mil ciento setenta y uno y tres quartos reales plata que por auto de dichos señores del real tribunal pagué a su escribano de cámara don Pedro Sánchez Bernal	2171 12
En 7 de noviembre se entregaron con intervenzión de dicho escrivano a don Gerónimo Cavero las piezas de plata labrada como parece del testimonio, importe 20460 reales de plata	

1760   En 4 de marzo sesenta y un mil setenta y dos reales vellón que por libramiento de dichos señores del real tribunal pagué a dicho señor don Gerónimo Cavero, hacen   32111 8

Ytem, quatrocientos nuebe reales de plata por mi comisión sobre el balor de la plata labrada   409

Ytem, mil novecientos quince reales por mi comisión de entrego de 181 048 reales y de los ocho mil seiscientos veinte reales que resultan del alcanze en esta quenta   1915

182979 3

En 22 de julio ocho mil seiscientos veinte reales plata que resta del alcanza en esta quenta y se cargan en ella para presentarla cerrada a los señores del tribunal de la contratación con cuio libramiento pagaré los diez y seis mil doscientos veinte y siete reales vellón y seis quartos que producen   8620 11

191599 14

Ha de aver por la suma de la buelta   191599 reales

Pedro Sáenz de Santamaría". *(rubricado)*

Según expone Pedro Sáenz de Santamaría el caudal que quedaba en su poder era de 16.227 reales de vellón y 6 cuartos[200]. El fiscal considera que las cuentas presentadas por el mercader no estaban lo suficientemente acreditadas y ordena una inspección, no obstante, también entiende que estas diligencias retrasarían la compra de la vivienda a Juan de Peña e incluso podrían malograr el trato, con el perjuicio evidente para los intereses de la obra pía. Así pues, resuelve, con fecha de 16 de agosto de 1760, que Sáenz de Santamaría entregue el dinero que dice estar en su poder, es decir, los 16.227 reales y 6 cuartos, y el resto, hasta los 18.145 reales vellón se saque de la Caja de Difuntos de la Casa de la Contratación donde también había liquidez perteneciente a la testamentaria de Peñalosa[201] (Figura 21).

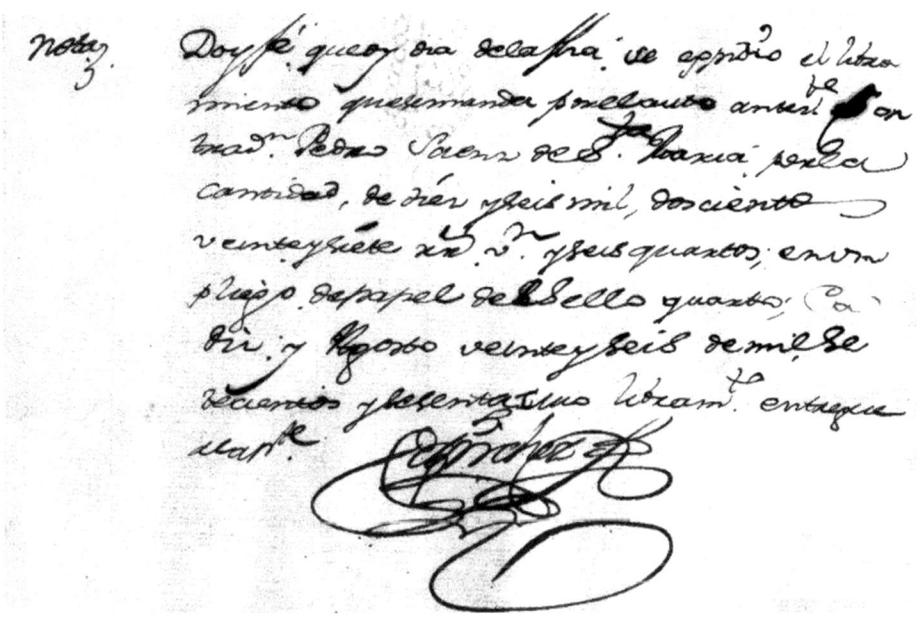

Figura 21. AGI. Bienes de difuntos: Diego de Peñalosa. Libramiento de dinero por parte de Pedro Sáenz de Santamaría en relación a la casa de Juan de Peña. Contratación, 5631, N. 1, ramo 2, folio 145r.

---

200 AGI. *Bienes de difuntos: Diego de Peñalosa. Notificación realizada por Pedro Sáenz de Santamaría del caudal que quedaba en su haber tras la presentación de las cuentas.* Contratación, 5631, N. 1, ramo 3, folios 142r- 142v.

201 AGI. *Bienes de difuntos: Diego de Peñalosa. El fiscal de la Casa de la Contratación resuelve en relación a la compra de la vivienda de Juan de Peña por la falta de caudal en poder de Pedro Sáenz de Santamaría.* Contratación, 5631, N. 1, ramo 3, folios 143r- 143v.

Así pues, acatando las órdenes del fiscal, se abona el resto del dinero con que proceder a la compra de la casa de Juan de Peña, informándose además de que el caudal que todavía quedaba en la Caja de Difuntos de Diego de Peñalosa ascendía a 3.594 pesos de 128 cuartos, tres reales y 12 maravedís de plata antigua[202].

La escritura de compra-venta no se firma hasta el 10 de febrero de 1761 como se acredita en el libro de entablación del patronato de legos custodiado en el Archivo General de Ceuta[203].

(Al margen:) "Compra de casa.

En diez de febrero de mil setecientos sesenta y uno se compró para esta obra pía una casa de don Juan de Peña sita en la calle real de la Almina, linde con otra de don Manuel Pérez u el canónigo don Francisco Xavier de Murga, que costó diez y ocho mil ciento quarenta y cinco reales.

Salas". *(rubricado)*

4.13. Liquidación de cuentas

Como hemos visto el dinero en poder de Pedro Sáenz de Santamaría para la imposición de su obra pía, se agotaba con la compra de las doce propiedades que integran este primer grupo de adquisiciones. Así pues, para cerrar temporalmente el expediente desde la Casa de Contratación se pide realizar la liquidación de las cuentas. Como vimos del importe total del legado de Diego de Peñalosa se sacaron 3000 reales vellón para ayudar a la Santa y Real Casa de la Misericordia de Ceuta a satisfacer los gastos y costas que originasen la imposición de los caudales, el dinero lo recibió Jerónimo Ignacio Cavero el 29 de agosto de 1758, siendo él quien, a través del escribano Juan Tomás Ximénez Corruchaga, tenía obligación de facilitar las cuentas. El resultado fue el siguiente[204]:

---

202 AGI. *Bienes de difuntos: Diego de Peñalosa. Líquido restante en la Caja de Difuntos relacionado con la testamentaria de Diego de Peñalosa.* Contratación, 5631, N. 1, ramo 3, folio 145r.

203 AGC. Fondo Casa de la Misericordia de Ceuta. "Libro de entablación del patronato de legos que fundó el mariscal de campo don Diego de Peñalosa". 1135. Signatura Caja 34, folio 14v.

204 AGI. *Bienes de difuntos: Diego de Peñalosa. Liquidación de los 3000 reales vellón abonados a Jerónimo Ignacio Cavero para los gastos y costas derivadas de la imposición de la obra pía.* Contratación, 5631, N. 1, ramo 3, folios 155r-159r.

Reales vellón

Es la cantidad tres mil reales vellón   3000

Primeramente en veinte y seis de septiembre de mil setecientos cinquenta   130
y ocho se otorgó escriptura de venta por don Martín de Obedos y sus
hermanos de una casa y jardín, en precio de diez y ocho mil setezientos   260[205]
noventa y quatro reales vellón, a favor de la obra pía y se pagaron a
mí el escrivano que ynterviene en los autos que se formaron para la
justificazión de pertenenzia y seguridad y ante quien pasó la escriptura
de venta, ciento treinta reales vellón, los cinquenta por el testimonio de
dichos autos que pagó la obra pía, por haver satisfecho los vendedores
//[156r] todas las costas de los originales y los ochenta por el traslado de
la escriptura de venta, que tomó para pertenencia.

260[206]

Ydem, la misma cantidad de ciento y treinta reales vellón que por ygual   130
razón se pagaron a mi el escrivano en los autos y venta que en el mismo
día otorgaron don Joseph Álbarez Doyague y su muger de unas casas
altas y vaxas con su huerta en precio de ochenta y siete mil setezientos
y cinquenta reales vellón

Ydem, la misma cantidad pagada por la propia razón a mi el escrivano   130
en la compra que se hizo a doña Josepha Brígida de Tortosa, viuda de
don Francisco Antonio de Luengas de dos casas en precio de treinta mil
y setenta reales vellón, otorgada la escriptura //[156v] en el mismo dia

Ydem, la misma cantidad dada a mi el escrivano por el testimonio de   130
autos y copia de escriptura de venta que otorgaron don Juan Francisco
de Cortázar y su muger en diez y nueve de mayo de mil setezientos
cinquenta y nueve, de dos casas en precio de diez y ocho mil reales

Ydem, otros ciento y treinta reales dichos de mi el escrivano por la   130
propia razón en la compra de una casa que se compró a los herederos
de don Favián de Acuña en precio de onze mil trescientos ochenta y
ocho reales

---

205   Suma total de la página
206   Suma de lo anterior

Ydem, que por las mismas razones se pagaron a mi el escrivano doscientos reales vellón en los autos y copia de escriptura otorgada por los //[157r] herederos de Antonio de Meus, de una casa comprada en treze mil seiscientos treinta y ocho reales, fecha trece de agosto de mil setecientos <zin> quenta y nueve, siendo el exceso de los setenta rea-   650[207]

200

les más que en las otras porque no haviéndose estimado por bastante el testimonio remitido a dicha real audiencia fue preciso hacer más autos y testimonios y diligencias

Ydem, doscientos quarenta reales vellón también pagados a mí el escrivano por el testimonio de autos y copia de la escriptura de venta que en diez y siete de agosto de dicho año de zinquenta y nueve otorgaron los herederos de don Joseph del Toro de unas tierras en el Balle, en precio de diez //[157v] y ocho mil setezientos y cinquenta reales vellón cuios derechos sube a dicha cantidad por haverse duplicado los autos, diligenzias y testimonios no haviéndose estimado por bastantes en dicha real audiencia las primeras   850[208]

240

Ydem, ciento nobenta reales de dicha expezie asímismo pagados a mi el escrivano por el testimonio de autos y otro que se dio de segundos que se hicieron y la copia de escriptura de venta de otra huerta en treinta y uno de agosto del mismo año, otorgaron don Joseph de Acuña y su muger en precio de once mil ciento setenta y dos reales   190

Ydem, ciento treinta reales derecho de mi el escrivano por el testimonio de autos //[158r] y copia de la escriptura otorgada por don Joseph Álbarez en virtud de poder de doña Ysavel y doña Josepha López Alustante de una casa en precio de quarenta y quatro mil seiscientos y veinte reales vellón, que pasó en treinta de noviembre de mil setecintos y cinquenta y nueve   1280[209]

130

Ydem, ygual cantidad que la anterior, por razón de derechos de testimonio y escritura en la compra que se hizo al canónigo don Manuel Aparicio como apoderado de don Diego Rusafa y su muger de una casa en la Almuina con huerta y jardín en precio de veinte y dos mil y setenta y dos reales, fecha catorze de abril de mil setezientos y sesenta   130

---

207   Suma de lo anterior
208   Suma de lo anterior
209   Suma de lo anterior

Ydem, la misma cantidad y por las mis razones en derecho de testimonio de autos //[158v] y copis de escriprura de venta de dos casas y huerta que en precio de treinta y nueve mil reales vellón vendió don Manuel Guerrero en virtud de poder de doña Francisca de Mora.

Ydem, otra tanta cantidad por la misma razón en la compra de una casa que en diez de febrero de presente año de la fecha, se compró a don Juan de Peña en diez y ocho mil ciento quarenta y cinco reales vellón

<Ydem, ciento diez y siete reales vellón> que se pagaron por los derechos y costas causados en la pieza de autos primordiales de dicha fundación, los veinte de ellos al señor providor y los nobenta y siete restantes a mi el escrivano

Ytem, doscientos cinquenta reales que por regalía //[159r] se han dado a los que han conduzido el dinero que se ha remitido de Cádiz

Ymporta lo distribuido

Fueron los tres mil reales entregados al señor provisor

Restan en poder del señor provisor

Ydem, la misma cantidad...	1540[210]
...venta de dos casas y huerta	130
Ydem, otra tanta cantidad...	130
<Ydem, ciento diez y siete reales vellón>	117
...restantes a mi el escrivano	1917[211]
Ytem, doscientos cinquenta reales...	250
Ymporta lo distribuido	2167
Fueron los tres mil reales entregados al señor provisor	3000
Restan en poder del señor provisor	833

Quedaba por tanto en poder del provisor 833 reales vellón, a lo que se resta poco tiempo después 40 reales vellón de los derechos del escribano Juan Tomás Ximénez Corruchaga del asiento de los autos primordiales, liquidación y testimonio de la partida de venta de la casa de Juan de Peña que no se incluyeron en la tabla anterior, resultando por tanto el líquido restante en 793 reales vellón[212]. Este dinero pasó a manos del administrador de la obra pía, el capitán Martín de Obedos y Viegas para su custodia.

---

210 Suma de lo anterior
211 Suma de lo anterior
212 AGI. *Bienes de difuntos: Diego de Peñalosa. Nota agregada a la liquidación de los 3000 reales vellón abonados a Jerónimo Ignacio Cavero para los gastos y costas derivadas de la imposición de la obra pía.* Contratación, 5631, N. 1, ramo 3, folios 159r-159v.

5
LAS PROPIEDADES QUE CONFORMAN EL LEGADO DE DIEGO DE PEÑALOSA. SEGUNDO GRUPO DE ADQUISICIONES, 1765-1766

5.1. Compra de la casa de Juan Miguel Valderrama y Chacón y Escolástica de Taboada, situada en la Calle Real

En 1765 se inicia un nuevo proceso de adquisición de fincas por parte de la fundación de Diego de Peñalosa al existir más caudal que invertir en beneficio de la obra pía. A estas alturas, entendemos que tras unas nuevas elecciones, los responsables de la Santa y Real Casa de la Misericordia habían cambiado, así pues en este expediente figura como proveedor de ella Diego María Osorio Lasso de Castilla y Martel, caballero comendador de la Zarza Estorninos y Peñafiel, de la Orden de Alcántara, teniente general de los reales ejércitos, comandante general y gobernador de lo político y militar de la Plaza de Ceuta; y como escribano a Tomás López Páez, teniente coronel de infantería, capitán de la primera compañía de granaderos. Será este escribano quien a partir de ahora se encargue de formalizar los expedientes, con una estructura un tanto diferente a la empleada por su antecesor Juan Tomás Ximénez Corruchaga, pero siempre con la aprobación y anuencia de Juan de Peñalosa y Martín de Peñalosa, quien participa ya personalmente en los procesos, sin intermediación de apoderados, pues se hallaba de guarnición en la ciudad.

La siguiente propiedad que se ofrece para su imposición en la obra pía fue una vivienda perteneciente a Juan Miguel de Valderrama y Chacón y Escolástica de Taboada, su mujer, quien la había heredado de su padre Juan de Taboada en partición judicial hecha entre su madre María Ximénez de Mendoza y sus hermanos, como parte de su legítima[213]. La propiedad se la había comprado su madre, María Ximénez de Mendoza, a Teresa de Aguilar, viuda de Dionisio Dávila por escritura pública fechada el 16 de marzo de 1757 ante Juan Tomás Ximénez Corruchaga. El motivo principal de su venta, según expone el propio Juan Miguel de Valderrama y Chacón, es la marcha del matrimonio a Osuna por su jubilación, donde pretendía invertir el dinero en nueva propiedad familiar, siendo muy gravoso para ellos el mantenimiento de esta casa en su ausencia pues les obligaría a tener a una persona a su cuidado y administración, así ven su venta a la obra pía como una oportunidad para reconducir sus vidas y disponer de sus caudales.

Se situaba en la Calle Real, lindando por el sur con esta arteria principal de la ciudad, por poniente y norte con las casas de Teresa de Aguilar y por levante con un callejón que bajaba a la huerta de los herederos del capitán Manuel Correa y que llamaban del Drago. Sobre ella no pesaba ningún tipo de carga, vínculo, tributo, pensión, hipoteca o gravamen, siendo tanto la casa como el terreno libre. En cuanto a su arriendo la propiedad estaba alquilada al músico Manuel Matías en 125 reales de vellón mensuales, cantidad que se considera escasa debido a su buena construcción y situación pues "por el paraje que ocupan que es en el centro de la dicha Calle Real es preciso que siempre estén arrendadas y sean apetecidas de muchas personas"[214].

El 2 de marzo de 1765 ante Juan de Cea Díez de Villarroel, provisor, juez oficial y vicario general de la ciudad y su obispado comparecieron los maestros mayores de albañilería y carpintería Juan Guerrero y Juan Sánchez para prestar declaración sobre la tasación y medición de la casa objeto de compra[215]. El resultado fue la cifra de 31500 reales vellón obtenida de las siguientes partidas:

- 23.045 reales vellón en lo referente a la albañilería.
- 5.930 reales vellón en lo tocante a la carpintería.
- 2.325 reales vellón por 62 varas de terreno a 37,5 reales vellón la vara.

Los testigos aportados a la causa fueron cuatro en esta ocasión a saber Antonio de Olmedo, cirujano mayor del Real Hospital; José Álvarez; José Camacho que

213 AGI. *Bienes de difuntos: Diego de Peñalosa. Petición de Juan Miguel de Valderrama y Chacón y de Escolástica de Taboada para la venta de una propiedad a la fundación de Diego de Peñalosa.* Contratación, 5631, N. 1, ramo 3, folios 182v-186r.

214 AGI. *Bienes de difuntos: Diego de Peñalosa. Petición de Juan Miguel de Valderrama y Chacón y de Escolástica de Taboada para la venta de una propiedad a la fundación de Diego de Peñalosa.* Contratación, 5631, N. 1, ramo 3, folio 184v.

215 AGI. *Bienes de difuntos: Diego de Peñalosa. Tasación realizada por los maestros de albañilería y carpintería Juan Guerrero y Juan Sánchez en relación a la casa de Juan Miguel de Valderrama y Chacón y de Escolástica.* Contratación, 5631, N. 1, ramo 3, folios 188r-190v.

era comerciante y Francisco Gómez Arreal, mercader. Por parte de la Colecturía de la Catedral, del Real Colegio de Trinitario Descalzos y de la Santa y Real Casa de la Misericordia se comunica la no existencia de cargas, tributos, aniversarios ni memorias en relación a esta propiedad, certificándose la propiedad absoluta del terreno.

La liquidación la realiza el escribano público José Ventura Borrero el 12 de marzo de 1765 resultando así[216]:

El aprecio hecho en venta de la espresada casa por los maestro de albañilería y carpintería del público de esta ciudad ymporta treinta y un mil y quini //[201r] entos reales de vellón	31500
Del mismo aprecio e información hecha resulta que a lo menos puede ganar dicha casa de arrendamiento cada mes ciento y cinco reales de vellón en cuia cantidad está arrendada a el presente, y aunque puede ganar más como se asegura, regulada la renta por dicho arrendamiento mensual importa en cada año un mil doscientos y sesenta reales, de los quales corresponde un quarto por ciento de réditos anuales a los dichos treinta y un mil y quinientos reales de su aprecio y valor en venta	1260

Dos días más tarde se dicta el auto a través del cual se informa a las autoridades indianas del acuerdo para la adquisición de esta vivienda, solicitando el libramiento del dinero necesario para proceder a realizar la escritura de venta[217]. El caudal para la compra de esta propiedad se extrae de la Caja de Difuntos existente en la Casa de Contratación de Indias, al haberse agotado el dinero custodiado por Pedro Sáez de Santamaría, además de 31.500 reales vellón necesarios se ordena sacar un porcentaje de dinero extra para saldar las costas del procedimiento realizadas en la Real Audiencia, que es la que sigue[218]:

---

216 AGI. *Bienes de difuntos: Diego de Peñalosa. Liquidación en relación a la casa de Juan Miguel de Valderrama y Chacón y de Escolástica.* Contratación, 5631, N. 1, ramo 3, folios 200v-201r.

217 AGI. *Bienes de difuntos: Diego de Peñalosa. Auto en relación a la casa de Juan Miguel de Valderrama y Chacón y de Escolástica.* Contratación, 5631, N. 1, ramo 3, folios 202v-204r.

218 AGI. *Bienes de difuntos: Diego de Peñalosa. Costas desde 1758 a 1765 del proceso judicial de la Real Audiencia.* Contratación, 5631, N. 1, ramo 3, folios 214v-215r.

Al ajente del señor fiscal ciento y ocho reales de plata de 16 quartos	108	
A la escribanía de cámara doscientos treinta y quatro reales con más diez quartos de otro, en que están inclusas cinco llevas de autos del oficial al relator y el libramiento que se ha de despachar	234	10
Al portero ocho reales de plata y ocho quartos	008	8
Al procurador Hidalgo por lo actuado después de la quanta que presentó firmada a don Juan Joseph de Bulnes y don Gerónimo Ygnacio Carrero con fecha de 20 de junio del año de 1760, cinquenta y dos reales de plata	052	
Al relator por las vistas de autos y derechos de esta tasación doscientos y veinte	220	
	623	2

La compra de la propiedad tuvo lugar el 27 de abril de 1765 según el libro de entablamento del patronato de legos existente en el Archivo General de Ceuta[219], de la que también se expide testimonio para adjuntar al expediente conservado en el Archivo General de Indias[220] (Figura 22).

---

219 AGC. Fondo Casa de la Misericordia de Ceuta. "Libro de entablación del patronato de legos que fundó el mariscal de campo don Diego de Peñalosa". 1135. Signatura Caja 34, folio 17r.

220 AGI. *Bienes de difuntos: Diego de Peñalosa. Testimonio de compra de la propiedad de Juan Miguel de Valderrama y Chacón y de Escolástica a la obra pía.* Contratación, 5631, N. 1, ramo 3, folios 199v-200r.

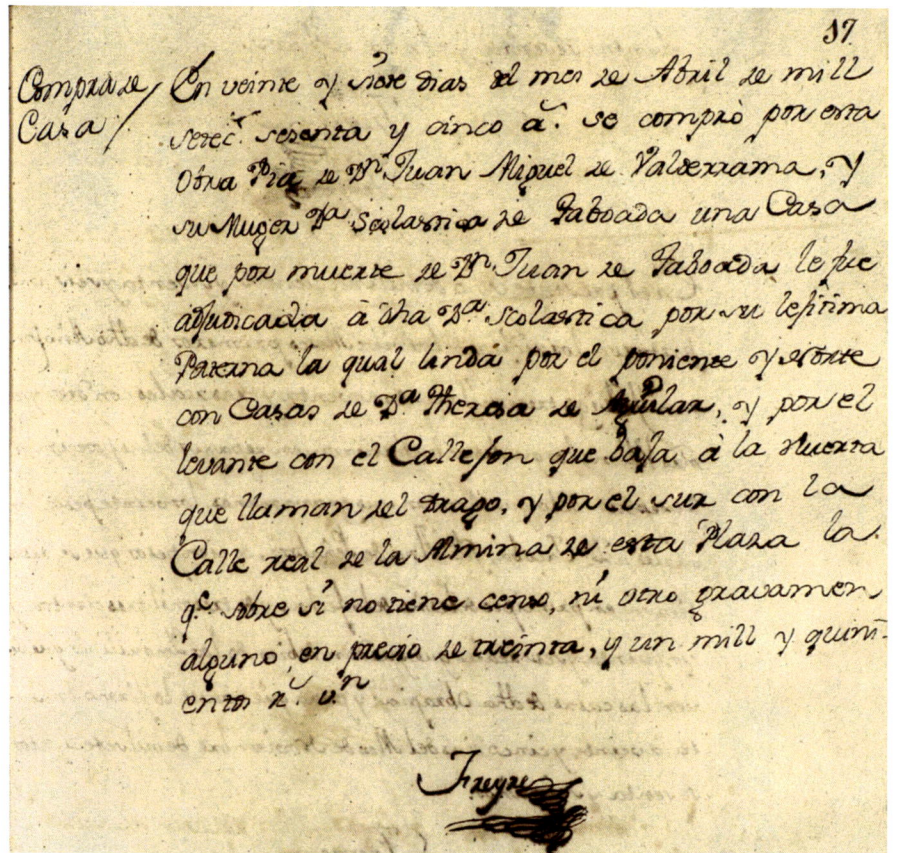

Figura 22. AGC. Fondo Casa de la Misericordia de Ceuta. Compra de la casa de Juan Miguel de Valderrama y Chacón y Escolástica de Taboada "Libro de entablación del patronato de legos que fundó el mariscal de campo don Diego de Peñalosa". 1135. Signatura Caja 34, folio 17r.

5.2. Compra de varias propiedades en el Callejón de Diego Correa, en el barrio de Simoa y en la Calle de la Gloria, todas en la Almina de la ciudad

En el ramo cuarto de la testamentaría de Diego de Peñalosa figura el expediente conjunto de la compra de varias propiedades céntricas de la ciudad fechadas en 1766[221]. En este momento el proveedor de la Santa y Real Casa de la Misericordia

---

221 AGI. *Bienes de difuntos: Diego de Peñalosa. Poder otorgado a Juan Esteban de Bayona en relación a la compra de varias propiedades en beneficio de la fundación de Diego de Peñalosa.* Contratación, 5631, N. 1, ramo 4, folios 2v-7r.

era Ignacio Carrasco, teniente coronel de infantería y comandante del regimiento fijo, y el escribano habilitado José Ventura Borrero. Para su mejor análisis hemos desglosado el expediente extrayendo la información referente a cada uno de los vendedores, que presentamos de manera diferenciada para su mejor estructura y claridad expositiva.

5.2.1. Compra de dos viviendas contiguas a Diego Carbonell, situadas en el Callejón denominado de Diego Correa

El canónigo de la Santa Iglesia Catedral, teniente y vicario general de la guarnición extraordinaria y administrador del Real Hospital Diego Carbonell tenía en propiedad dos casas contiguas la una a la otra situadas en el Callejón de Diego Correa que pretendía vender al patronato de legos de Diego de Peñalosa[222]. Según informa el mismo interesado[223], la finca, que por aquel entonces contenía una única vivienda, se la donó gratuitamente su tío, el mencionado Diego Correa antiguo canónigo de la Catedral, por escritura pública otorgada ante el escribano Francisco Antonio de Luengas en Ceuta el 17 de octubre de 1741, con la intención de que le sirviera de patrimonio pudiendo con ellas

> "... aszender al estado sazerdotal o dispusiese de ellas como le pareziese, y aunque con efecto sirvieron a dicho fin y para congrua del menzionado don Diego Carbonell, después obtuvo este el canonicato que oy goza y con el vastante renta para su manuntenzión y dezenzia, por lo qual también les consta que a su ynstanzia por su señoría en auto de doze de octubre año de mil setezientos sesenta y tres, haviendo ya fallecido el dicho don Diego Correa, se secularizaron las enunziadas casas para que como más le conviniese usase de ellas el expresado don Diego Carvonell"[224].

La casa, que no tenía división alguna y a ella se accedía por una única puerta de entrada, fue reestructurada por el canónigo convirtiéndolas en dos viviendas independientes que tenía arrendadas a Pedro Carvallo en 40 reales vellón y a José Gallardo en 20 reales vellón de mensualidad respectivamente. Lindaba por poniente

---

222 AGI. *Bienes de difuntos: Diego de Peñalosa. Poder otorgado a Juan Esteban de Bayona en relación a la compra de varias propiedades en beneficio de la fundación de Diego de Peñalosa.* Contratación, 5631, N. 1, ramo 4, folio 2v.

223 AGI. *Bienes de difuntos: Diego de Peñalosa. Declaración de Diego Carbonell.* Contratación, 5631, N. 1, ramo 4, folios 10v-11v.

224 AGI. *Bienes de difuntos: Diego de Peñalosa. Tasación realizada por los maestros de albañilería y carpintería Juan Guerrero y Juan Sánchez en relación a la casa de Diego Carbonell.* Contratación, 5631, N. 1, ramo 4, folio 17r.

con el Callejón de Diego Correa, por el sur con una casa baja propiedad de Cayetano Carbonell, por levante con la casa en la que vivía Diego Carbonell y por el norte con otra vivienda propiedad del mismo canónigo. Su terreno no estaba sujeto a cargas, censos ni pensiones de ningún tipo como certifica convenientemente con documentos firmados por la Colecturía de la Catedral, el Colegio de Trinitarios Descalzos y la Casa de la Misericordia[225].

El 18 de julio de 1766 ante el provisor Juan de Cea Díez de Villarroel comparecieron los maestros de albañilería y de carpintería Juan Guerrero y Juan Sánchez, quienes habían efectuado la tasación y avalúo de ambos inmuebles[226]. El resultado fue el siguiente:

Casas primeras

Alvañilería	Las expresadas casas primeramente deslindadas po lo que corresponde a albañilería incluso un pozo que contienen en dos mil doszientos quarenta y ocho reales de vellón	2248
Carpintería	Por lo que respecta a carpinteríe en mil setezientos cinquenta y quatro reales vellón	1754
Terreno	Y por lo que toca a las dichas diez y nuebe varas de ofizio de su terreno lo aprecian a treinta y siete reales y medio de vellón cada una, que ymportan setezientos doze reales y medio de vellón	712 17
	Cuias tres partidas componen quatro mil setezientos catorza reales y diez y siete maravedís de vellón, valor yntegro de las enunziadas primeras casas //[16r]	4714 17

Casas segundas

Alvañilería	Y las en segundo lugar esplicadas las tasan y aprecian ygualmente por lo que respecta a alvañilería ynclusos dos pozos que comprenden en tres mil ochozientos quarenta y nueve reales de vellón	3819

225 AGI. *Bienes de difuntos: Diego de Peñalosa. Certificaciones de libertad de censo y carga en relación a la casa de Diego Carbonell.* Contratación, 5631, N. 1, ramo 4, folios 8r-9r.

226 AGI. *Bienes de difuntos: Diego de Peñalosa. Tasación realizada por los maestros de albañilería y carpintería Juan Guerrero y Juan Sánchez en relación a la casa de Diego Carbonell.* Contratación, 5631, N. 1, ramo 4, folios 14v-17v.

| Carpintería | Por lo que mira a carpintería en dos mil setezientos y noventa reales de vellón | 2790 |

Terreno — Y por lo que haze a las dichas setenta y una varas de su terreno a treinta y tres reales y tres quartillos de vellón cada una montan dos mil treszientos noventa y seis reales y un quartillo de dicha moneda — 2396 81/2

Las quales tres partidas suman nueve mil treinta y cinco reales y quartillo de vellón que es el total valor de las relazionadas segundas casas, en cuios términos han evaquado la valuación de ambas en venta — 9035 8 ½

Renta — Y por lo que toca a la de su renta, mediante estar al presente arrendadas, la primera a Joseph Gallardo en veinte reales vellón y la segunda a Pedro Cavallero en quarenta reales vellón, una y otra por cada //[16v] un mes, solo pueden dezir que están varatas y que pueden ganar más por su capazidad y buena situación, mayormente si se aumenta la guarnizión de esta plaza porque se acrezerá el número de solizitadores, cuyo aprecio y valuación en venta y renta han hecho vien y fielmente con arreglo a su ynteligenzia, sin fraude, dolo ni colazión.

El valor de ambas casas se sitúa por tasación en 13.749 reales vellón con 25,5 maravedís, estando la primera valorada en 4.714 reales y 17 maravedís y la segunda en 9.035 reales y 8,5 maravedís, siendo este el precio fijado para su venta a la obra pía sin realizarse ningún tipo de baja o descuento por ser el terreno libre y encontrarse en una localización privilegiada. La liquidación correspondiente se realiza el 21 de julio de 1766[227]:

"Consta del citado aprecio e ynformación dada que las relazionadas casas se hallan arrendadas la una en veinte reales vellón y la otra en quarenta reales de la propria espezie, y por consiguiente que anvas produzen sesenta reales dichos en cada un mes y que aun pueden ganar más, y regulada la renta anual de una y otra juntamente por el esplicado arrendamiento mensual ymporta en cada un año setezientos y veinte reales vellón, de los quales corresponde algo más de un cinco por ciento de réditos anuales,

227 AGI. *Bienes de difuntos: Diego de Peñalosa. Liquidación en relación a la casa de Diego Carbonell.* Contratación, 5631, N. 1, ramo 4, folios 28v-29r.

respecto a los dichos treze mil setezientos quarenta y nuebe reales y veinte y cinco maravedís y medio de su aprecio y valor en venta".

Los testigos aportados a la causa fueron Pedro Espinosa, el mayordomo del Real Hospital Militar Manuel Cerrado, el mercader Francisco Gómez de Arreal y Manuel Matías Fernández. El auto quedará emitido el 23 de julio de 1766 a la espera de su aprobación por las autoridades de la Casa de Contratación de Indias[228], solicitándose el libramiento de dinero necesario para la compra y su entrega al comerciante vecino de Cádiz Juan Esteban de Goyana por poder otorgado desde Ceuta[229].

5.2.2. Compra de una casa en el barrio de María Simoa a Isabel de Mendoza y Peñalosa, viuda de Martín de Ovedos y Viegas y a sus hijos Rafaela de Ovedos y Viegas y Francisco de Ovedos y Viegas

Isabel de Mendoza y Peñalosa, viuda de Martín de Obedos y Viegas, decide vender a la obra pía de Diego de Peñalosa una casa fruta de la herencia de su marido[230]. La vivienda le pertenecía en un 50% pues lo restante estaba dividido por mitad entre los dos hijos del matrimonio, Rafaela Josefa de Obedos y Viegas, menor de edad, y Francisco de Obedos y Viegas, presbítero, en razón de sus legítimas. Isabel de Mendoza decide deshacerse de la propiedad por necesidad, pues precisaba ese dinero para la manutención sobre todo de su hija.

La vivienda se situaba en el barrio de María Simoa y lindaba por el norte con las casas de Salvador Varo, por levante con el pomar[231] del comandante de caballería Gabril Frecú y por el sur con la Tahona de Siego Cegalas y estaban libres de cargas, a excepción al parecer de un censo constituido en el tiempo de la compra del terreno de 48 reales vellón y 24 maravedís anuales que se pagaban a una tal María de Alburquerque, cobrándolos después el deán de la catedral Juan de Palma quedando como obligación de Martín de Obedos y Viegas y posteriormente

---

228 AGI. *Bienes de difuntos: Diego de Peñalosa. Auto en relación a la casa de Diego Carbonell.* Contratación, 5631, N. 1, ramo 4, folios 30v-32r.

229 AGI. *Bienes de difuntos: Diego de Peñalosa. Poder otorgado a Juan Esteban de Bayona en relación a la compra de varias propiedades en beneficio de la fundación de Diego de Peñalosa.* Contratación, 5631, N. 1, ramo 4, folios 2v-7r.

230 AGI. *Bienes de difuntos: Diego de Peñalosa. Petición de Isabel de Mendoza y Peñalosa para vender su casa al patronato de Diego de Peñalosa.* Contratación, 5631, N. 1, ramo 4, folios 39r-41r.

231 Según la RAE: Terreno en que hay árboles frutales, especialmente manzanos.

de su esposa como atestiguaba la cláusula testamentaria firmada ante Juan Tomás Ximénez Corruchaga el 10 de septiembre de 1762. En la actualidad la vivienda estaba arrendada al teniente del regimiento fijo Juan Barcelar por 40 reales vellón al mes.

La vivienda perteneció años atrás a Pedro de la Rosa y a Ana de Guevara, su mujer, quienes las vendieron por escritura pública firmada ante el escribano José López Machado en 24 de octubre de 1733 a Francisco de Obedos y Viegas, padre de Martín de Obedos y Viegas y por tanto suegro de Isabel de Mendoza y Peñalosa. A la muerte de este sus posesiones se distribuyeron entre sus tres hijos, el mencionado Martín; Pedro de Obedos y Viegas, canónigo de la Catedral y cura auxiliar de Santa María de los Remedios, y María de Obedos y Viegas, viuda de Pedro Carrasco, capitán de la compañía de escopeteros del Campo de Gibraltar, recayendo esta propiedad en Martín de Obedos y Viegas[232].

El 28 de julio de 1766 ante el provisor Juan de Cea Díez de Villarroel comparecieron los maestros mayores de albañilería y carpintería, Juan Guerrero y Juan Sánchez, como venía siendo habitual, para prestar declaración de la tasación efectuada en la finca. El resultado de la valoración fijaba el precio de la venta en 10761 reales vellón y 5 maravedís, siendo su desglose el siguiente[233]:

Albañilería	Por lo que toca a la albañilería en seis mil quatrocientos nobenta y ocho reales de vellón	6498
Carpintería	Por lo que mira a la carpintería en dos mil doscientos cincuenta y cinco reales de vellón	2255
Terreno	Y por lo que respecta a las expresadas cinquenta y nuebe varas y media de oficio de terreno lo aprecian a treinta y tres reales y tres quartillos de vellón cada una que ymportan dos mil ocho reales y cinco maravedís de dicha moneda	2008 05

---

232 AGI. *Bienes de difuntos: Diego de Peñalosa. Petición dictada por el proveedor de la Real Casa de la Misericordia, Juan y Martín de Peñalosa, e Isabel de Mendoza y Peñalosa con sus hijos para facilitar la venta de una casa de su propiedad a la obra pía.* Contratación, 5631, N. 1, ramo 4, folios 58v-65r.

233 AGI. *Bienes de difuntos: Diego de Peñalosa. Tasación realizada por los maestros de albañilería y carpintería Juan Guerrero y Juan Sánchez en relación a la casa de Isabel de Mendoza y Peñalosa e hijos.* Contratación, 5631, N. 1, ramo 4, folios 69r-73v.

Las quales tres partidas suman diez mil setecientos sesenta   10761 05
y un reales y cinco maravedís de vellón, en cuya cantidad
han justipreciado y tazan dichas ca //[71r] sas en venta.

Renta   Y por lo que corresponde a su aprecio en renta, atento que
actualmente a don Juan Barzelar theniente del reximiento
fixo de esta plaza en quarenta reales vellón cada mes, solo
pueden decir que está varata y que pueden ganar más por
su capacidad y buena atuación, mayormente si se aumenta
la guarnición desta plaza.

Los testigos que prestaron declaración sobre la veracidad de los datos aportados en relación a la vivienda y sus propietarios fueron el teniente del regimiento fijo Francisco de Ayala, Salvador de Varo, el alférez de la compañía de caballería de la dotación de la plaza Tomás Cebollino y el cabo de cadenas Domingo Fernández Rodríguez.

La liquidación efectuada por el escribano en relación a la tasación anterior realizada por los maestros mayores de albañilería y carpintería resultó del siguiente modo[234]:

Por los maestros mayores de albañilería y carpintería del público desta   10761 05
plaza paresen justipreciadas las referidas casas en venta con inclusión de
su terreno en diez mil setecientos sesenta y un reales y cinco maravedís
vellón

Dedúsense de la enunciada cantidad total un mil seiscientos vein //[89r] te y   1623 18
tres reales y diez y ocho maravedís vellón por principal de los quarenta
y ocho y veinte y quatro de censo que sufre el mencionado terreno y se
pagan anualmente al señor don Juan de Palma, deán de la santa yglesia
cathedral desta plaza, conciderado al respecto de treinta y tres mil y un
tercio el millar, conforme a la última real pragmática

Quedan de valor líquido a las citadas casas y terreno nuebe mil ciento
treinta y siete reales y veinte y un maravedís vellón, como se figura al
margen

---

234   AGI. *Bienes de difuntos: Diego de Peñalosa. Liquidación en relación a la casa de Isabel de Mendoza y Peñalosa e hijos.* Contratación, 5631, N. 1, ramo 4, folios 88v-89v.

Resultan del mencionado a //⁸⁹ᵛ precio e ynformación dada que dichas casas están arrendadas en quarenta reales vellón por cada un mes y que aún pueden gaanr más y conciderada la renta anual por el manifestado arriendo mensual ymporta en cada un año quatrocientos y ochenta reales vellón de los quales toca algo más de un cinco por ciento de réditos anuales respecto a los enunciados ciento treinta y siete reales y veinte y un maravedís vellón, valor líquido de dichas casas y terreno

El 1 de agosto de 1766 se emite el auto por parte de Juan de Cea Díez de Villarroel, provisor, juez y vicario general de la ciudad y su obispado, especificándose los datos del acuerdo establecido entre los representantes de la Santa y Real Casa de la Misericordia e Isabel de Mendoza y Peñalosa como principal propietaria, y con el visto bueno de los hermanos Peñalosa[235]. Así pues, se fija el precio de la venta del inmueble y el terreno sobre el que se asienta, con aceptación del censo existente, en el precio de 9.137 reales vellón y 20 maravedís. Se solicita a través del mismo documento la autorización a la Casa de Contratación de Indias para efectuar la compra y el libramiento del dinero reseñado.

5.2.3. Compra de una casa en la Calle de la Gloria a Antonio Mondragón, a su mujer Ana Romero y sus dos hermanas llamadas Isabel Romero y Laurencia Romero

En agosto de 1766 se dio inicio a un nuevo proceso de compra de una propiedad por parte de la Real y Santa Casa de la Misericordia susceptible de integrarse también entre los bienes de la fundación de Diego de Peñalosa. En esta ocasión las propietarias del inmueble fueron Ana Romero, que sería representada por su marido el capitán del regimiento fijo Antonio de Mondragón, Isabel Romero y Laurencia Romero, ambas mayores de edad y solteras[236]. Las tres hermanas eran hijas del capitán Bartolomé Romero y de Francisca de Ayenza, quienes les legaron la propiedad de la casa por cláusula testamentaria fechada ante el escribano Francisco Antonio de Luengas en el año 1744, habiéndose extraído de la herencia otros bienes en favor de María de Ayenza, hermana de Francisca, sin que esta tuviera derechos sobre la vivienda, como quedó atestiguado por vía judicial en 1747.

---

235 AGI. *Bienes de difuntos: Diego de Peñalosa. Auto en relación a la casa de Isabel de Mendoza y Peñalosa e hijos.* Contratación, 5631, N. 1, ramo 4, folios 91v-94r.

236 AGI. *Bienes de difuntos: Diego de Peñalosa. Petición dictada por Ignacio Carrasco proveedor de la Real Casa de la Misericordia, Juan y Martín de Peñalosa, y Ana Romero, Isabel Romero y Laurencia Romero para la venta de una casa a la obra pía.* Coratación, 5631, N. 1, ramo 4, folios 99r-104r.

Bartolomé Romero compró la casa a Ana de Rueda, viuda del capitán de artilleros Juan de Angulo, y a su hija Luisa de Angulo. La adquisición se hizo por poderes a Benito Ibáñez, marido de Luisa de Angulo, por escritura dictada ante Francisco Antonio de Luengas el 9 de enero de 1742, aprobándose el documento el 9 de febrero del mismo año en Badajoz en la escribanía de Diego de Nava y Tamayo, donde presumiblemente residían los propietarios. Por su parte Ana de Angulo y su hija habían obtenido la casa por fallecimiento de su marido, en documento testamentario datado el 8 de septiembre de 1733, aunque posteriormente Ana amplió el terreno comprando una parte limítrofe a Francisco Velasco por escritura firmada el 3 de agosto de 1737 y anexionándola a su propiedad.

La vivienda se situaba en la Calle de la Gloria, haciendo esquina por la derecha a la calle que bajaba hacia la Casa de la Misericordia. Por la izquierda lindaba con las casas de Juana de Torres y por detrás con las que fueron en su día de Francisco Velasco. Contaba con dos cargas, un censo anual de 45 reales vellón que se pagaban a la Colecturía de la Catedral y otro de 33 reales vellón y 30 maravedís con el que se contribuía a la Misericordia por el terreno. En ese momento el inmueble estaba arrendado al alférez de granaderos del regimiento de Saboya Melchor de los Reyes, quien pagaba 67,5 reales vellón de mensualidad. La vivienda al parecer era sólida y su fábrica era de calidad.

Como era habitual, para poder fijar el precio de la venta era imprescindible la tasación del inmueble por parte de peritos especializados en la materia. Como era de esperar los encargados de efectuar la medición y valoración de la vivienda fueron los maestros mayores de albañilería y carpintería de reales obras Juan Guerrero y Juan Sánchez. Ambos, como alarifes públicos, prestaron declaración ante el provisor, juez y vicario Juan de Cca Díez de Villarroel el 25 de agosto de 1766[237]. El resultado fue el siguiente:

- En relación a la albañilería el valor otorgado a la propiedad fue de 7.360 reales vellón.

- Por lo referente a la carpintería la suma ascendía a 4.475 reales vellón.

- La medición del terreno fija su extensión en 30 varas de oficio, que a razón de 37,5 reales vellón importa el total 1.125 reales vellón.

- La suma de las tres partidas anteriores establece el precio de venta provisional en 12.960 reales vellón.

---

237 AGI. *Bienes de difuntos: Diego de Peñalosa. Tasación realizada por los maestros de albañilería y carpintería Juan Guerrero y Juan Sánchez en relación a la casa de las hermanas Romero.* Contratación, 5631, N. 1, ramo 4, folios 107r-112r.

Las personas que aportan testimonio de veracidad insertos en el expediente fueron el oficial de la tesorería del ejército Julián Pastor, Manuel Fernández del Río, el racionero de la Catedral Juan Camuñez y el presbítero Bartolomé Velázquez[238]. Por su parte, en el documento de petición se acredita bajo juramento estar en disposición de certificados emitidos por el colector de la Catedral, por el procurador del Colegio de Trinitarios Descalzos y por el escribano de la Casa de la Misericordia de no estar sujeto ni el inmueble ni el terreno a más obligaciones que los dos expresados censos[239].

La liquidación presentada por el escribano José Ventura Borrero el 27 de agosto de 1766 quedó de la siguiente manera[240]:

Justificado del aprecio hecho por los maestros mayores de albañilería y carpintería del público desta plaza que dicha casa vale en venta, yncluso su terreno, doze mil nobecientos y sesenta reales vellón
12960

Vájanse de la referida cantidad dos mil seiscientos veinte y nuebe reales y catorse maravedís vellón los un mil //[129r] y quinientos por principal del censo de quarenta y cinco que en cada un año se pagan sobre dicha casa a la colecturía general de la santa yglesia desta plaza, y los un mil ciento veinte y nuebe reales y catorse maravedís por el de treinta y tres y treinta también anvos, que sufre a fabor de la santa y real casa de la misericordia desta dicha plaza, conciderados anvos a rasón de treinta y tres mil y un tercio el millar según la última real pragmática
2629 ¼

Quedan de valor líquido a la citada casa diez mil trescientos treinta reales y ve //[129v] inte maravedís vellón, según lo demuestra el margen
10330 20

Compruebase del citado aprecio e ynformación dada que la referida casa se halla arrendada en sesenta y siete reales y medio de vellón por cada un mes y regulada la renta anual por el enunciado arrendamiento mensual ymporta en cada un año ochocientos y diez reales de dicha moneda, se-

---

238 AGI. *Bienes de difuntos: Diego de Peñalosa. Declaración de testigos en relación a la casa de las hermanas Romero.* Contratación, 5631, N. 1, ramo 4, folios 114r-127r.

239 AGI. *Bienes de difuntos: Diego de Peñalosa. Petición dictada por Ignacio Carrasco proveedor de la Real Casa de la Misericordia, Juan y Martín de Peñalosa, y Ana Romero, Isabel Romero y Laurencia Romero para la venta de una casa a la obra pía.* Contratación, 5631, N. 1, ramo 4, folio 104r.

240 AGI. *Bienes de difuntos: Diego de Peñalosa. Liquidación efectuada por José Ventura Borrero en relación a la casa de las hermanas Romero.* Contratación, 5631, N. 1, ramo 4, folios 128r-130r.

gún los quales se manifiesta que después de pagados los réditos de dichos dos censos, toca algo más de un siete por ciento de rendimiento anual respecto de los expresados diez mil trescientos treinta reales y veinte maravedís, valor líquido de dicha casa y terreno. //[130r]

El auto se firma en Ceuta el 28 de agosto de 1766 quedando el precio de venta de la casa en 10.330 reales y 20 maravedís, como figura en la tabla anterior, al rebajarse el importe de los censos que tenía establecidos[241]. Queda pendiente de la autorización y libramiento de dinero por parte de la Real Audiencia de la Casa de Contratación de Indias para proceder con la compra definitiva de la finca.

5.2.4. Adquisición del grupo de viviendas del ramo 4° de la testamentaria de Diego de Peñalosa

El importe total de las 4 viviendas según la tasa y las liquidaciones judiciales practicadas era de 33.217 reales vellón y 32,5 maravedís, solicitándose la entrega íntegra de este caudal al apoderado Juan Esteban de Goyana en representación de la Santa y Real Casa de la Misericordia. Vistos los autos en la Audiencia se emite autorización favorable por parte del fiscal de Su Majestad en Cádiz, con fecha de 12 de septiembre de 1766[242]. En este documento se refleja la aceptación del expediente y el libramiento final de 33.218 reales vellón a extraer de la Caja de Bienes de Difuntos, en los que aún quedaba liquidez, pues recordemos que únicamente se habían extraído de ella 31.500 reales vellón de la última imposición y 1.172 reales vellón y 28 maravedís de las costas, del resto de 72.105 reales vellón existentes (4788 pesos de 128 cuartos, 2 reales y 29 maravedís). Según las cuentas de la fiscalía aún quedaban de remanente más de 6.100 reales vellón a disposición de la obra pía, no obstante, había que rebajar las costas causadas desde el 17 de abril de 1765 acreditadas por la escribanía de cámara de la Real Audiencia y que ascendían a 493 reales de plata de 16 cuartos más otros 2 cuartos de los subalternos[243]:

---

241   AGI. *Bienes de difuntos: Diego de Peñalosa. Auto en relación a la casa de las hermanas Romero.* Contratación, 5631, N. 1, ramo 4, folios 132r-134r.

242   AGI. *Bienes de difuntos: Diego de Peñalosa. Autorización del fiscal en relación a la compra de las cuatro viviendas contenidas en el ramo cuarto de la testamentaria de Diego de Peñalosa.* Contratación, 5631, N. 1, ramo 4, folios 145r-145v.

243   AGI. *Bienes de difuntos: Diego de Peñalosa. Costas autorizadas desde el 17 de abril de 1765 en relación a la testamentaria de Diego de Peñalosa.* Contratación, 5631, N. 1, ramo 4, folios 149v-150r.

Al ajente del señor fiscal, setenta y dos reales de plata de a diez y seis quartos   072

A la escribanía de cámara por todo lo actuado incluso el libramiento //[150r] que se ha de despachar y asistencia al entrego, obligación que se ha de otorgar y tres llevas de autos del oficial ciento y cinquenta y cinco reales de plata y seis quartos   155 6

Al procurador Hidalgo por la formación de los pedimientos con vista de los documentos producidos y demás actuado incluso el papel sellado, ochenta y cinco reales plata y ocho quartos   085 8

Al portero por las vistas quatro reales de plata y quatro quartos   004 4

Al relator por las vistas y tasación ciento setenta y seis reales de plata   176

    493 2

La escritura de venta de estas viviendas de Diego Carbonell se firmaron en Ceuta el 10 de noviembre de 1766 por el precio de su tasa[244]. Por su parte, la compra de la propiedad de Isabel de Mendoza y Peñalosa y sus hijos se emitió en Ceuta el 13 de noviembre de 1766[245]. Por último el inmueble de las hermanas Ana, Isabel y Laurenciana Romero se adquirió por documento notarial el 11 de noviembre de 1766[246], sumándose estas cuatro posesiones a los ya numerosos bienes pertenecientes a la obra pía de Diego de Peñalosa.

La notificación por parte del escribano José Ventura Borrero de haberse efectuado las compras adecuadamente a la Casa de Contratación se realizó el 17 de noviembre de ese mismo año[247]:

---

244   AGC. Fondo Casa de la Misericordia de Ceuta. "Libro de entablación del patronato de legos que fundó el mariscal de campo don Diego de Peñalosa". 1135. Signatura Caja 34, folio 18v.

245   AGC. Fondo Casa de la Misericordia de Ceuta. "Libro de entablación del patronato de legos que fundó el mariscal de campo don Diego de Peñalosa". 1135. Signatura Caja 34, folios 18r-18v.

246   AGC. Fondo Casa de la Misericordia de Ceuta. "Libro de entablación del patronato de legos que fundó el mariscal de campo don Diego de Peñalosa". 1135. Signatura Caja 34, folios 17v-18r.

247   AGI. *Bienes de difuntos: Diego de Peñalosa. Notificación a la Casa de Contratación de Indias de la compra de las dos casas de Diego Carbonell.* Contratación, 5631, N. 1, ramo 4, folios 152r-152v. AGI. *Bienes de difuntos: Diego de Peñalosa. Notificación a la Casa de Contratación de Indias de la compra de la casa de Isabel de Mendoza y Peñalosa y sus hijas.* Contratación,

(Al margen:) "Testimonio.

Joseph Ventura Borrero, escrivano de Su Magestad público del ayuntamiento y govierno desta fidelísima ciudad y plaza de Ceuta, doy fe que por escriptura ante mi y competente número de testigos el día diez del corriente don Diego Carbonell, canónigo de la Santa Yglesia Cathedral, theniente general de la guarnición extraordinaria y administrador del real hospital militar de esta dicha plaza, vendió al patronato y obra pía que mandó fundar en ella el mariscal de campo don Diego de Peñalosa dos casas que tenía proprias contigua la una a la otra, y anvas en el Callejón que llaman de don Diego Correa en la Almina desta plaza, en previo de tresce mil setecientos quarenta y nuebe reales, veinte y cinco maravedís y medio de vellón que recivió a mi presencia y la de dichos testigos, de la parte de la mencionada obra pía de que dio recivo, carta de pago y finiquito en forma a su fabor.

Y para que por ella se haga constar donde combenga y corresponda haverse combertido la expresada cantidad en la enunciada compra y no en otro fin de su pedimento //[152v] y con referencia a la citada escriptura que original queda en mi poder y registro.

Doy el presente en este papel por no usarse del sellado por real pribilegio en esta dicha ciudad y plaza de Ceuta a diez y siete de noviembre de mil setecientos sesenta y seis años.

Y lo signé y firmé en testimonio de verdad.
Joseph Ventura Borrero. *(rubricado)*
Escrivano de cavildo y público".

(Al margen:) "Testimonio.

Joseph Ventura Borrero, escrivano de Su Magestad público del ayuntamiento y govierno desta fidelísima ciudad y plaza de Ceuta, doy fe que por escriptura ante mi y competente número de testigos el día trece del corriente doña Ysabel de Mendoza y Peñalosa, viuda de Martín de Obedos y Viegas, por sí y como curadora de doña Rafaela de Obedos y Viegas, su hija, doncella, menor de edad, precedida judicial lizencia y el doctor don Francisco de Obedos y Viegas, presbítero, hijo y hermano

---

5631, N. 1, ramo 4, folios 154r-154v. AGI. *Bienes de difuntos: Diego de Peñalosa. Notificación a la Casa de Contratación de Indias de la compra de la casa de Ana Romero, Isabel Romero y Laurenciana Romero.* Contratación, 5631, N. 1, ramo 4, folios 156r-156v.

respective de las nominadas, vecinos desta plaza, vendieron al patronato y obra pía que mandó fundar en ella el mariscal de campo don Diego de Peñalosa unas casas proprias en la Almina desta dicha plaza y varrio que llaman de doña Simoa, en precio líquido de nuebe mil ciento treinta y siete reales y veinte y un maravedís vellón que recivieron de contado a mi presencia y la de dichos testigos, de la parte de la referida obra pía de que otorgadron recivo, carta de pago y finiquito en forma a su fabor.

Y perteneciendo de ellos a la insinuada menor por su respectiva porción dos mil doscientos ochenta y quatro reales y catorce maravedís vellón entraron para los pre //154v sisos fines de su manuntención y vestuario, en poder de la mencionada su madre, en virtud de providencia dada por el señor juez de la jurisdicción real ordinaria desta plaza.

Y para que por la citada parte de la obra pía se haga constar donde combenga y corresponda haverse combertido la enunciada íntegra cantidad en la expresada compra y no en otro destino de su pedimento y con referencia a la relacionada escriptura que original queda en mi poder y registro.

Doy el presente en este papel por no usarse del sellado por real pribilegio en esta dicha ciudad y plaza de Ceuta a diez y siete de noviembre de mil setecientos sesenta y seis años.

Y lo signé y firmé en testimonio de verdad.
Joseph Ventura Borrero. *(rubricado)*
Escrivano de cavildo y público".

(Al margen:) "Testimonio.

Joseph Ventura Borrero, escrivano de Su Magestad público del ayuntamiento y govierno desta fidelísima ciudad y plaza de Ceuta, doy fe que por escriptura ante mi y competente número de testigos el día once del corriente don Antonio Mondragón, capitán del reximiento de ynfantería fijo della, doña Ana Romero, su lexítima muger, doña Ysabel y doña Laurencia Romero, doncella y mayores de edad, vecinos de la misma, otorgaron escriptura por la que vendieron al patronato y obra pía que mandó fundar en esta plaza el mariscal de campo don Diego de Peñalosa una casa que tenía propria en la Calle de la Gloria, intramuros desta ciudad, en precio líquido de diez mil trescientos treinta reales y veinte maravedís vellón, que recivieron de contado a mi presencia y la de dichos testigos, de la parte de la citada obra pía de que dieron a su fabor recivo, carta de pago y finiquito.

Y para que por ella se haga constar donde combenga y corresponda haverse combertido la enunciada cantidad en la compra de la relacionada casa y no en otro fín de su pedimento y con referencia a la mencionada escriptura que original queda en mi poder y registro.

Doy el presente en este papel por no usarse del sellado por //[156v] real pribilegio en esta dicha ciudad y plaza de Ceuta a diez y siete de noviembre de mil setecientos sesenta y seis años.

Y lo signé y firmé en testimonio de verdad.
Joseph Ventura Borrero. *(rubricado)*
Escrivano de cavildo y público".

6

LAS PROPIEDADES QUE CONFORMAN EL LEGADO DE DIEGO DE PEÑALOSA. TERCER GRUPO DE ADQUISICIONES, 1771-1776

6.1. Compra de una huerta a Pedro de Obedos situada en el Callejón de los Remedios

Las posesiones de la fundación de Diego de Peñalosa daban sus frutos, con sus réditos se atendía los fines de su función, es decir, se destinaba una parte importante de sus beneficios para aliviar la situación de los parientes más necesitados del mariscal de campo, distribuyéndose el dinero en la forma acordada en la memoria del fundador. Por otro lado, también se realizaban otras obligaciones como era la reforma, mejora y otras obras de diferente envergadura de las que precisaran las propiedades para tenerlas en un correcto uso. No obstante, existían bastantes remanentes por lo que se decidió seguir invirtiendo en beneficio de la obra pía y seguir adquiriendo propiedades.

El día 2 de mayo de 1771 en el libro de entablamento del patronato queda reflejada la decisión de adquirir una huerta situada en el Callejón de los Remedios perteneciente al canónigo Pedro de Obedos[248]. El terreno lindaba por levante con la huerta de los herederos de Antonio Alburquerque, por poniente con el Callejón que llamaban de Domingo Fernández y por el norte con la huerta de los herederos de Pedro de Mendoza, sin que sobre él hubiera ningún tipo de carga, de censo o de gravamen. Así pues, con acuerdo de todas las partes se procedió a hacer efectiva su compra con fecha de 25 de mayo de 1771 por el importe de 4.140 reales

---

248   AGC. Fondo Casa de la Misericordia de Ceuta. "Libro de entablación del patronato de legos que fundó el mariscal de campo don Diego de Peñalosa". 1135. Signatura Caja 34, folio 21v.

vellón[249], sin que conozcamos más datos acerca de su extensión o contenido, pues sobre ella nada se notifica a las autoridades indianas al no proceder el dinero del caudal legado por Peñalosa.

6.2. Compra de una casa a José Correa de Afranca Taboada situada en la Calle del Espíritu Santo

En 1775 las autoridades indianas dictan un auto exponiendo que aún quedaba en la Caja de Bienes de Difuntos la cantidad de 349 pesos de 128 cuartos, 2 reales y 14 maravedís a disposición de la Real y Santa Casa de la Misericordia de Ceuta[250]. Además se recuerda que en camino venían 3.094 pesos y un real de plata doble procedente del apoderado Martín de Aróstegui de Veracruz que se debían sumar a la cifra anterior, sirviendo ambas partidas para la compra de alguna nueva propiedad. Quedan pendientes los 4.000 pesos restantes reservados para la celebración del juicio de residencia sobre el que, a estas alturas, aún no se tenían noticias del resultado y que como sabemos no tenemos constancia de su remisión desde tierras americanas.

Así pues, siendo convenientemente notificados del contenido del auto anterior, los responsables de la fundación de Diego de Peñalosa buscan una nueva posesión sobre la que invertir este caudal. La oportunidad le llega de manos de José Correa de Afranca y Taboada, cadete del regimiento de caballería de Alcántara, quien otorga poder a su abuela María Ximénez de Mendoza, viuda de Juan de Taboada, para que se encargue de realizar las gestiones pertinentes con el proveedor de la Real y Santa Casa de la Misericordia, que por aquel entonces era Jacinto Taboada y Mendoza, teniente coronel de infantería y comandante del regimiento fijo de Ceuta, con la anuencia de los hermanos Peñalosa[251].

La vivienda se localizaba en la Calle del Espíritu Santo, también llamada Calle del Coronel, intramuros de la ciudad, y constaba de casa y jardín. Como veremos a continuación la finca fue tasada en 5.327 reales de vellón, no obstante, el precio de venta fue fijado en 4.491 reales vellón, es decir, la cantidad líquida que quedaba remitida por la Casa de Contratación, haciendo la apoderada gracia

---

249 AGC. Fondo Casa de la Misericordia de Ceuta. "Libro de entablación del patronato de legos que fundó el mariscal de campo don Diego de Peñalosa". 1135. Signatura Caja 34, folio 21r.

250 AGI. *Bienes de difuntos: Diego de Peñalosa. Auto de los señores Antúnez y Romero sobre los fondos de la Caja de Bienes de Difuntos.* Contratación, 5631, N. 1, ramo 4, folios 167r-167v.

251 AGI. *Bienes de difuntos: Diego de Peñalosa. Testimonio de compra de la casa de José Correa de Afranca y Taboada.* Contratación, 5631, N. 1, ramo 4, folios 181r-182v.

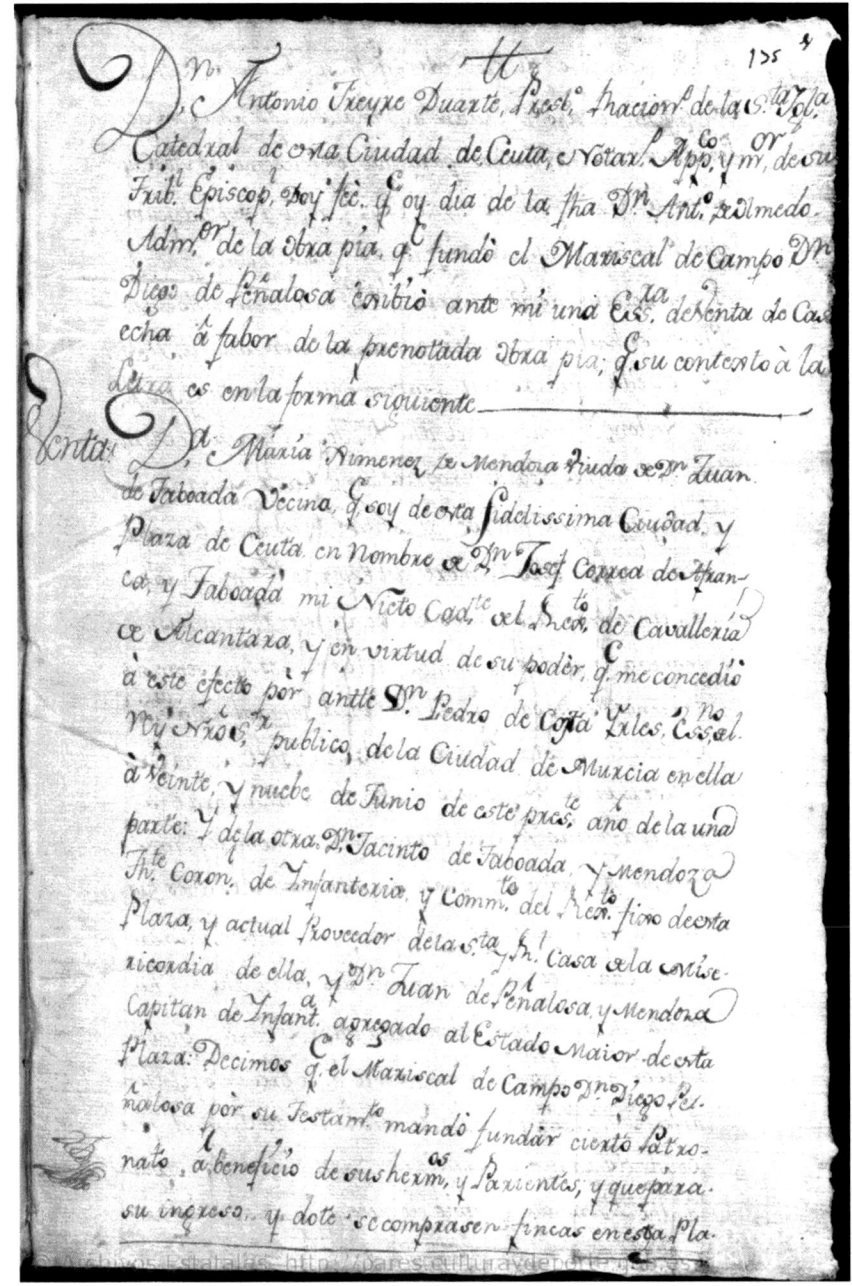

Figura 23. AGI. Bienes de difuntos: Diego de Peñalosa. Copia de escritura de venta de la casa de José Correa de Afranca y Taboada inserta en el ramo 4º de la testamentaria de Diego de Peñalosa. Contratación, 5631, N. 1, ramo 4, folio 187r.

y donación del importe restante al patronato y obra pía. En esta ocasión el pago por la casa se hizo de manera anticipada, es decir, antes de su otorgamiento, celebrándose la venta en el año 1776 ante el notario apostólico y mayor del tribunal episcopal Antonio Freyre Duarte[252], siendo proveído por Diego Pérez, presbítero del gremio y claustro de la Universidad de Alcalá de Henares, provisor y vicario general de Ceuta y su obispado.

Según se extrae del expediente la propiedad fue adquirida por José Correa de Afranca y Taboada el 11 de enero de 1762, habiendo pertenecido anteriormente a Juan de Valderrama y Chacón y Escolástica de Mendoza y Taboada, que la habían recibido a su vez como parte de una herencia familiar.[253] Sobre ella pesaban dos censos, uno de 24 reales vellón y 8 maravedís y otro de 50 reales vellón y 12 maravedís, anuales.

La tasación de la propiedad fue realizada por Juan Fernández y José Martín el 4 de febrero de 1776[254], de la declaración realizada por ambos se extrae, además de lo relativo a los conceptos del avalúo, información importante sobre la ubicación exacta de la finca y sus linderos:

> "... está en la ciudad en la Calle que llaman del Coronel con una puerta que cae a la Calle Larga que por un lado linda con Casas de las Ánimas en un callejón sin salida formando dicha casa un ángulo que mira a la parte de poniente y por sus espaldas linda con terrenos y casas de los herederos de Lorenzo Escobar..."[255].

Con respecto a la tasa, los conceptos tenidos en cuenta fueron los siguientes:

- La mampostería con que estaban construidas sus paredes: 2.810 reales vellón.

- Las tapias: 380 reales vellón.

- Las tejas: 286 reales vellón.

- Un pozo: 375 reales vellón.

---

252 Antonio Freyre Duarte era racionero de la Catedral de Ceuta.

253 AGI. *Bienes de difuntos: Diego de Peñalosa. Escritura de venta entre José Correa de Afranca y Taboada y Juan de Valderrama Chacón y Escolástica de Mendoza y Taboada de la propiedad vendida a la obra pía.* Contratación, 5631, N. 1, ramo 4, folio 191r.

254 AGI. *Bienes de difuntos: Diego de Peñalosa. Tasación realizada por Juan Fernández y José Martín en relación a la casa de José Correa de Afranca y Taboada.* Contratación, 5631, N. 1, ramo 4, folios 188v-189r.

255 AGI. *Bienes de difuntos: Diego de Peñalosa. Tasación realizada por Juan Fernández y José Martín en relación a la casa de José Correa de Afranca y Taboada.* Contratación, 5631, N. 1, ramo 4, folio 188v.

- La solería: 89 reales vellón.
- Los empedrados: 180 reales vellón.
- Un estanque: 100 reales vellón.
- Las maderas de la puerta, las ventanas, colgadizos y dos rejas pequeñas: 1.107 reales vellón.
- Total: 5.327 reales vellón.

Tras la emisión del certificado de utilidad[256] para la obra pía y la presentación de los testigos, que en este caso fueron el archivero de la Real y Santa Casa de la Misericordia Eugenio de Toledo y el teniente de guarda mayor de rentas Juan Asencio, se presentó la liquidación correspondiente teniéndose en cuenta el producto de su alquiler y sus cargas[257]:

		Reales vellón
Valor en renta anual	Según la tasación que en quatro de febrero del corriente año hicieron los architectos maestros mauires de reales obras de albañilería y carpintería de esta plaza consta valer su producto mensual quarenta y cinco reales vellón que asciende en todo el año a quinientos quarenta reales vellón	540
	Ymporta	540
Vajas de colecturía	Según certificación que dió en treinta y uno //202r de mayo del corriente año don Antonio Meus, canónigo colector general de esta Santa Yglesia resulta tener esta casa contra sí en cada un año y a fabor de ella	050 12
Misericordia	Por otra que con igual fecha entregó don Christóval de Pavía Hurtado de Mendoza, escrivano de la Real Casa de la Misericordia de esta plaza se acredita que dicha posesión la contribuie en cada un año con	024 8

---

256   AGI. *Bienes de difuntos: Diego de Peñalosa. Certificado de utilidad en relación a la casa de José Correa de Afranca y Taboada.* Contratación, 5631, N. 1, ramo 4, folios 198v-199r.

257   AGI. *Bienes de difuntos: Diego de Peñalosa. Liquidación en relación a la casa de José Correa de Afranca y Taboada.* Contratación, 5631, N. 1, ramo 4, folios 201v-202r.

Reparos	Para la conservación de esta casa y su posesión se necesita anualmente de sesenta reales vellón	060
	Resumen	134 20
	Valor en renta	0540
	Total de bajas	134 20
	Líquido producto anual	0405 14

La escritura de venta se firmó el 4 de septiembre de 1776 tal y como consta en el libro de entablamento del patronato de legos existente en el Archivo General de Ceuta[258].

6.3. Compra de una casa a Pedro de Obedos situada en el Callejón de los Remedios

La última vivienda adquirida por la fundación de Diego de Peñalosa fue costeada con dinero propio producido de los réditos de la totalidad de sus numerosas posesiones, al igual que ocurrió en el año 1771. En esta ocasión se compró de una casa situada en el Callejón de los Remedios, en una calle sin salida, al canónigo Pedro de Obedos a quien recordemos se había comprado en esta fecha una huerta situada en el mismo entorno. La escritura de venta se realizó en Ceuta el 30 de septiembre de 1776[259], con conformidad del provisor y vicario general Diego Pérez, de Juan de Peñalosa y del proveedor de la Casa de la Misericordia Jacinto de Taboada. Lo curioso de la descripción de su ubicación, siendo un dato este muy relevante, es que "por todas partes linda con casa de la dicha obra pía", acreditándose de este modo el amplio patrimonio adquirido con dinero indiano en la zona más céntrica e importante de la ciudad.

---

258 AGC. Fondo Casa de la Misericordia de Ceuta. "Libro de entablación del patronato de legos que fundó el mariscal de campo don Diego de Peñalosa". 1135. Signatura Caja 34, folio 27r-27v.

259 AGC. Fondo Casa de la Misericordia de Ceuta. "Libro de entablación del patronato de legos que fundó el mariscal de campo don Diego de Peñalosa". 1135. Signatura Caja 34, folio 27v-28r.

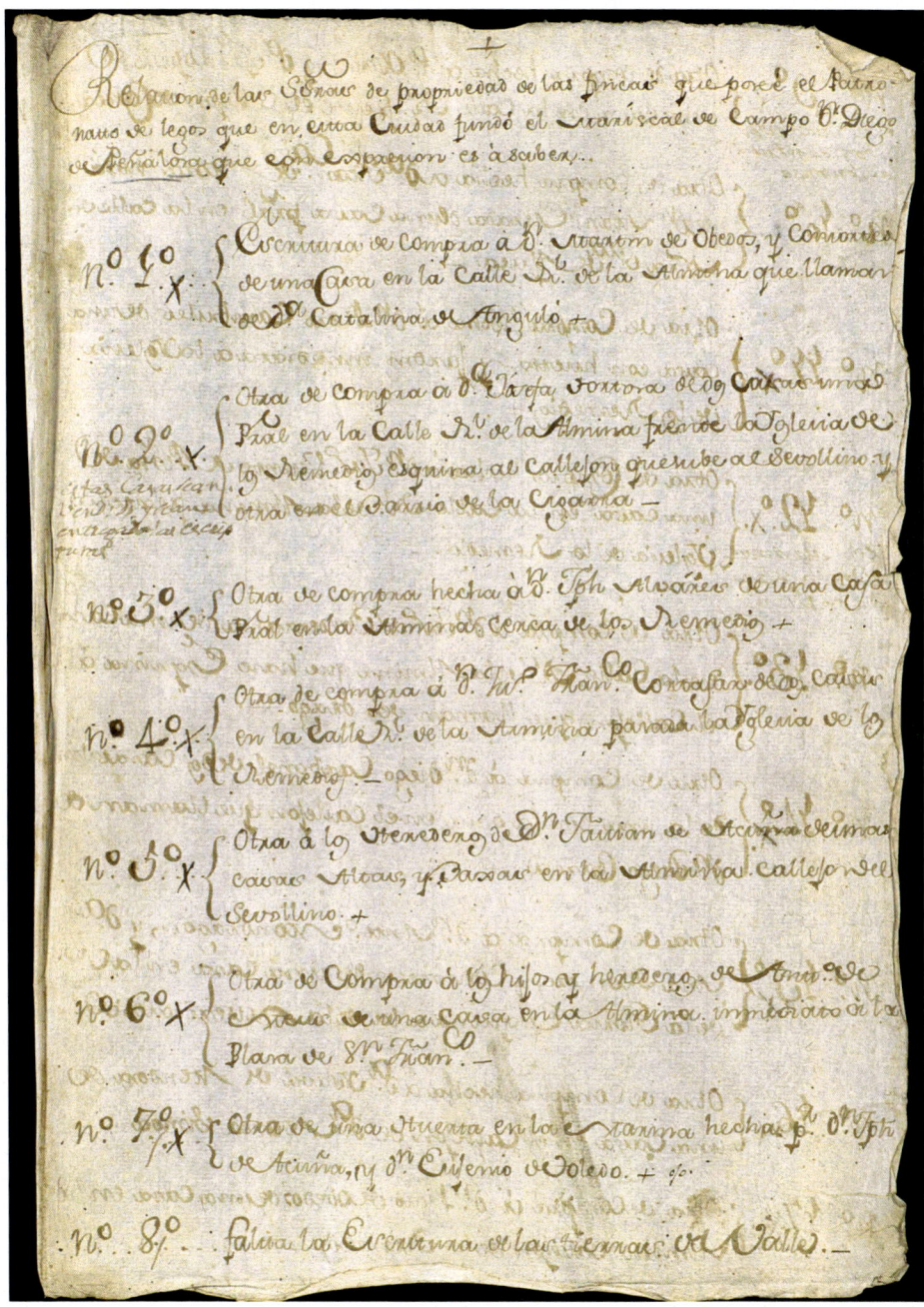

Figura 24. AGC. Fondo Casa de la Misericordia de Ceuta. "Relación de las escrituras de propiedad que posee el patronato de legos que en esta ciudad fundó el mariscal de campo don Diego de Peñalosa". 1141. Signatura Caja 35, folios 1r-2v.

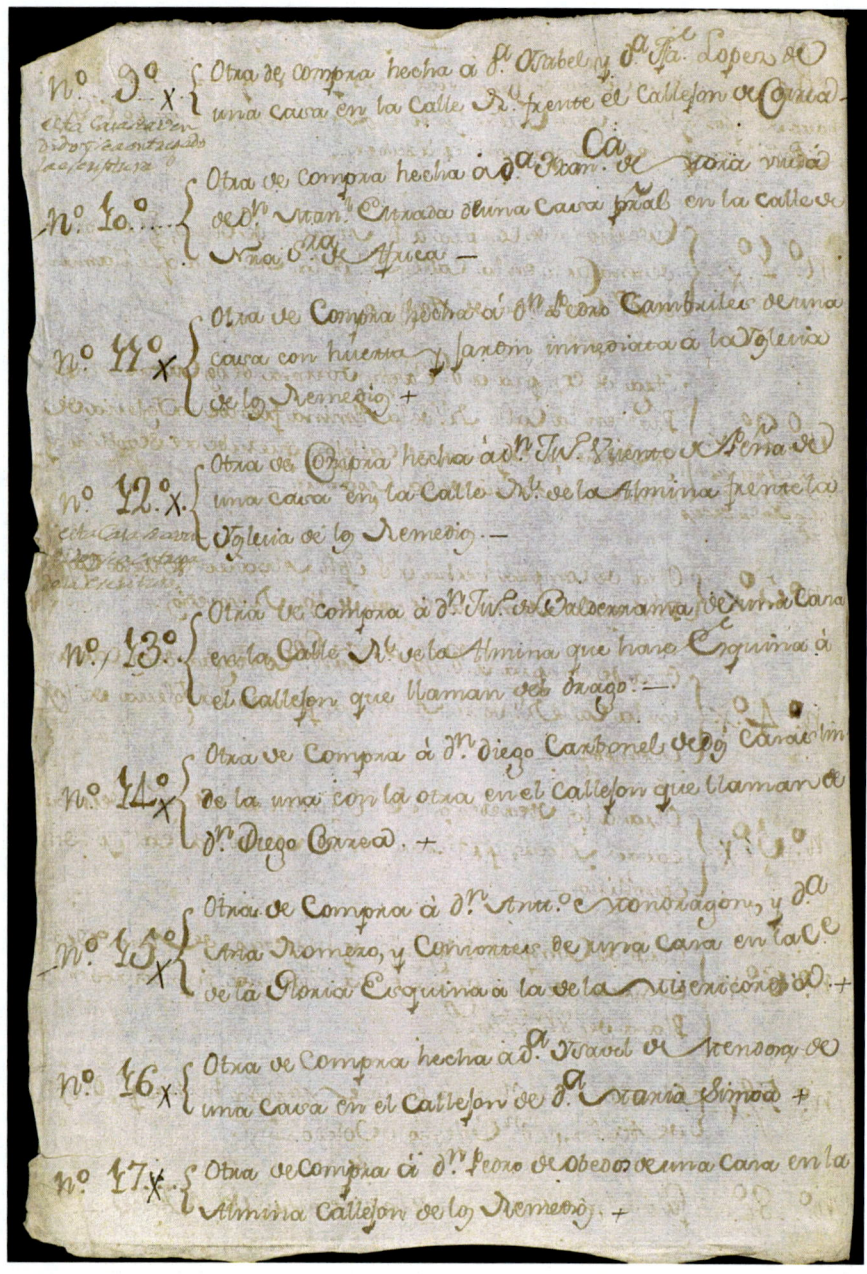

Figura 25. AGC. Fondo Casa de la Misericordia de Ceuta. "Relación de las escrituras de propiedad que posee el patronato de legos que en esta ciudad fundó el mariscal de campo don Diego de Peñalosa". 1141. Signatura Caja 35, folios 1r-2v.

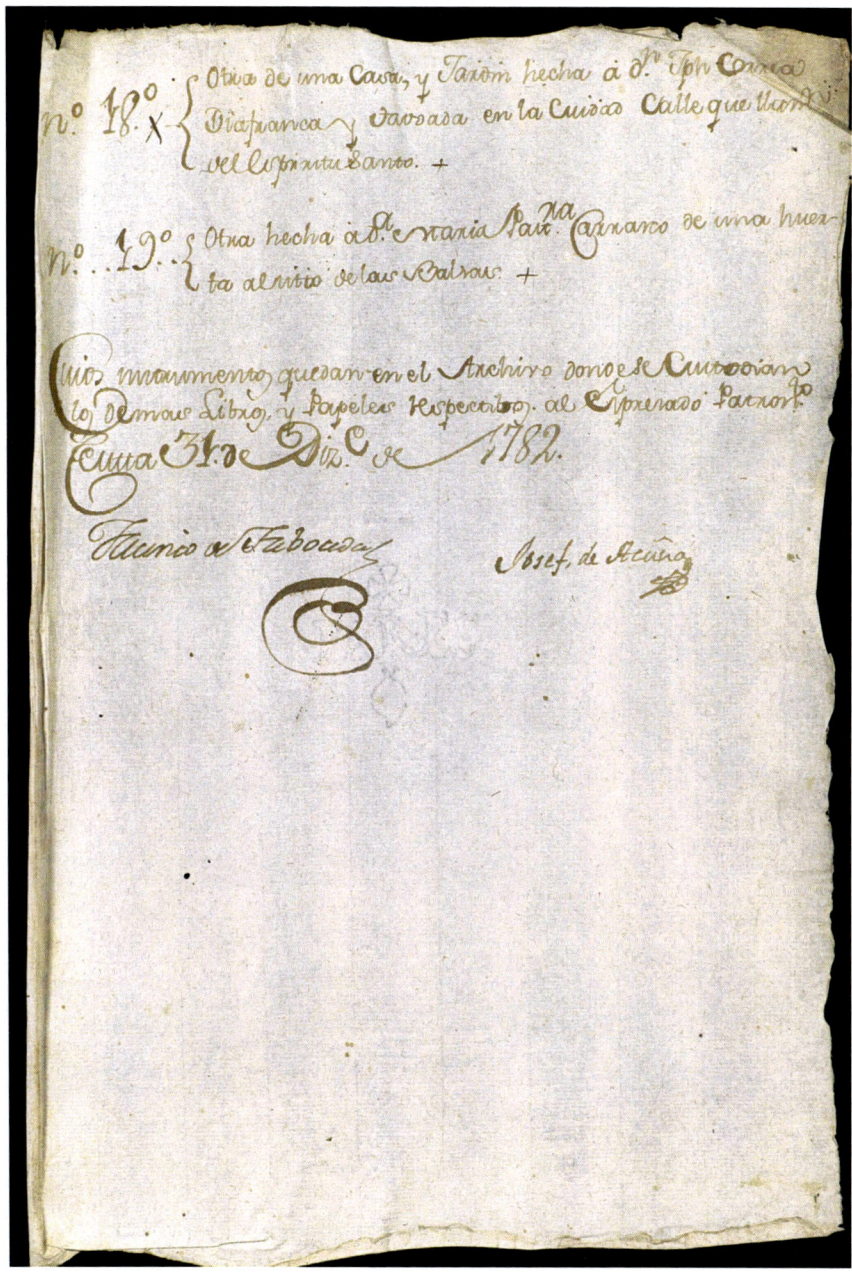

Figura 26. AGC. Fondo Casa de la Misericordia de Ceuta. "Relación de las escrituras de propiedad que posee el patronato de legos que en esta ciudad fundó el mariscal de campo don Diego de Peñalosa". 1141. Signatura Caja 35, folios 1r-2v.

7

EL DESTINO DE LA OBRA PÍA

El legado Peñalosa constituye una de las fundaciones benéficas más importantes de la Ceuta del siglo XVIII, al igual que la figura del mariscal de campo es uno de los exponentes más señeros de la relación cultural y política entre esta ciudad norteafricana y América, pues recordemos fue gobernador de La Habana y de Veracruz. Su historia, que conecta tres continentes, aun requiere de estudios de profundidad, sobre todo de su labor en territorio cubano y mexicano, aunque ya advertimos que es escasa o nula la documentación conservada en los archivos de estos países que nos permitan conocer mejor sobre la administración de Diego de Peñalosa y sus decisiones de gobierno.

Ahora bien, devolviendo la mirada a Ceuta, teniendo en cuenta la escasa extensión geográfica de esta ciudad y sus censos aproximados de población para los siglos de la edad moderna[260], sorprende el patrimonio adquirido para su im-

---

260 Según nos informa Carmona Portillo, en 1595 el obispo Pereira notificaba que Ceuta contaba con 2.340 habitantes (CARMONA PORTILLO, Antonio. *Ceuta española en el Antiguo Régimen de 1640 a 1800. Análisis demográfico y socioeconómico del segundo período de la presencia española en la ciudad.* Ceuta. Consejería de Cultura, 1996, pág. 466). Mascareñas afirma que en 1648, ocho años después de la independencia de Portugal, vivían en Ceuta unas 1900 personas (MASCAREÑAS, Jerónimo. *Historia de la ciudad de Ceuta (única plaza de Portugal y sus conquistas que conservó la debida obediencia al Rey N.S.), sus sucesos militares y políticos; memorias de sus Santos y Prelados y elogios de sus Capitanes Generales.* Edición de la Biblioteca Digital Hispánica, 1671, pág. 16, disponible en: https://datos.bne.es/edicion/a5035745.html). Esta cifra, que se considera escasa o parcial, se ve incrementada con la llegada de militares a raíz del asedio de Muley Ismail, llegándose a calcular en 1718 una población de 6.695 personas (CARMONA PORTILLO, Antonio. "Ceuta bajo los Austrias". En VILLADA PAREDES, Fernando (Coord.). *Historia de Ceuta. De los orígenes al año 2000.* Tomo II. De los Austrias al siglo XXI. Ceuta: Instituto de Estudios Ceutíes y Ciudad Autónoma de Ceuta, 2009, pág. 45 y MARTÍN CORRALES, Eloy. "El vecindario de Ceuta de 1718". En: *Actas del I Congreso Internacional del Estrecho de Gibraltar.* Vol. III. Madrid, 1988, págs. 145-158). Cifra que aumentaría hasta las 8.922 personas en 1721, estancándose a lo largo del siglo XVIII pues en 1797 se vuelve a contabilizar una cifra similar, fijándose en 8.954 almas (CARMONA PORTILLO, Antonio. *Ceuta española en el Antiguo Régimen de 1640 a 1800.*

posición en la obra pía, lo que nos permite hacernos una idea de lo que supuso a nivel social su fundación así como del impacto económico generado. Como hemos comprobado, con el dinero remitido por este indiano se adquirieron una veintena de viviendas con su terreno colindante, algunas de ellas con jardín particular diferenciado, además de tres huertas y una hacienda. La mayoría de las fincas estaban localizadas en el sector más rico de la ciudad, en el entorno entre la Calle Real y la Iglesia de Nuestra Señora de los Remedios, aún hoy centro neurálgico extendido de la ciudad, lo que nos da cuenta del montante del caudal acumulado por Diego de Peñalosa a lo largo de los años (Figuras 27 y 28).

La extensión del patrimonio comprado para la fundación en el entorno de los Remedios fue tal que en la última de las propiedades adquiridas, recordemos al canónigo Pedro de Obedos en 1776, al hacer referencia a las lindes del terreno donde se asentaba la vivienda se especifica que, como ya advertimos, "por todas partes linda con casa de la dicha obra pía"[261], siendo una prueba más que evidente de la impronta de este legado que obtenía réditos nada desdeñables. De hecho, esta última propiedad mencionada así como una huerta adquirida al mismo religioso

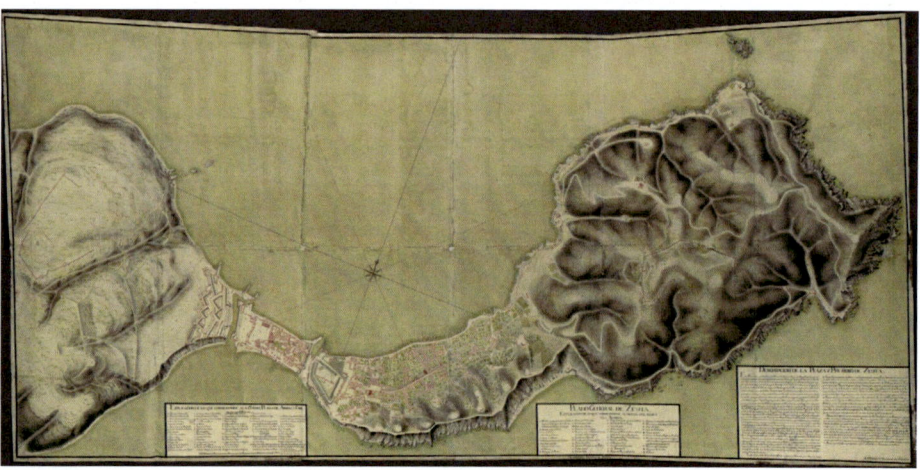

Figura 27. Plano general de Ceuta, 1759. Esteban de Panón. Biblioteca Digital Hispánica. Biblioteca Nacional de España. Signatura MR/42/381

Análisis demográfico y socioeconómico del segundo período de la presencia española en la ciudad. Ceuta: Consejería de Cultura, 1996 y CARMONA PORTILLO, Antonio. *Historia de una ciudad fronteriza. Ceuta en la Edad Moderna.* Málaga: Sarriá, 1997).

261   AGC. Fondo Casa de la Misericordia de Ceuta. "Libro de entablación del patronato de legos que fundó el mariscal de campo don Diego de Peñalosa". 1135. Signatura Caja 34, folios 27v-28r.

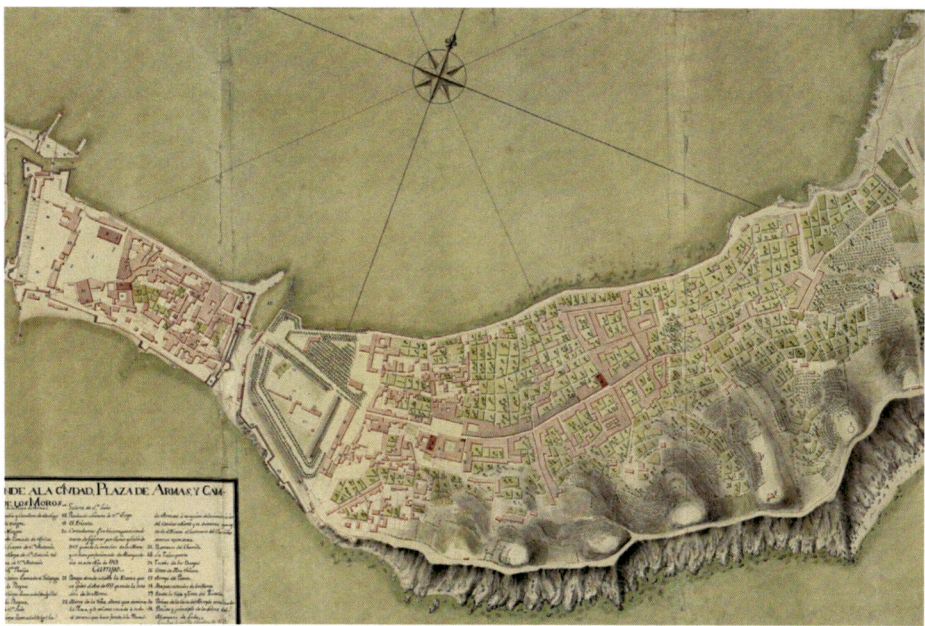

Figura 28. Plano general de Ceuta, 1759, detalle. Esteban de Panón. Biblioteca Digital Hispánica. Biblioteca Nacional de España. Signatura MR/42/381

en 1771 se compraron con el remanente de dinero del propio patronato y no del caudal directo de Diego de Peñalosa, que a estas alturas ya estaba prácticamente agotado, quedando algunas partidas monetarias en la Caja de Difuntos de la Casa de Contratación de Indias. Se demuestra así que la fundación no solamente atendía los fines piadosos para los que fue instituida sino que además en pro de su mayor gloria y fortaleza siguió ampliando sus posesiones conformando un conjunto de propiedades envidiables en la ciudad.

No obstante, la huella americana presente de alguna manera a través de esta fundación pía así como la memoria de Diego de Peñalosa y Mendoza se fueron diluyendo paulatinamente con el tiempo, a pesar de que se siguieron celebrando los aniversarios y memorias anuales de manera rigurosa, como vimos, por parte de la Santa y Real Casa de la Misericordia, custodio de su legado.

La amplia familia del mariscal de campo, mucha de ella afincada en Ceuta, se benefició durante largas décadas de las rentas del patronato, como así demuestra la documentación conservada en el Archivo General de Ceuta, siendo numerosos los acrehedores de la obra pía que recordemos beneficiaba a las mujeres necesitadas antes del socorro de los varones (Figura 29). Así, en la imagen que se muestra a continuación puede reconocerse a Juan y a Martín de Peñalosa, aunque todos entendemos que eran familiares directos o parientes del fundador, requisito indispensable para optar a alguna ayuda económica. Del resto de nombres de la relación únicamente se ha podido reconocer a Manuela de Andrade, viuda de José Villalba y sobrina de Diego de Peñalosa; a Francisca de Andrade, hija de Francisco de Andrade y Peñalosa y nieta de Isabel Peñalosa, hermana del mariscal de campo, y a Gertrudis Zapata y Altamirano, madre de Josefa Díez y Zapata a quien se menciona como sobrina del indiano.

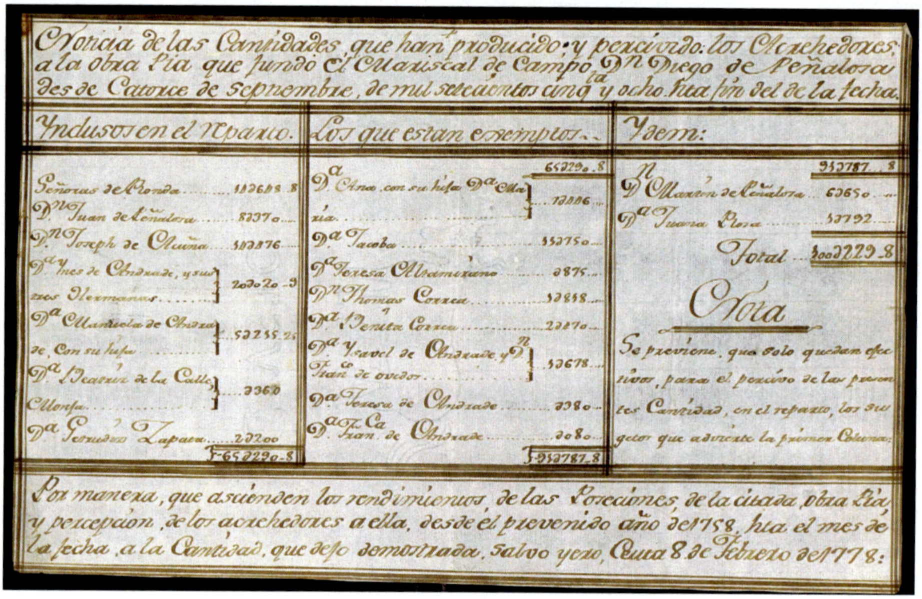
Noticia de las Cantidades que han producido, y percivido los Acrehedores a la obra Pia que fundó el Mariscal de Campo Dn Diego de Peñalosa desde Catorce de septiembre, de mil setecientos cinqta y ocho hasta fin del de la fecha.

Incluidos en el reparto.		Los que estan exemptos.		Ydem:	
			652290.8		352787.8
Señoras de Ronda	132628.8	Da Ana con su hija Da Maria	12006	Dn Martin de Peñalosa	63650
Dn Juan de Peñalosa	82370	Da Jacoba	352750	Da Juana Plora	32792
Dn Joseph de Acuña	302876	Da Teresa Altamirano	2875	Total	3002229.8
Da Ynes de Andrade, y sus dos Hermanos	202020.3	Dn Thomas Correa	32858		
Da Manuela de Andrade, con su hija	52255.25	Da Benita Correa	22870		
Da Beatriz de la Calle Mensa	2360	Da Ysavel de Andrade y Dn Fran.co de ovedos	32678		
Da Gertrudis Zapata	22200	Da Teresa de Andrade	2380		
		Da Fran.ca de Andrade	2080		
	652290.8		352787.8		

Nota

Se previene, que solo quedan efectivos, para el percivo de las presentes Cantidad, en el reparto, los sugetos que advierte la primera Columna:

Por manera, que ascienden los rendimientos, de las Porciones, de la citada, obra Pia, y percepcion, de los acrehedores a ella, desde el prevenido año de 1758, hasta el mes de la fecha, a la Cantidad, que dejo demostrada, salvo yerro, Ceuta 8 de Febrero de 1778:

Figura 29. AGC. Fondo Casa de la Misericordia de Ceuta. "Documentos correspondientes a la obra pía fundada por el mariscal de campo don Diego de Peñalosa". 1139. Signatura Caja 34, folio 28.

En el libro segundo de cuentas de los administradores de la obra pía conservado en este mismo archivo puede consultarse la relación de ingresos en concepto de alquileres de las propiedades vinculadas a la fundación así como el reparto de los réditos entre los familiares y parientes[262] (Figura 30). Los datos se inician en el año 1780 siendo el administrador José González Chico, patrono Jacinto de Taboada como proveedor de la Santa y Real Casa de la Misericordia y como

262 AGC. Fondo Casa de la Misericordia de Ceuta. "Libro segundo de las cuentas de cargo y data de los administradores de la obra pía fundada por el mariscal de campo don Diego de Peñalosa". 1136. Signatura Caja 34, folio 1r.

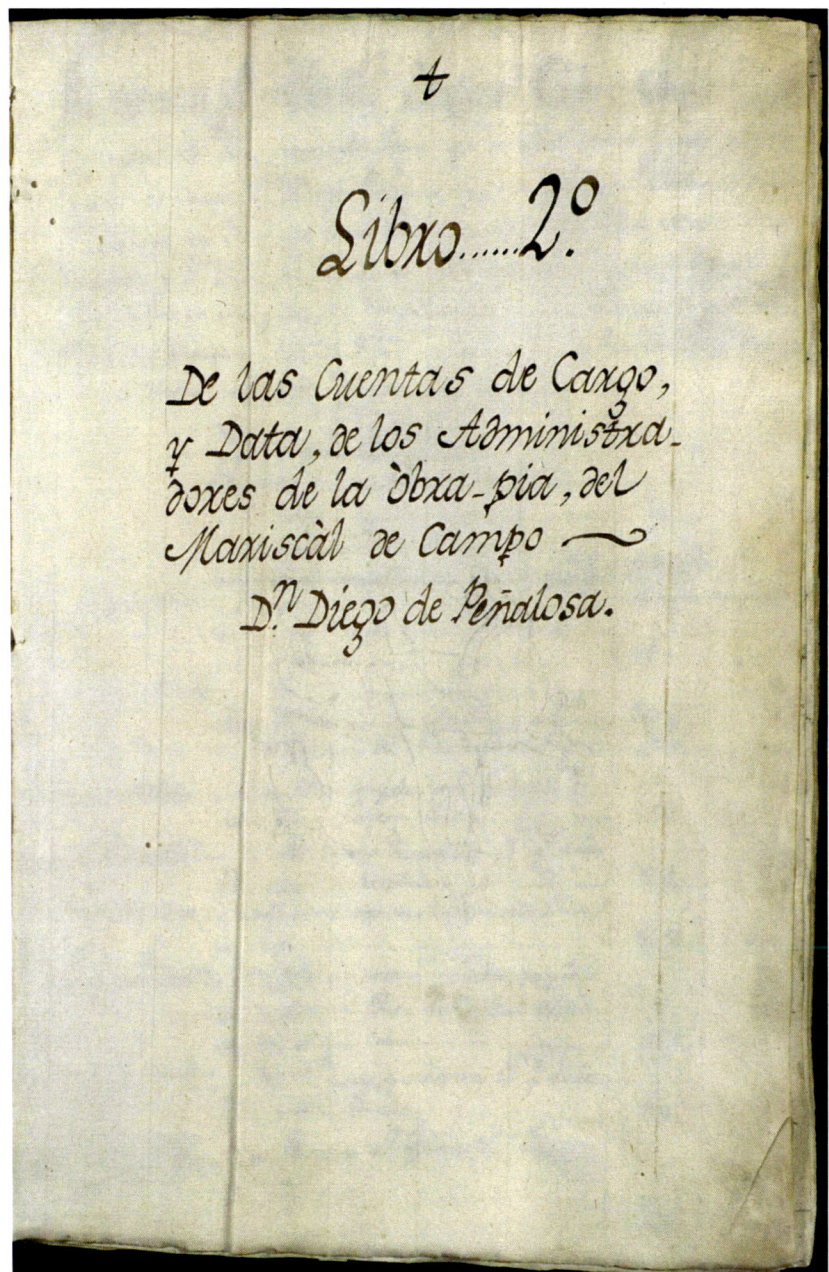

Figura 30. AGC. Fondo Casa de la Misericordia de Ceuta. "Libro segundo de las cuentas de cargo y data de los administradores de la obra pía fundada por el mariscal de campo don Diego de Peñalosa". 1136. Signatura Caja 34, folio 1r.

interventor testamentario Juan de Peñalosa, las cuentas llegan hasta 1839 y son bastante exaustivas.

La suerte de la obra pía de Diego de Peñalosa entendemos fue paralela al destino de la Casa de la Misericordia. Esta institución entraría en crisis a mediados del siglo XIX aunque la desaparición no se produce hasta un tiempo después. Se diluye de esta manera un legado muy rico que procedente de América se amplificó, como hemos analizado, en suelo ceutí, funcionando durante más o menos un siglo, adaptándose a los nuevos tiempos y circunstancias, hasta que finalmente desapareció, perdiéndose la memoria del que fuera gobernador de la plaza de La Habana y de Veracruz.

8
BIBLIOGRAFÍA

ALFONSO MOLA, Marina. El tráfico marítimo de la Carrera de Indias en las agitadas aguas de las independencias. En: SILVA, Hernán A. (Coord). *Historia económica del cono sur de América: Argentina, Bolivia, Brasil, Chile, Paraguay y Uruguay. La era de las revoluciones y la independencia.* Instituto Panamericano de Geográfia e Historia, 2010, págs. 93-129.

CALCAGNO, Francisco. *Diccionario Biográfico Cubano.* New York: Imprenta de N. Ponce de León, 1878, pág. 487.

CÁMARA DEL RÍO, Manuel. "Beneficencia y asistencia social: La Santa y Real Hermandad, Hospital y Casa de Misericordia de Ceuta". Ceuta: Instituto de Estudios Ceutíes, 1996.

CARMONA PORTILLO, Antonio. *Ceuta española en el Antiguo Régimen de 1640 a 1800. Análisis demográfico y socioeconómico del segundo período de la presencia española en la ciudad.* Ceuta: Consejería de Cultura, 1996.

CARMONA PORTILLO, Antonio. *Historia de una ciudad fronteriza. Ceuta en la Edad Moderna.* Málaga: Sarriá, 1997.

CARMONA PORTILLO, Antonio. "Ceuta bajo los Austrias". En: VILLADA PAREDES, Fernando (Coord.). *Historia de Ceuta. De los orígenes al año 2000.* Tomo II. De los Austrias al siglo XXI. Ceuta: Instituto de Estudios Ceutíes y Ciudad Autónoma de Ceuta, 2009, págs. 15-63.

CONTRERAS-GUERRERO, Adrián. "Tras la huella indiana. Patrocinio novohispano en la provincia de Granada". En: QUILES, Fernando; AMADOR, Pablo y FERNÁNDEZ, Marta (eds.). Tornaviaje. Tránsito artístico entre los virreinatos americanos y la metrópolis. Santiago de Compostela-Sevilla: Andavira, EnredARS, Universidad Pablo de Olavide, 2020, pp. 355-390.

CORREA DA FRANCA, Alejandro. *Historia de Ceuta.* Manuscrito de la Biblioteca Nacional. AFR C 7050-20.

ESPINOSA SPÍNOLA, Gloria y ROMERO-SÁNCHEZ, Guadalupe. "Riquezas de Indias en Andalucía: poder, dinero y promoción artística. Aproximación a un estado de la cuestión". En: ALONSO, GÓMEZ, POLO, SAZATORNIL y VILLASEÑOR (EDS). *La formación artística: creadores, historiadores, espectadores.* Santander: Editorial Universidad de Cantabria, 2018, págs. 1421-1432.

GARAVAGLIA, Juan Carlos y MARCHENA FERNÁNDEZ, Juan. América Latina de los orígenes a la Independencia. Barcelona: Crítica, 2005.

GARCÍA-ABÁSOLO, Antonio. "Vida cotidiana y patrimonio". En: López Guzmán, Rafael (coord). *Patrimonio histórico. Difusión e imbricación americana.* Sevilla, Universidad Internacional de Andalucía, 2013, págs. 117-143.

GARCÍA-BAQUERO GONZÁLEZ, Antonio, *La Carrera de Indias. Suma de la contratación y océano de negocios.* Sevilla: Algaida, 1992.

GÓMEZ BARCELÓ, José Luis. "El fondo de la Santa y Real Hermandad y Casa de la Misericordia del Archivo General de Ceuta". En: CAMACHO MARTÍNEZ, Rosario; ESCALANTE JIMÉNEZ, José; ROMERO TORRES, José Luis; GÓMEZ BARCELÓ, José Luis y SÁNCHEZ LÓPEZ, Juan Antonio (eds.). *Archivos y fondos documentales para la historia del Patrimonio Cultural de las Hermandades.* Málaga: Excelentísimo Ayuntamiento de Málaga y Archivo histórico Municipal, 2004.

GUTIÉRREZ ÁLVAREZ, José Juan. *Ceuta en América I. México.* Ceuta: Ciudad Autónoma de Ceuta, Consejería de Educación, Cultura y Deporte, 2003.

GUTIÉRREZ ÁLVAREZ, José Juan y GUTIÉRREZ MICÓ, Rocío. *Ceuta en América II. Venezuela, Colombia y Cuba.* Ceuta: Ciudad Autónoma de Ceuta, Consejería de Educación, Cultura y Deporte, 2006.

HERRERA GARCÍA, Francisco J. "*Una estampa de muy poco valor.* Imagen, devoción y discriminación étnica en torno a la creación de una hermandad novohispana". En: FERNÁNDEZ VALLE, María de los Ángeles; OLLERO LOBATO, Francisco y REY ASHFIELD, William (Eds). *Arte y patrimonio en España y América.* Montevideo: Editorial Universidad de la República, 2014, págs. 163-186.

LÓPEZ GUZMÁN, Rafael (coord). *Patrimonio histórico. Difusión e imbricación americana.* Sevilla: UNIA, 2013.

MAURICIO, Luis. "Diego de Peñalosa. Ceuta, 1708-1755 Alta mar. Mariscal de campo, Gobernador de la isla de Cuba 1746-1747, Gobernador de Veracruz (Nueva España) 1747-1754". *El pueblo de Ceuta,* agosto, 2017.

MARTÍN CORRALES, Eloy. "El vecindario de Ceuta de 1718". En: *Actas del I Congreso Internacional del Estrecho de Gibraltar.* Vol. III. Madrid: UNED - Universidad Nacional de Educación a Distancia, 1988, págs. 145-158.

MASCAREÑAS, Jerónimo. *Historia de la ciudad de Ceuta (única plaza de Portugal y sus conquistas que conservó la debida obediencia al Rey N.S.), sus sucesos militares y políticos; memorias de sus Santos y Prelados y elogios de sus Capitanes Generales.* Edición de la Biblioteca Digital Hispánica, 1671. Disponible en: https://datos.bne.es/edicion/a5035745.html

MENDES DRUMOND BRAGA, I.M.R. Y DRUMOND BRAGA, P. *Ceuta portuguesa (1415-1656),* Ceuta: Instituto de Estudios Ceutíes, 1998.

MONTES GONZÁLEZ, Francisco. "La Divina Pastora de las Almas. Una imagen sevillana para el Nuevo Mundo". En: LÓPEZ GUZMÁN, Rafael (Coord). *Andalucía y América. Cultura artística.* Granada: Editorial Atrio y Editorial de la Universidad de Granada, 2009.

MONTES GONZÁLEZ, Francisco. "Divina Pastora. Sevilla". En: LÓPEZ GUZMÁN, Rafael y MONTES GONZÁLEZ, Francisco (Coords). *Religiosidad andaluza en América. Repertorio iconográfico.* Granada: Editorial de la Universidad de Granada, 2017, págs. 215-259.

Nadal y Cañellas, Juan. "La abolición de la Orden del Temple y su gestación". *BSAL*, 66(2010), 35-50.

PEZUELA, Jacobo de la. *Diccionario Geográfico, Estadístico e Histórico de la Isla de Cuba.* Volumen I. Imprenta del Establecimiento de Mellado, 1863, pág. 191.

PEZUELA, Jacobo de la. *Historia de la Isla de Cuba.* Volumen II. Madrid: Carlos Bailly -Baylliere, 1868, pág. 408.

Memorias de la sociedad patriótica de La Habana. Tomo XI. La Habana: Imprenta del Gobierno y Capitanía General por Su Magestad, 1840, pág. 369.

Real Academia de la Historia de España (https://dbe.rah.es/biografias/87204/diego-de-penalosa

ROMERO-SÁNCHEZ, Guadalupe. "Devoción y poder. Legados transoceánicos a conventos carmelitas andaluces". *Ars Bilduma*, 10, 2020, pp. 37-47.

ROMERO-SÁNCHEZ, Guadalupe (Ed). *Construyendo patrimonio: mecenazgo y promoción artística entre Andalucía y América.* Castellón: Servei de Comunicació y Publicació de la Universidad Jaume I, 2019.

ROMERO-SÁNCHEZ, Guadalupe. "Legados de Ultramar. Las donaciones de José de Montalvo y Palma al convento de Nuestra Señora de Gracia de Granada". En: QUILES GARCÍA, Fernando y LÓPEZ PÉREZ, María del Pilar (Eds). *Barroco vivo, barroco continuo.* Bogotá-Sevilla: Universidad Nacional de Colombia- Enredars, 2019, pp. 40-51.

ROMERO-SÁNCHEZ, Guadalupe. "Tesoros viajeros. Mecenazgo y coleccionismo americano en Andalucía". En: AA.VV. *Desde América del Sur. Arte virreinal en Andalucía.* Catálogo de la Exposición. Granada: Proyecto I+D+i "Patrimonio artístico y relaciones culturales entre Andalucía y América del Sur" [Referencia HAR2014-57354-P]. Ministerio de Economía y Competitividad, 2017, págs. 86-90.

ROS Y CALAF, Salvador. *Historia eclesiástica y civil de la célebre ciudad de Ceuta.* Ceuta, 1912.

RUIZ OLIVA, José Antonio. *Ingenieros militares del siglo XVIII en Ceuta y América.* Ceuta: Instituto de Estudios Ceutíes, 2017.

SEVILLA SEGOVIA, Alejandro. *Hermandades y Cofradías de Ceuta. Aproximación a su historia.* Ceuta: Consejo de HHCC de la Ciudad de Ceuta, 2007.

TAYLOR, William. "*Aquí andaba la mano de Dios*: inicios de la devoción a la Divina Pastora en Veracruz, 1744-1755". *Historias*, 78 (ene-abr/2011): 85-99.

VALDÉS; Antonio J. *Historia de la Isla de Cuba y en especial de La Habana.* Volumen I. La Habana: Oficina de la Cena, 1813, pág. 107.

VILLATORO IGLESIAS, Fernando, 2011: https://www.academia.edu/16660523/ El_Infante_D_Enrique_Maestre_de_la_Orden_de_Cristo

APÉNDICE
DOCUMENTAL

ANEXO 1

1751, agosto, 26. Veracruz.
Bienes de difuntos: Diego de Peñalosa. Poder para testar.
AGI. Contratación, 5631, N. 1, ramo 1, folios 22r-27r.

(Al margen:) "Poder para testar.

En el nombre de Dios Nuestro Señor todo poderoso amén, yo don Diego de Peñalosa, brigadier de los reales exérçitos, governador, político y militar actual de esta çiudad y del castillo y real fuerza de San Juan de ulúa, por Su Magestad, natural de la çiudad de Zeuta, hijo lixítimo de don Jorge de Peñalosa y doña María de Mendosa Villalovos, difuntos que santa gloria ayan, vezinos que fueron de dicho Zeuta, estando bueno y sano del cuerpo y la voluntad en mi libre juicio, memoria y entendimiento natural el que Dios Nuestro Señor ha cido servido darme, creyendo //²²ᵛ como firme y verdaderamente creo y confieso el divino misterio de la santísima trinidad, Dios Padre, Dios Hijo y Dios Espíritu Santo, tres personas distintas y un solo Dios verdadero y en todo lo demás que cree, predica y enseña nuestra santa madre ygleçia cathólica de Roma, vajo de cuya fe y crehencia e vivido y protexto vivir y morir como cathólico fiel christiano, temeroso de los futuros contingentes de la muerte que es natural a toda viviente criatura y que no me coja sin tener hecha mi última dispoçisión y que algunas ocupaçiones que me ocurren no me dan lugar por ahora a proçeder a la facción de mi testamento con el espaçio que se requiere y mediante a que el estado //²³ʳ de mis negoçios y dependençias, descargos de mi conciensia y vien de mi alma las tengo comunicadas con don Martín de Miranda y Thellechea, don Fernando Bustillo, ambos alcaldes ordinarios, en la actualidad por Su Magestad y don Thomás Pérez, rexidor perpétuo por lo qual en la más vastante forma que aya lugar por derecho, otorgo que les doi mi poder cumplido el que se requiere y sea necesario, em primero lugar al dicho don Martín de Miranda y Thellechea y por su falta auçensia u otro justo ympedimento al mencionado don Fernando Bustillo y por la de ambos al expresado don Thomás Pérez, expecial para que en mi nombre después de mi falleçimiento dentro o fuera del término que la ley real //²³ᵛ de Toro dispone, hagan y otorguen mi testamento con las cláusulas, legados y dispoçisiones que les tengo comunicado arreglándose procesamente a una memoria que hallarán entre mis papeles, firmada de mi puño, sin que ynnoven en cosa alguna, y es mi voluntad que quando la de la divina magestad fuere servido llebarme mi cuerpo sea vestido según ordenanzas militares, y al respective de mi grado y empleo, y sepuntado en el comvento de nuestro padre

165

Santo Domingo aun lado de la Capilla de Nuestra Señora del Rosario que se venera en su ygleçia, y si el día de mi entierro fuere hora de celebrar o sino el siguiente se cante por mi alma una misa de requien ofiçiada por dicha comunidad y sino huviere vastantes religiosos concurran los del //²⁴ʳ orden de Nuestra Señora de la Merzed, disponiéndose lo que va prebenido por mis albazeas con la decensia que sea correspondiente sin que se estienda a pompa ni banidad y la limosna de todo se pague de mis vienes.

Ytem, es mi voluntad que desde el día de mi fallecimiento hasta el noveno, el primero y el último, se cante por mi alma una misa, y en el yntermedio se celebren doscientas resadas, repartiéndose por mano y dispoçisión de dichos mis albazeas entre los señores sacerdotes de esta çiudad, clérigos y religiosos dando por su limosna un peso que se pague de sus vienes.

A las mandas forzosas y acostumbradas Casa Santa de Jeruzalem y beatificación del venerable siervo de Dios //²⁴ᵛ Gregorio Lópes mando a cada una dos (...) por una ves con que las aparto de mis vienes.

Ytem, declaro no e sido casado ni tengo ningunos hijos naturales.

Ytem, declaro que estoi en pocesión de un bínculo y mayorazgo que está en la villa de Setenil de las Bodegas en la Andalucía, reyno de Granada, del obispado de Málaga, que huve y heredé del mencionado mi padre y según los llamamientos recáe después de mi fallecimiento en don Juan de Peñalosa, mi hermano, para que en la misma conformidad entre en el gose, y así lo manifiesto para que conste.

Y para cumplir y pagar este poder y el testamento que en su virtud se a de hazer //²⁵ʳ con las cláusulas que contuviere con arreglo a la citada memoria, nombro por mis albazeas, thenedores de vienes a los expresados don Martín de Miranda y Thellechea, y por su falta, auçensia u otro justo ympedimiento a don Fernando Bustillo, y por la de ambos a don Thomás Pérez, a quienes delivero poder de albazeasgo en forma, para que operen y entren en dichos mis vienes, lo vendan y rematen en pública almoneda, fuera de ella como les pareciere y usen del cargo el tiempo que necesitaren, aunque se pase el prevenido por derecho y mucho más, haciendo y executando quando sea comveniente sin limitación alguna.

y cumplido y pagado este referido poder y el testamento que en su conformidad se ha de hazer, con atención a la previnida //²⁵ᵛ memoria del remanente que quedare de todos mis vienes, deudas, derechos y acciones que en qualquiera manera me pertenescan, dexo, instituyo y nombro por mis únicos y unibersales herederos a doña Ysavel de Peñalosa, muger lixítima de don Simón de Andrade, doña Ana de Peñaloza, muger lixítima de don Favián de Acuña, doña Juana de peñaloza, viuda de don Alonzo de la Calle, doña Jacoba de Peñaloza, de estado donzella, al mencionado don Juan de Peñaloza, capitán de ynfantería retirado en dicha ciudad, y plaza de Zeuta, y a don Martín de Peñaloza, capitán del reximiento de Zavolla, mis hermanos, y a los hijos lixítimos de doña María de //²⁶ʳ Peñaloza, muger que fue del theniente coronel don Fernando Altamirano Puerto Carrero, mis sobrinos, y a doña Antonia de Peñaloza, viuda de don Joseph de Mendoza, también mi hermana, para que lo que así fuere lo ayan y hereden, con la vendición de Dios, en las cantidades y forma que se hallará distribuido en la prevenida memoria, sin que se entienda otro advitrio porque precisamente se ha de estar a pasar por su contenido, en atención a no tener como no tengo herededos forzosos, ascendientes ni decendientes que conforme a derecho me devan heredar, que así es mi voluntad.

Revoco y anulo otros qualesquiera testamentos, cobdicilos, poderes para testar y últimas disposiciones que antes huviere //²⁶ᵛ fecho, para que no balgan ni hagan fe en juicio ni fuera de él, salbo este expresado poder y el testamento que se ha de operar en su conformidad, que quiero se guarden, cumplan y executen en todo y por todo por mi última y postrimera voluntad, en cuyo testimonio así lo otorgo en esta nueba ciudad de la Veracruz, en veinte y seis de agosto de mil setecientos cinquenta y un años. E yo, el escrivano, doy fe conosco al señor otorgante y que a lo que notoriamente parece está en su entero juicio, cumplida y buena memoria, quien así lo otorgó y firmó, siendo testigos Pedro Joseph López, Luiz Arcanio y Miguel Suárez de los Ríos. Don Diego de Peñaloza. An //²⁷ʳ te my Eugenio Phelipe Lozano, escribano real.

Concuerda con su original que está en el rexistro de este oficio público de mi cargo, que despacho como theniente del proprietario y me remito, y esta copia se sacó de pedimento del señor otorgante. Ut supra.

En testimonio de verdad. *(signo)*
(...) Eugenio Phelipe Lozano" *(rubricado)*.

ANEXO 2

1754, octubre, 25. Orizaba.
Bienes de difuntos: Diego de Peñalosa. Testamento.
AGI. Contratación, 5631, N. 1, ramo 1, folios 28r-29v.

"En el nombre de Dios todopoderoso y con su divina gracia y la de la santísima virgen Santa María, reyna de los Ángeles, señora y abogada nuestra, amén. Yo, don Diego de Peñaloza, mariscal de campo de los reales exércitos digo que por quanto tengo otorgado poder para testar por ante Eugenio Phelipe Lozano escrivano real en la ciudad y puerto de Nueva Veracruz a los veinte y seis de agosto del año pasado de mil setecientos sinquenta y uno con todos sus requisitos y circunstancias en derecho nesesarias, sugeto a una memoria que de mi puño he de dejar firmada para que a ella se arreglen mis alvaceas nombrados en dicho poder y poniéndolo en execución lo hago en la forma y manera siguiente.

(Al margen:) 1.

Primeramente ordeno que dado el caso fallesca fuera de la ciudad de Veracruz en qualquiera otra parte aviendo convento de Nuestro Padre Santo Domingo sea mi cuerpo sepultado en él, como se previene por la cláusula de dicho poder, y no aviéndole, en la yglesia, parte y lugar que a mis alvaceas pareciese, y estando dichos mis alvaceas aucentes lo dejo a arvitrio del párrocho en cuyo distrito falleciere, con arreglamiento a dicha cláusula en todo lo posible a que me remito para que así se cumpla.

(Al margen:) 2.

Ytem, mando que falleciendo en dicha ciudad de la Vera Cruz corra la cláusula de las doscientas misas rezadas por la limosna de un peso, pero falleciendo en otra qualesquiera parte los doscientos pesos que importaran se distribuirán por misas rezadas por la pitanza ordinaria según la práctica o constumbre de la diosesi en que acaeciere hasta complemento de dicha cantidad que así es mi voluntad.

(Al margen:) 3.

Ytem, declaro que el caudal que se verificare dejar por mio proprio es bien adquirido (por ser castrenses) producido de los sueldos que Su Magestad (Dios legue) me ha pagado lo que //²⁸ᵛ he ido guardando escusando en los empleos que he obtenido gastar pompa ni vanidad, sino solamente lo muy presiso para

169

la decencia de mi persona con intención de distribuirlo y convertirlo todo en ciertas obras pías que declarare.

(Al margen:) 4.

Ytem, ordeno a mis alvaceas que sin dilación alguna, en virtud del citado poder y esta memoria, luego que les conste mi fallecimiento prosedan a otorgar mi testamento del que sacarán dos copias legalizadas en pública forma y de manera que haga fe para lo que en la siguiente cláusula la prevendré.

(Al margen:) 5.

Ytem, ordeno a dichos mis alvaceas que el líquido que resultare de mi caudal, pagado mi funeral, entierro y cumplido dicho mi testamento, lo remitan a Cádiz, con las dos copias prevenidas en distintos registros, y con los seguros correspondientes a casa de su satisfacción danto noticia con la una copia a mis hermanos don Juan y don Martín de Peñaloza en la parte y lugar que se hallaren, y con la otra a los veedores, priostes, priores o superiores de la casa de la Santa Misericordia de la ciudad de Zeuta, a quienes se le entregue dicho caudal para que con intervención y anuencia de los dos expresados mis hermanos lo pongan todo a senso sobre fincas seguras para su establecimiento y perpetuidad, (sobre que a unos y a otros les encargo la conciencia) para que con sus réditos se execute lo que aquí irá expresado.

(Al margen:) 6.

Ytem, mando que con sinquenta pesos de dichos réditos se haga anualmente un aniversario con misa y vigilia, y la mayor solemnidad que soporte el superávit en la yglecia de dicha casa de la Santa Misericordia de Zeuta por mi alma, la de mis padres, abuelos, hermanos, pacientes, amigos y bienhechores, cuyo aniversario //^{29r} se ha de selebrar perpetuamente a correspondencia, haziendo cavo de año al mes, y día en que falleciere, y no permitiéndolo en él los ritos de la yglecia al siguiente e inmediatamente, y si hecho dicho aniversario sobrare alguna parte de dichos sinquenta pesos, se convertirá la que fuere en misas rezadas por la pitanza ordinaria de aquella diósesis por las intenciones que van referidas que así es mi voluntad y por tal se cumpla.

(Al margen:) 7.

Ytem, mando que los réditos del remaniente del demás caudal asímismo fincado se distribuyan anualmente entre mis hermanos, hermanas, sobrinos, sobrinas, parientes y parientas nesesitadas, que es la intención e inteligencia de esta cláusula pues quien de ellos se hallare con comodidades es visto no tener derecho a dichos réditos, cuya repartición se ha de hazer por los dichos veedores, priostes, priores o superiores de dicha casa, con intervención de los referidos mis dos hermanos, y por falta y fallecimiento de ambos, de uno de mis parientes que será elegido sucsesivamente por dichos superiores, el qual desde luego doi por nombrado como si aquí lo fuese para el dicho prorrateo, el que no se ha de hazer por iguales partes sino que dejo a arvitrio de los citados las cantidades para que las apliquen, hecho inspección según la nesesidad, atendiendo a la mayor y más urgente, y previendo la ancianidad, enfermedades y número de familia, prefiriendo las mugeres a los varones, las doncellas a las viudas, y las viudas a las casadas, y en caso de haver dos familias de igual nesesidad que tenga un proprio número de individuos, se atenderá a la que tuviere mayor mugerío por ser como es mi ánimo aliviar a los más desvalidos sobre //²⁹ᵛ cuya graduación e inspección les encargo a todos y a cada uno de por sí de los que las hizieres gravemente la conciencia, librando la mía en las suyas. Y extinguida que sea toda mi parentela y linage se distribuirán dichos réditos con las mismas calidades y circunstancias que van prevenidas en la (sic) personas de calidad, pobres, honradas de buenas familias de dicha ciudad de Zeuta, que así es mi voluntad y como tal mando se guarde, cumpla y execute según y como en esta cláusula se contiene la que se ha de entender literalmente, sin controversia, tergiversasión, ni interpretación alguna.

Con lo qual queda cerrada esta mi memoria por ahora, y si en lo de adelante tuviere algo que añadir o quitar lo haré a continuación de esta que es fecha en el pueblo de Orizava a los veinte y sinco días del mes de octubre de mil setecientos sinquenta y quatro años, en estas dos foxas útiles.

Don Diego de Peñaloza" *(rubricado)*.

ANEXO 3

[1755, agosto, 3]. Navío la Purísima Concepción.
Bienes de difuntos: Diego de Peñalosa. Disposición final.
AGI. Contratación, 5631, N. 1, ramo 1, folios 6r-8v.

"Cruz *(signo)*

En el nombre de Dios todo poderoso sépase como yo don Diego de Peñalosa, [ma]riscal de Campo de los Exérsitos de [Su Magestad] hallándome embarcado y enfermo en es[te] navío de Limpia Consepsión, su capitá[n] Bernardo de Za-morategui, teniendo como tengo que añadir el testamen[to] y última disposisión que tengo otorgado, lo executo por vía de codisilo en la mejor [for]ma que aia lugar, en derecho y [po]der, y declaro lo siguiente:

(Al margen:) 1.

Primeramente declaro llebar en mi [ser]vicio a mis dos esclabos, el uno Anton[io] de nación Caracarí y el otro Rapha[el] de nación Congo. Ordena y mando que el primero después de quatro años contados desde mi muerte y el segundo después de seis años, contados en la misma forma, queden libres. Y para su resguardo sea bastante un testimonio de esta claúsula, y en los //⁶ᵛ respectivos quatro y seis años han de servir a disposición de mis albaseas en alguna comunidad religiosa, para que sean intruidos en buenas costumbres y en la doctrina christiana, siendo la elección de comunidad o comunidades a disposisión de mis albaceas. Y prevengo que si mi hermano don Juan de peñalosa quisiere servirsc dc Raphael en los seis años en que ha de ser, estoy libre lo pueda hazer en lugar del servicio que avía de pasar en la comunidad religiosa.

(Al margen:) 2.

Ytem, declaro por mis bienes lo siguiente:

Dose mil pesos rexistrados en el presente navío. Siete mil y quinientos pesos rexistrados en el navío La Limeña, según los conosimientos de sus respectibos maestres. Dosientos sesenta y seis marcos de plata labrado de mi uso en diversas piesas, entrando en el peso las ojas de cuchillos. //⁷ʳ Una lámina de la Huída a Egipto con su marco de plata de como media vara y unas piedras falsas en la guarnición. Ota vitela chica de Nuestra Señora de Guadalupe, con su marquito de plata. Un espadín con su puño, contra y gancho de oro. Unas evillas de pie, charrctcras y corbatín de oro, que son sinco todo el juego. Quatro bastones con sus puños de oro. Una caxuela de oro para tabaco. Un espadín de puño de plata.

Un baulito de China. Dos relicarios, romanos con seras de Agnus. Un par de pistolas catalanas. la cama con tres sobrecamas, sábanas y ropa blanca de mi uso que se hallaron en mis baúles. Tres vestidos de mi uso, uno de car(...) de oro azul, guarnesido con punta de España. Otro de tersiopelo negro. Otro de paño liso. Dos frasqu[eras] que están sin uno o dos franscos. Los papeles de mis servisios y otros //⁷ᵛ que van en dichos mis cofres, donde también llebo en oro acuñado en diversos doblones un mil pesos y en plata como dosientos y cinquenta pesos para mis gastos de navegación conforme a la calidad de mi persona, y para la detención o arribadas que se puedan ofreser en el viaje, durante el qual si yo muriere es mi voluntad que de dicho dinero se me digan las misas que dispusiere don Fransisco de la Cotera, uno de los diputados de comercio de México que camina en este na[vío].

(Al margen:) 3.

Asímismo declaro que según va(...) y cartas que paran entre mis papeles, son de cargo de don Martín de Aróstegui, vecino de la Habana, siete mil setesientos pesos que me pertenesen, y los quatro mil de ellos están como depositados para los gastos de la residencia del tiempo que fui gobernador en dicha //⁸ʳ ciudad y puerto de la Habana.

Y para que los pesos, plata labrada, alhajas y ropa que llebo conmigo se recoxan con mis baúles y papeles y se entreguen si fallesco a don Pedro Sáenz de Santamaría, vecino de Cádiz.

Nombro al referido don Francisco de la Cotera por mi albasea en el viaje y para la mar para que todo lo conduzca a su disposición hasta entregarlo a don Pedro, todo lo qual ordeno se execute y tenga como parte de mi voluntad, y así lo otorgo y declaro en la mar, abordo de este navío de la Limpia Consepción, a tres de agosto de mil setesientos cinquenta y cinco años, siendo testigos su capitán y capellán don Bernardo de Zamorategui, don Joseph //⁸ᵛ Moya y don Antonio Fernández, a quienes ya el señor otorgante el infraescripto escribano doy fe de conoser. Y añadió que también lleba en su poder una silla de bri[da] y freno. Y por no poder firmar lo hizo en su nombre el primero de los testigos de que así mismo doy fe.

Fecho ut supra.

Bernardo de Zamorategui. *(rubricado)*

Gregorio Joseph de Peralta". *(rubricado)*

ANEXO 4

1755, agosto, 14. Navío la Purísima Concepción.
Bienes de difuntos: Diego de Peñalosa. Codicilo.
AGI. Contratación, 5631, N. 1, ramo 1, folios 10v-12v.

(Al margen:) "1.

En catorse de agosto de mil setesientos y cinquenta y sinco, yo el mariscal de //$^{11r\,(91)}$ campo, don Diego de Peñalosa, declaro ser también mi boluntad que a mi hermano don Juan de Peñalosa, vecino de Seuta, se le de el espadín y juego de evillas, de pie, charreteras y corbatín de oro y puño de oro.

(Al margen:) 2.

Que a mi hermano don Martín se le de la caxuela de polvos de oro y el recado de barba de plata.

(Al margen:) 3.

A mi hermana doña Jacoba la lá[mina] de la Huída a Egypto, con su marco de plata y las otras pinturas y estampas, y el lignum crucis que tengo al cuello, y que desde el día que en Cádiz se supiere mi muerte se le asista con la cantidad de diez pesos mensuales.

(Al margen:) 4.

Que a la Casa de la Santa Misericordia de Seuta se le den cinquenta pesos //^{11v} de limosna, por una bes; otros cinquenta pesos a Nuestra Señora de África, y en que el conbento de religiosos descalsos de San Diego y el de los Trinitarios Descalsos se den cinquenta pesos a cada uno, para que digan las misas que cupieren en dicha cantidad a la pitansa ordinaria. Que en Zeuta se selebren los ofisios, funerales por mi alma, luego que se sepa mi muerte. Que si este navío llegare a La Havana y el negro Antonio quisiere quedarse y eleguir (sic) combento en que servir el tiempo que le ba prefinido lo pueda haser. Y que cumplidos estos legados y la disposisiones del testamento se execute con el remaniente lo que en //$^{12r\,(10)}$ dicho testamento tengo dispuesto y ordenado. Y así lo declaro, otorgo y no firmo por no poder a causa de mi accidente, presentes los mismos testigos, capitán don Bernardo de Zamorategui, don Joseph de Moya y don Antonio Fernández, y lo firmó el primero en primero en mi nombre, de que yo el infraescristo escrivano doi fe, y de estar en su entero juicio, memoria y entendimiento natural, el señor otorgante a quienes se le llevó este instrumento. Y añadió también que sus bastones se pongan presentes a don Salbador Corregidor Theniente Coronel de la Plaza de Zeuta para que en memoria de la antigua amistad que an //[12v] profesaso elija el que quisiere, y los demás bastones los reparta entre sí, mis hermanos don Juan y don Martín. Presentes los mismos testigos y fecho ut supra.

Bernardo de Zamorategui.
Gregorio Joseph de Peralta *(rubricado).*
Ba en sinco foxas rubricadas de mi puño". *(Rúbrica)*

ANEXO 5

1755, agosto, 21. Navío la Purísima Concepción.
Bienes de difuntos: Diego de Peñalosa. Inventario de los bienes del difunto.
AGI. Contratación, 5631, N. 1, ramo 1, folios 14r-17r.

"En 20 de agosto de 1755 se llebó Dios al señor don Diego de Peñalosa, Mariscal de los reales exércitos de Su Magestad, a bordo de este navío nombrado la Purísima Concepzión, como a las nueve de la mañana poco más o menos, a cuio tiempo se recojieron las alajas y llaves de los baules pertenecientes a dicho defunto (sic), y en el mismo día se zelebró su funeral y al siguiente, veinte y uno, se procedió a cotejar y imbentariar los bienes con el codisilo que otorgó ante mí escrivano de dicho navío, en el que nombró por su albacea a don Francisco de la Cotera hasta la ciudad de Cádiz, en donde los entregar a don Pedro Sáenz de Santa María, y en los baúles se hallaron lo siguiente.

Baúl número 1.

Por onze tablas de manteles de diferentes fábricas usados.

Por veinte y siete servilletas ydem.

Por tres pares de calzones, el un par de paño y los dos de seda.

Por dos casacas usadas, una de paño y otra de seda.

Por una dicha azul de medio carro de oro.

Por quatro chupas, las tres de seda y una de paño.

Por una capa de paño azul.

Por una colcha de damasco carmesí.

Por dos cortinas de damasco ydem. //14v

Por una sávana.

Por una tohalla.

Por un librito yntitulado Diccionario Militar y dentro de dicho libro una cajetilla con unos espejuelos.

Por una tetera con su taza de Zafra (...).

Por un jarro, palancana (sic) y javonera de plata.

Por quatro platillos ydem.

Por quatro cubiertos de cuchara, thenedor y cuchillos con los cavos de ⌊plata⌋.

Por un candelero y unas espaviladeras de ydem.

Por una bacinica de ydem.

Por un espadín con guarnición de plata y bericio de (...) hevilla y gancho de ydem.

Por una Ymagen de Nuestra Señora de Guadalupe con su marco de plata.

Por trece y medio reales que se hallaron en una volsa en diferentes monedas.

Por una caja y un par de hebillas de oro.

Por un relicario guarnecido de oro o plata sobredorada.

Por un espadín con guarnición de oro sin contrera.

Por un bastón de puño de oro.

Por quatro Lignum Cruzes de zera guarnexidos de hilo de plata falsa.

Por dos ymágenes en dos marquitos de madera pintados.

Por un cruzifijo pequeñido de metal.

Por un tirabuzón de fierro.

Por un zepillo y un par de pistolas guarnecidas de latón.

Baúl número 2.

Por cinco camisas llanas y veinte y seis guarnecidas de damasco. //[15r]

Por diez y seis pares de calzoncillos blancos.

Por nueve chalecos de lienzo blancos.

Por quatro sávanas.

Por nueve tohallas o paños de manos.

Por cinco servilletas alemaniscas.

Por quatro fundas de almohadas.

Por quatro pedazos de camisas viejas.

Por dos paños de barva viejos con sus tohallas.

Por dos navajeros.

Por diez y ocho pares de escarpines.

Por treze corvatines.

Por siete virretes blancos.

Por quatro dichos de algodón.

Por un pañuelo blanco.

Por ocho pares de medias, los siete de seda y uno de lana.

Por siete pares de calceptas (sic) de hilo.

Por un emboltorio, trapos de lienzo.

Por quatro pares de calzones, dos de carro de oro azul, uno de terciopelo negro y otro de seda.

Por una chula de thisú y bueltas de casaca de lo mismo.

Por una dicha de tafetán negro.

Por una dicha de grodetur (sic) encarnado y guarnecido de punta de España de oro.

Por una casaca de carro de oro azul guarnecida de punta de España de oro. //[15v]

Por una dicha de tafetán negro.

Por una dicha de terciopelo negro.

Por un sello de plata.

Por un pedacito de zinta negra.

Por dos panitos (sic) de tierra de Nuestra Señora de Loreto.

Por una cajita con dos pares de espejuelos y un par suel[to].

Por un lebrito (sic) de devoción a San Antonio.

Por dos pares de mancuernas de plata.

Por dos pares dichas de oro.

Por dos hevillas de charrateras y una de corvatín de oro.

Baúl número 3.

Por dos platones grandes de plata.

Por dos dichos más pequeños.

Por quatro dichos más pequeños.

Por quatro dozenas y quatro platillos de plata.

Por una servilla chica.

Por un lebrillito chico.

Por quatro candeleros.

Por una cafetera.

Por dos pares de espaviladeras.

Por un salero y un pimentero.

Por veinte y ocho cucharas y veinte y ocho tenedores.

Por catorze cuchillos.

Por una pileta de agua vendita. //[16r]

Por una goleta para vasija de barva.

Por un belador.

Por un recado de escrivir compuesto de tintero, salvadera, obledera, plumero y campanilla con su azafave.

Baúl número 4.

Por dos mosquiteros viejos.

Por una bata de seda listada vieja.

Por una mantilla y fundas de terciopelo carmesí viejas con galón.

Por quatro cortinas y dos cenefas de tafetán carmesí.

Por un pedazo de coleta aplomada.

Por dos pedazos de tercianela o pequi de China, uno de color café y otro verdoso.

Por dos colchas y un pedazo bayeta blanca de Ynglaterra.

Por dos servilletas.

Por un par de botines de cotín.

Por dos cepillos.

Por un corvatín.

Por una taleguita con dos embolturas de galones de plata viejos y votones.

Por tres carteras de razo.

Por una volsa grandesita y otra chiquita de reliquias.

Por un escapulario de Nuestra Señora del Carmen. //[16v]

Por cinco fierros de limpiar muelas o dientes.

Por dos bragueros.

Por un bidrio chico graduado.

Por una cajita con un par de espejuelos.

Por un emboltorio de varios retazos de ropa vieja.

Por un canuto de caña con una pluma de limpiar dientes.

Por quatro bastones con puños de oro.

Por una perillita de plata y un tirabuzón de metal.

Por una cajita de madera de zera de agnus.

Por una dicha de cartón con rosarios de Jerusalén, escapularios y una cruz también de Jerusalen.

Por dos láminas, la una de Nuestra Señora de Guadalupe y otra de Nuestra Señora de los Dolores, sin marcos.

Por una lámina de la Huída a Exicto (sic) en cobre con marco de plata y cobre, embutido en piedras falsas con su laz[o].

Por diez y seis atados de papeles de varias cartas de correspondencia y otros papeles sueltos.

Por otro lío de pergamino con los papeles de servicios y testamento rotulado de cuios papeles solo se reconozieron los bultos pero no sus contenidos.

Muebles y dineros sueltos.

Por dos frasqueritas, la una con siete frascos de christal y la otra con cinco de dichos frascos con agua.

Por una petaquita o cojinillo de cuero en que benía substancia de gallina molida. //[17r]

Por un cajoncito embejecido y hecho en Manila intitulado al coronel don Joseph Peñaloza.

Por una silla bda bieja con estrivos y freno, liado en un pet(...).

Por mil pesos en oro sellado en las piezas siguientes:

Cincuenta doblones de a diez y seis.

Treinta y uno ydem de a quatro.

Treinta y ocho ydem de a dos.

Por doscientos treinta y ocho pesos y quatro reales en diferentes monedas de plata acuñada.

Los quales dichos vienes el dicho don Francisco de la Cotera inventarió y recivió en la forma susodicha, por bienes del mencionado defunto don Diego de Peñalosa para que cumplido con lo que le ordena en el expresado codisilo entregarlos en Cádiz al dicho don Pedro Sáenz de Santa María, y para hello obligó su persona y bienes havidos y por haber, y lo firmó de su nombre, siendo testigos don Bernardo Zamorategui, capitán, don Joseph Moya, maestre y el lizenciado don Antonio Fernández capellán, y de todo lo expresado yo el escribano de este navío doy fe, a bordo y a la bela del referido tajel la Purísima Concepzión a veinte y uno de agosto de mil setecientos cincuenta y cinco.

Gregorio Joseph de Peralta" *(rubricado).*

ANEXO 6

1755, octubre, 24. La Habana.
Bienes de difuntos: Diego de Peñalosa. Cuentas emitidas
por Francisco de la Cotera.
AGI. Contratación, 5631, N. 1, ramo 1, folios 92r-93r.

"Puerto de San Christóbal de La Habana. 24 de octubre de 1755.

Razón de lo que yo don Francisco de la Cotera, e gastado en conformidad de lo dispuesto en su última disposizión el defunto mariscal de campo el señor don Diego de Peñalosa, cuios recaudos e comprovazión van cojidos a continuazión de esta quenta, combiene a saver:

Por dos pesos que dí a un gurumete del navío conozido por Cruz porque amortajase el cuerpo. 002 - 0

Ytem, dose pesos quatro reales por la limosna de una mortaja a Nuestro Señor San Francisco que trahía para sí el Br don Antonio Balcárzel. 012 - 4

Ytem, seis reales que me pidieron los dos negros esclavos, Antonio y Rafael, para labar su ropa. 000 - 6

Ytem, tres pesos que dí al escribano por dos copias de la escritura de donazión que en conformidad de la dicha última disposizión hize a favor del sagrado convento de Nuestro Padre San Juan de Dios de La Habana. La una para mi resguardo y la otra para el del el esclabo Antonio. 003 - 0

Ytem, sesenta pesos que di al señor don Antonio Fernández capitán del navío Nuestra Señora de la Limpia Concepción, los veinte y sinco por el entierro y los treinta y cinco restantes por otras tantas misas resadas que dijo por el alma de dicho defunto. 060 - 0

Ytem, veinte y sinco pesos por la limosna de otras tantas misas resadas que di al reverendo padre fray Manuel de la Encarnazión, religiosos presvítero del convento de Bethelén de La Havana. 025 - 0

Suma la vuelta 103 - 2

//⁹²ᵛ Suma de la buelta 103 - 2

183

Ytem, doze pesos por la limosna de otras tantas misas resadas pagadas al reverendísimo padre fray Juan Barzelos, religioso de Nuestro Padre San Francisco.   012 - 0

Ytem, doze pesos que di al reverendo padre fray Nicolás Barzelos de la misma orden por la limosna de otras tantas misas resadas.   012 - 0

Ytem, doze pesos que di por la limosna de otras tantas misas rezada al doctor don Lorenzo García Menocal.   012 - 0

Ytem, doze pesos que di al muy reverendo padre carmelita descalzo fray Agustín de San Antonio por la limosna de otras tantas misas rezadas.   012 - 0

Ytem, doze pesos que di al bachiller señor Ginés Nicolás de Cabrera y Betancur por la limosna de otras tantas misas rezadas.   012 - 0

Ytem, doze pesos que di al muy reverendo padre fray Manuel Joseph Crespo de la orden de Nuestro Señor San Francisco por la limosna de otras tantas misas rezadas.   012 - 0

Ytem, veinte pesos que di a don Francisco de Arriaga, clérigo presvítero, por la limosna de otras tantas misas rezadas.   020 - 0

Ytem, sinco pesos que di a don Domingo Soto Longo, presvítero, por la limosna de otras tantas misas rezadas.   005 - 0

200 - 2

Suman las partidas de esta quenta dosientos pesos y dos reales, las quales están comprobadas con los rezibos correspondientes a execión de lo que día al moso que amortajó el cuerpo y a los dos esclavos para labar su ropa y al //^{93r} escribano público Antonio Ponze de León por las dos copias de la escritura de donación del negro Antonio echa a fación del convento de San Juan de Dios de La Havana, donde es fecha esta quenta en veinte y quatro de octubre de mil setecientos sinquenta i sinco años.

Francisco de la Cotera". *(rubricado)*

ANEXO 7

1756, septiembre, 14. Ceuta.
Bienes de difuntos: Diego de Peñalosa. Certificación del escribano Tomás López Páez en razón de la Real y Santa Casa de la Misericordia de Ceuta.
AGI. Contratación, 5631, N. 1, ramo 1, folios 67r-70r.

"Don Thomás López Páez, escribano de la Santa y Real Casa de la Misericordia de esta fidelísima ciudad y plaza de Ceuta de la que es protector el Rey Nuestro Señor, que Dios guarde.

Zertifico que por los libros y demás ynstrumentos que están a mi cargo en el archibo de ella, en donde se halla lo más distinguido de la nobleza desta ciudad, consta que la dicha Real Casa de la Misericordia de Lisboa, fue fundada por los señores reyes don Juan el Segundo de Portugal y doña Leonor, su muger, y conquistada esta plaza por el señor rey don Juan el Primero de aquel Reyno, en el año de mil quatrocientos y quince, algunos años después establecieron ésta vajo de sus constituciones, sirviéndole de govierno el mismo Santo Compromiso de la de Lisboa, que se compone de quarenta y un capítulos comprehendidos in ciento quarenta y cinco folios, y en el último la aprobación de ellos, como consta de su Real Cédula dada en la ciudad de Lisboa a diez y nuebe de mayo del año de mil seiscientos y diez y ocho que finaliza Christóval Suárez, lo hizo escribir. Rey. El Duque de Villa Hermosa, Conde de Ficalho. Y en este tiempo que se mantubo esta plaza por la Corona de Portugal solo ha sido visitada de ordel del Rey por el doctor Jorge Seca, en diez y nuebe de henero de mil quinientos ochenta y seis, que vino de aquella corte, por no conocer jurisdición alguna //⁶⁷ᵛ como se expreza en el libro primero de sus ordenanzas, párrafo quarenta y dos, al folio ciento quarenta y cinco, cuias palabras en su ydioma son las siguientes: <u>âs Casa da Misericoria, e todos os mais lugares píos en que não entendimos nossos proveedores por vía ordinaria sem particular commiss~aon nossa, nao entender~ao os prelados, ne seu visitadores sen~ao con nossa licencia, por asso serede nossa immediata proteis~ao.</u> Y haviendo quedado esta ciudad unida <por su> lealtad a la Corona de Castilla, mereció por cédula del señor don Phelipe Quarto dada en Aranjuez a treinta de abril del año de mil seiscientos y cinquenta y seis, se le concediese a ella y a sus naturales todos los fueros, privilegios, prerrogativas y esepciones que ante graban, y en distintos reglamentos de esta plaza, dados por los señores reyes para su govierno hazen memoria desta dicha santa y real Casa de la Misericordia, consignándole mensualmente trescientos y doze reales de él, para la crianza de los niños expósitos, cuio haver con otros propios se distribuye en esta y otras obras pías, estando estos caudales en poder del thesorero o recivo de las limosnas, distribuyéndolas sin yntervención alguna de justicia ordinaria no eclesiástica, según previene el capítulo diez, folio quarenta y dos del predicho //[68r] santo compromiso que a la letra es en la forma subsequente el hermano que hubiere de ser recibidor de las limosnas será persona noble, honrada y acaudalada, y que con mucha diligenzia y zelo del servisio de Dios Nuestro Señor haga los negocios que fueren de la obligación de su cargo, para lo que será obligado a venir a la casa todos los días por la mañana y a la tarde, no teniendo legítimo impedimento.

A este hermano pertenece recoger las limosnas que vinieren a la Casa y todas las que dexaren por legado de testamentos o por qualquiera vía, y se le hará cargo de toda la plata y demás cosas que en la Casa huviere del servicio dellas y asímismo de los papeles que pertenecen a la hacienda o cobrarnza de dinero, y lo firmará al pie de cada adicción de la recepta que poe el escrivano de la mesa le fuere hecha, y no será obligado a dar quenta de adicción alguna que por él no estuviere firmada.

Cobrará los quarteles de los tesoreros de los depósitos y la cantidad de dinero que conforme al título de su recepta hallare que le pertenece cobrar dellos, para los dispendios ordinarios y obligaciones de la Casa, y de lo que así cobrare se le hará cargo y descargo a los dichos tesoreros, firmando en ambos libros los tales asientos y podrá tomar en pagamento escritos de la alhóndiga y conocimientos en forma de quarteles vencidos, siendo los juros aplicados a //[68v] las obligaciones que por la mesa se han de cumplir y luego que recibiere el dinero de cada quartel será obligado a pagar el de la Casa y solamente lo que restare podrá despender en lo que le fuere ordenado por el provedor y hermanos de la mesa.

Y quanto la casa quedare por heredera o testamentaria de algún difunto cuia herencia, legado o claúsula fuere aceptada sobre el mismo recibidor, se hará recepta de toda la hacienda de tal difunto, de raízes, muebles y papeles que valgan dineros o fueren necesarios a la satisfación y cumplimiento del testamento, la qual recepta se hará en un libro aparte que se intitulará el nombre del difunto y solo el dinero vivo y el que se fuere haciendo de los dichos muebles, papeles y rendimientos de hacienda de raíz se cargará en el corriente en el título de lo extraordinario.

Aviendo de hazerse almonedas para venderse alguna hacienda de raís o muebles que por herencia o otra qualesquier vía viniere a la Casa, estará presente el dicho recibidor y el escribano de la Mesa, para cargarle luego en el corriente el cargo que se hiciere de las cosas vendidas, poniéndose claúsula en otro libro adonde estubieren cargadas, empero las haciendas de raíz no serán rematadas sin primero dar quenta al provedor y hermanos de la Mesa.

No podrá el dicho recibidor despender dinero alguno //[69r] de qualquiera herencia, legado o testamento aunque por la Mesa le sea mandado, sin primero estar cumplido enteramente el testamenro del difunto y aver entregado los tesoreros de los depçositos toda la cantidad que montaren las deudas y legados de él, que luego de presente no pudieren cumplirse, entregando de la misma manera el que fuere dexado para dotes de huérfanas y cautivos a los tesoreros dellos, quedando solamente en su mano el que la Casa libremente pudiere despender.

Todo el dinero que viniere a la Casa y perteneciere a Letras Dotes de huérfanas, cautivos, legados, deudas de testamentos, depósitos o por otra qualquiera vía perteneciere a los Cofres y Tesoreros destas obligaciones, no se entregará al dicho recividor porque luego se entregará a los tesoreros a quien perteneciere, y dado caso que por yerro o descuido lo tenga el recibido será obligado a entregarlo luego a los tesoreros a quien tocare, en la especie en que lo huviere recibido, y haciendo lo contrario (lo que no se espera) y quedando el dicho recibidor al fin del año debiendo a la Casa, o a los dichos Cofres, alguna cosa de su recibimiento no se le podrá llevar en quenta y lo pagará de su Casa.

Entregará a los Mayordomos de la Bolsa de los presos de la capilla, Hospital de Santa Ana, Botica de Nuestra Señora del Amparo, de las Demandas y a los demás hermanos que por razón de sus oficios huvieren de recibir algún //⁶⁹ᵛ algún dinero todo lo que por ellos huviere de ser despendido y solamente despenderá por su mano lo que huvieren de recibir los capellanes y servidores de la Casa y otras personas ciertas que ayan de firmar lo que recibiere, y no se le llevará en cuenta adicción alguna que no fuere hecha y firmada por el escrivano de la Mesa, siendo dispendio que ella ordenó se h[ici]ese, y todo el demás dispendio será por el Mayordomo de la Bolsa, y en el cerramiento de la cuenta del dicho recibidor no se llevará también en cuenta dinero alguno que le queda deviendo Capellanes o servidores de la Casa, ni papel que no estuvicre cargado en recepta, y así el recibidor de las limosnas como los demás tesoreros de la Casa serán obligados hazer entrega a los hermanos que en los dichos cargos les suceren de todo el dinero, papeles y demás hacienda que tuviere en su poder hasta todo el mes de julio, y el primer día de agosto entregarán al escrivano de la Mesa que huviere de cerrar sus cuentas los quadernos de las tales entregas en fin de los quales harán un asiento firmado por él, en que declaren que no tienen más que entregar y los que todos así no hicieren serán luego borrados de hermanos y execute por lo que quedaren deviendo. Y así esta execución como demás que se huvieren de hazer por deudas líquidas de Casa, serán hechas por mandados firmados por el dicho //⁷⁰ʳ recibidor y sobre escritos por el escrivano de la Mesa, conforme a la provisión que para eso ay del Rey Nuestro Señor.

Y en el principio del corriente de la recepta de cada año se trasladarán los parragrafos desde capítulo que perteneciere a las cuentas para que sepan los contadores que las han de tomar la forma en que lo ha de hazer y lo que en ellas deben dudar.

Todo lo referido consta de dichos ynstrumentos y para que conste doy la presente en esta Mesa Capitular de la nominada Santa y Real Casa de la Misericordia, día firmada de mi mano y sellada con el de oficio de ella a catorze días del mes de septiembre, mil setecientos y cinquenta y seis.

Don Tomás López Páez". *(rubricado)*

ANEXO 8

1756, noviembre, 15. Cádiz.
Bienes de difuntos: Diego de Peñalosa. Resolución de las autoridades de
la Real Audiencia de la Casa de Contratación.
AGI. Contratación, 5631, N. 1, ramo 1, folios 72v-75r.

(Al margen:) Auto señores Arco, Cortés y Muiños.

En la ciudad de Cádiz a quince de noviembre //^{73r} del año de mil seiscientos cinquenta y seis los señores presidente y oidores por Su Magestad de la real audiencia y Casa de Contratación de Yndias haviendo visto estos autos, mandaron se haga saber a don Pedro Sáenz de Santa María en cuyo poder se halla embargado el caudal perteneciente a la disposición testamentaria del mariscal de campo de los reales exércitos don Diego de Peñalosa, que falleció a bordo del navío la Purísima Concepción, su capitán don Bernardo Samorategui entregue a don Juan de Peñalosa su hermano, vecino de la plaza de Zeuta y residente en esta ciudad, el espadín y juego de evillas de pie, charratelas, corbatín y puño de oro de que le hizo legado el don Diego como también el negro esclavo Raphael, congo de nación para que se sirva de él por tiempo de seis años, los que cumplidos quedará libre, dándose a dicho //^{73v} Rapfael a este fin testimonio de las claúsulas respectivas de dicha disposición última y de esta providencia para su resguardo.

Asímismo mandaron entregue el dicho don Pedro Sáenz de Santa María a don Francisco Emanuel como apoderado de don Martín de Peñalosa la caxa de oro para tabaco y el recado de barba de plata de que asímismo le hizo legado don Diego su hermano y también entregue a dicho don Juan de Peñalosa, como apoderado de doña Jacoba de Peñalosa, su hermana, la lámina de la Huída a Egipto con su marco de plata, con las otras pinturas y estampas y Lignum Crucis que traía el defunto don Diego al cuello, y también le entregue el monto de las mesadas vencidas, contadas desde el día en que huviese dado fondo en Puntales el dicho navío nombrado la Purísima Concepción en que venía de pasajero el don Diego de Peñalosa, contándose al respecto de diez pesos de aciento, veinte y ocho quartos en cada un mes, las que continuaría entregando sucesivamente según se devengan al don Juan como tal apoderado o a quién lo sea de la referida doña Jacoba, con que aya de traer fe de vida para las que en adelante //^{74r} perciviere.

Asimismo mandaron entregue al don Juan de Peñalosa los cinquenta pesos de que hizo legado a Nuestra Señora de África que se venera en dicha plaza de

Zeuta, y los cien pesos que por mitad dexó a los combentos descalzos de San Diego y de la Santísima Trinidad para que se dixesen las misas que cupiesen con arreglo a la tasa sinodal, para que los convierta en dichos fines, y también otros sesenta pesos, todos de a ciento veinte y ocho quartos para que en dicha plaza de Zeuta se celebren los oficios funerales por el alma del dicho don Diego de Peñalosa, que ordenó este en uno de los codicilos con que falleció cuyo cumplimiento de las antecedentes mandas hará constar dentro de dos meses en este tribunal el don Juan de Peñalosa, y de las cantidades referidas se otorgarán las correspondientes cartas de pago a fabor del don Pedro Sáenz de Santa María.

Asímismo mandaron se haga saber a éste ponga en la escrivanía de cámara a disposición del tribunal los docientos pesos de a ciento veintiocho quartos que dexó ordenado se conviertan en misas, su limosna a quatro reales de vellón, los que se distribuirán en la forma ordinaria por la sala.

Tam //⁷⁴ᵛ bién mandaron entregue a don Fernando Álvarez de Acosta y Fernando Gómez, apoderados de la Santa y Real Casa de la Misericordia, de dicha plaza de Zeuta, los cinquenta pesos de a ciento veinte y ocho quartos de que le hizo legado por una vez de limosna, y en quanto al demás residuo del caudal que estos pretenden, haciendo constar las fincas seguras para su establecimiento y perpetuidad en que hayan de colocarse con intervención y asenso de don Juan y don Martín de Peñalosa, y con información de ser válida y útil para la obra pía (cuyas diligencias practicarán por ante el juez a quien según los privilegios esté sugeta la Santa y Real Casa de la Misericordia de que traerán testimonio conforme a lei recopilada de Yndias), se dará providencia.

Y finalmente mandaron se libre despacho //⁷⁵ʳ cometido al governador y oficiales de La Havana para que don Martín de Aróstegui, en cuyo poder existen siete mil y setecientos pesos correspondientes al don Diego de Peñalosa, imbíe en primera ocación de naos de vandera que traigan rexistro de plata, tres mil y setecientos pesos de ellos, y lo mismo execute con los quatro mil restantes o los que de ellos se hallaren desembarazados del destino que les dió a los gastos de la residencia del tiempo que fue governador de La Havana, y rexistrando el caudal que se remita de cuenta y cargo de la disposición testamentaria del don Diego de Peñalosa, y a entregar a esta real audiencia.

Así lo acordaron, proveyeron y rubricaron. Enmendado partes, setecientos, vale.

(rúbricas)

Licenciado Lotvliet". *(rubricado)*

ANEXO 9

[1757], s.m, s.d. [Ceuta].

Bienes de difuntos: Diego de Peñalosa. Petición de los hermanos Peñalosa.

AGI. Contratación, 5631, N. 1, ramo 1, folios 85r-86v.

"Don Juan de Peñalosa, capitán de ynfantería agregado a la plana mayor de la plaza y ciudad de Zeuta y don Martín de Peñalosa, capitán del reximiento de Zaboya, residentes en esta ciudad y nuestros propios derechos y representaciones en los autos principiados por don Pedro Sáenz de Santa María, vezino de ella y de su combento en rasón de la apertura de la última disposición del mariscal de campo de los reales exércitos don Diego de Peñalosa, nuestro hermano que se han retenido en esta real audiencia, decimos que vuestra señoría por su proveido de quinze de noviembre del año próximo pasado entre otras cosas fue servido mandar se nos entregasen los respectivos legados que nos hizo el defunto nuestro hermano y a los demás que se expresan en dicha providencia, en cuia virtud se nos hizo el entrego decretado pero no se evaquó en él todo por lo respectivo a doña Jacoba Peñalosa nuestra hermana, pues solo se noss han entregado las láminas de la Huyda de Egipto y de Guadalupe, el Lignum Crucis y dos pastas de Agnus, siendo así que debió haserse igualmente de las otras pinturas conforme a lo previdenciado, y asimismo con arreglo al cobdicilo de dicho nuestro hermano que empiesa a la buelta del folio 3 debió hasérsenos igual entrego de los bastones del defunto, con la obligación de presentarlos al coronel del reximiento fixo de Zeuta don Salvador Correa para que eligiese uno de ellos porque los demás los dcbemos repartir entre nosotros conforme a su expresa voluntad, por lo que conviene que por lo proveido se nos entreguen las otras pinturas, los refcridos bastones por igual rasón porque se ha decretado el entrego de las alhajas legadas con la //85v referida obligación para cumplir con la voluntad de nuestro hermano, por tanto.

A vuestra señoría suplicamos se sirva proveer y mandar según y como llevamos pedido y en su escrito se contiene por ser justicia que pedimos cortas.

Otrosi, decimos que entre los bienes del dicho mariscal ai un caxón con China rotulado a mi dicho don Juan de Peñalosa, y mediante a que no puede ni deve ofrecerse dificultad en que yo lo reziva, conviene que desde luego se me entregue dicho caxón de que estoy prompto a dar rezivo a pie de esta, por tanto, a vuestra señoría suplico se sirva mandarlo así por ser justicia que pedimos, ut supra.

Otrosi, decimos que se ha dado traslado a mí el dicho don Martín como uno de los coherederos y legatarios del dicho don Diego de la pretensión deducida por don Pedro Sáenz de Santa María sobre la remisión del depósito que solicita y su thenor supuesto debemos haser presente a la justificación a vuestra señoría, que haviendo cargado el susodicho en la quenta del folio 37 la comisión que le ha parecido corresponderle por rasón del depósito de los bienes del dicho mariscal defuncto, está obligado a continuar en este encargo hasta que por provisión de este tribunal se decrete su entrego para convertir el caudal en los fines a que lo destinó el testador, pues así lo exige la aceptación que hizo del dicho depósito y el mesmo que recive y tiene cargado para remuneración de su custodia, con cuia virtud deve permanecer sin novedad en su poder, sin que esté en su arbitrio exonerarse de él como pretende su justo deferir a su intento, gravando el caudal a nuevos gastos a que se expondrá en la con(...) del nuevo depósito que no debe sufrirse por la mera voluntad del dicho don Pedro a quien no releva el //[86r] pretexto de la ausencia que dice tiene que haser, pues además de que es de su obligación proveeer a la seguridad de lo que está a su cargo y cuidado, deja su casa poblada con su familia y dependientes a quienes encargará por precisión el manejo de sus dependencias y custodia de sus bienes que no se los llevará consigo, pues su ausencia será tal vez para lograr la diversión del campo en esta próxima oportuna estación, y en quanto al rezelo que se apunta de la enfermedad de que dice haver fallecido nuestro hernano estamos instruidos y es la primera noticia que tenemos esta que da el dicho don pedro sobre que no tenemos motivo de dudar, pero para evitar qualesquiera escaupulo no tenemos reparo en que se saque de su poder y queme aquella ropa que fue del común uso del defuncto preservándose lo que pueda purificar el fuego y produzca algo en veneficio de la disposición, como será el oro y plata texida que pueda separarse de sus vestidos preciosos, pues no puede tener repugnancia que se reserve lo que puede ser útil sin escrúpulo o rezelo que su conservación cause algún contagio, entregándosenos los baúles en que se halle la ropa para que con intervención del ministro que vuestra señoría fuere servido nombrar se evaque este particular y tenga efecto la quema para total seguridad de la causa pública interesada en que no se conserven efectos de esta naturaleza y para quietud del dicho don Pedro, por tanto:

A vuestra señoría suplicamos que en atención a lo expresado se sirva denegar el intento de remoción proviniendo y determinando en lo demás según y como en este otrosí se contiene, costeándose //[86v] en todo estas dilixencias por el proprio caudal, como que son a su beneficio por ser justicia que pedimos, ut supra.

Licenciado don Hiscio de Flores Cote. *(rubricado)*
Don Juan de Peñalosa de Mendoza. *(rubricado)*
Don Martín de Peñalosa de Mendoza". *(rubricado)*

ANEXO 10

1757, julio, 23. Cádiz.

Bienes de difuntos: Diego de Peñalosa. Diligencia sobre la quema de ropajes efectuada por Juan Antonio Pastor en casa de Pedro Sáenz de Santa-maría.

AGI. Contratación, 5631, N. 1, ramo 1, folios 113r-114r.

(Al margen:) "Dilixencia.

En la ciudad de Cádiz a veinte y //¹¹³ᵛ tres de julio de mil setecientos cinquenta y siete en cumplimiento de lo mandado por el auto de la dicha antes de esta, en que en él se cita y el proveído el día diez de junio próximo pasado al folio ochenta y uno buelta y siguiente, yo el infraescripto escrivano de Su Magestad acompañado de don Juan Antonio Pastor, fiel contraste de esta Real Audiencia, persona nombrada a efecto de repartir lo que se encuentre de oro y plata en la ropa del difunto don Diego de Peñalosa y con asistencia de don Juan y de don Martín de Peñalosa, hermanos de éste, pase a las casas de la morada de don Pedro Sáenz de Santa María, vecino de esta ciudad y su comercio, a cuio cargo están los caudales, bienes y efectos que dejó dicho defunto, y estando en ellas el enunciado don Pedro puso de prompto y manifestó tres baúles, los que <se encontró>, haviéndose abierto toda la ropa de uso de don Diego de Peñalosa, conforme del imbentario que se halla al folio siete de la que el don Juan Antonio Pastos entresacó, una chupa de tela vieja con sus bueltas de casaca; otra ídem encarnada de tercianela guarnecida con punta de oro de España; una casaca de carro de oro azul, guarnecida del mismo; una mantilla y tapa fundas guar-necidas de //¹¹⁴ʳ galón de plata y dos líos de galones del proprio, todo lo cual perció el don Juan Antonio Pastor para proceder a su quema y hacer entrega de su líquido producto, y para que conste lo pongo por diligencia que firmó el susodicho don Pedro Sáenz de Santa María y los mencionados don Juan y don Martín de Peñalosa, de que doy fe.

Juan Antonio Pastor. *(rubricado)*
Martín de Peñalosa. *(rubricado)*
Pedro Sáenz de Santa María". *(rubricado)*

ANEXO 11

1757, julio, 23. Cádiz.

Bienes de difuntos: Diego de Peñalosa. Diligencia de entrega del resultado de la quema por parte del fiel contraste Juan Antonio Pastor. AGI. Contratación, 5631, N. 1, ramo 1, folios 116r-116v.

(Al margen:) "Diligencia.

Doy fe que oy día de la fecha, don Juan Antonio Pastor, fiel contraste de esta Real Audiencia hizo entrega en esta escrivanía de cámara de treinta y nuebe onzas y dos ochavas de //^{116v} plata que manifestó haver quedado líquido de la quema que hizo de una chupa de tela vieja con sus bueltas de casaca; otra ídem encarnada de tercianela guarnecida con punta de oro de España; una casaca de carro de oro azul, guarnecida del mismo; una mantilla y tapa fundas guarnecidas de galón de plata y dos líos de galones de lo proprio, que según la diligencia del folio ciento y quatro resulta haver percibido para el enunciado fin, y expresó que la onza de dicha plata vale a veinte reales de vellón y para que conste lo pongo por diligencia que firmo de don Juan Antonio Pastor, en Cádiz a veinte y siete de julio de mil setecientos cinquenta y siete.

Juan Antonio Pastor. *(rubricado)*
Calixto Sanz".*(rubricado)*

ANEXO 12

1757, agosto, 20. La Habana.
Bienes de difuntos: Diego de Peñalosa. Auto emitido por el gobernador de la Habana y tres oficiales relacionados con asuntos económicos de la ciudad.
AGI. Contratación, 5631, N. 1, ramo 1, folios 163r-163v.

"*(Al margen:)* Auto.

En la ciudad de La Havana, en veinte de agosto de mil setecientos sinquenta y siete años, los señores don Francisco Caxigal de la Vega, del orden de Santhiago, mariscal de campo de los reales exérsitos, governador y capitán general de esta dicha ciudad e ysla de Cuba; don Juan Thomás de la Barrera Sotomayor, contador; don Diego de Peñalber Angulo, thesorero del consejo de Su Magestad en la contaduría mayor de hazienda; y don Antonio Pérez Ribero supernumerario oficial de las reales caxas en esta dicha ciudad y su jurisdicción por Su Magestad, dixeron que han resevido un despacho de los señores presidente y oydores de la Real Audiencia y Casa de Contratación sobre la remisión de los siete mil sietecientos pesos pertenecientes a la testamentario del mariscal de campo don Diego Peñalosa y existentes en poder de don Martín de Aróstegui, y dando a su contexto el cumplimiento correspondiente debían mandar que respecto a hallarse ausente de esta ciudad el expresado don Martín de Aróstegui se le haga saber a doña Thomasa Basabe, su muger, como //^{163v} su apoderada general que se entiende de ser la disposición dada por dicha real audiencia en el auto de quinze de noviembre del año pasado que se incerta en el referido despacho para que proporsione la remisión de la mensionada cantidad en los términos que alló se previenen, embiando en primera ocasión de naos de bandera que lleven rexistro de plata los tres mil y sietecientos pesos, con más los otros quatro mil o los que de ellos estubiesen desembarazados del destino que se les dio a los gastos de residencia del tiempo que fue governador desta ciudad, rexistrádnolos por quenta y riesgo de la testamentaria del dicho Peñalosa y a la disposición del mismo tribunal y casa de contratación, dando quenta oportunamente para que tomada razón en estas diligencias puedan evaquarse las que sean precisas a hacer en todo efectivo el despacho librado para cuyo fin se reservan las demás que sean conduzentes. Y por este que (...) firmaron así lo preveyeron con dictamen del señor theniente y auditor general.

(rúbricas)".

ANEXO 13

[1757, septiembre, 1]. La Habana.
Bienes de difuntos: Diego de Peñalosa. Notificación de Tomasa Basave sobre el envío de 3.099 pesos y 5 reales a Cádiz.
AGI. Contratación, 5631, N. 1, ramo 1, folios 171r-171v.

"Doña Thomaza Bazava, vesina de esta ciudad, muger legítima de don Martín de Aróstegui del orden de Santiago, ausente en los reinos de Castilla y su apoderada general por aquella vía y forma que más por derecho, lugar haia, y protestado los favorables ante vuestra señoría y más paresco y digo que se me ha hecho saver un auto expedido en veinte de agosto próximo pasado por el qual con consequencia de despacho librado por los señores presidentes y oydores de la real audiencia y casa de la contratazión se me previene proporcione en primera ocazión de navíos de vandera que lleven registro de plata la remición de los tres mil y sietezientos pesos pertenesientes a la testamentaria del mariscal de campo don Diego de Peñaloza y que existen en poder del mencionado don Martín con más lo que se hallase desembarazado del destino de gastos de residencia del teimpo que fue governador desta ciudad que en el todo fueron quatro mil pesos, registrándolo todo por quenta y riesgo de dicha testamentaria y a la disposizión del citado tribunal y casa de contratazión con otras cosas que de su uherror (sic) parezen a que me refiero, en cuio cumplimiento pongo presente a vuestra señoría y mercedes que //171v en el navío nombrado la Europa del mando de don Álvaro Cabreros que de presente se halla sujeto en este puerto y próximo a seguir viaje a los referidos reinos, registro la cantidad de tres mil noventa y nueve pesos, cinco reales, la misma que resulta líquida a favor de la expresada testamentaria, conforme a la que va, que igualmente remito por lo que perteneze a los tres mil y sietezientos pesos de que se me hace cargo, y todo haré constante al tribunal para el efecto prevenido; en orden empero a los quatro mil pesos como quiera que no ha llegado el caso de verificarse la recidencia con cuio decignio se pucieron en poder de dicho don Martín como por punto notorio me releva de prueba, y a este fin por tan lo alego, se servirán vuestra señoría y mercedes declarar haver cumplido en una y otra parte, quedando la cantidad mencionada de quatro mil pesos para el fin que fueron consignados por tanto, vuestra señoría y mercedes suplico se sirvan proveer como en este se comntiene con justicia cortas, protesto y juro quanto lo requiera.

Thomasa de Basave *(rubricado)*
(rúbrica)".

ANEXO 14

1757, septiembre, 1. La Habana.
Bienes de difuntos: Diego de Peñalosa. Cuentas del Mariscal de Campo a cargo de Martín de Aróstegui.
AGI. Contratación, 5631, N. 1, ramo 1, folio 175r.

"Cruz *(signo)*

Deve	El señor Mariscal de Campo don Diego de Peñalosa su quenta corriente con don Martín de Aróstegui	
1749 Mayo, 31	Por 5 de las 4 partidas de rexistro a 10 reales del dinero embarcado en los navíos del mando del señor don Andrés Reggio	005
	Por 7 pesos de las dos escripturas de fianzas de la residencia	007
	Por 527 pesos que pagué a don Joseph Ziprian de la Luz por libranza de su sentencia de 29 de agosto de dicho año a favor de don Pedro Moreno y don Gabriel de Arteaga	527
	Por 6.000 pesos que en virtud de ydem de la mesma fecha pagué a don Nicolás Padilla Carmenatus dada a favor de dicho señor Moreno y Arteaga	6000
	Por 650 pesos de otra de 23 de diciembre de dicho año a favor de don martín de Miranda y Thelechea quien endozó a mi favor	650
	Por 500 pesos de otra de la mesma fecha dada a favor de don Gonzalo Martín Padrón	500
	Por 323 pesos por otra idem de 22 de henero de 1750 a favor de don Manuel lópez Cortés	2323
	Por 367 pesos 5 reales importe principal y gastos de los libros que de su orden y quenta remitió don Joseph de Yturrigaray y pasé a sus manos	365 5

	Por 377 pesos comisión a 2% sobre 18852 pesos de la de haver de enfrente	377	
	por 4000 pesos que se reservan para las resultas que puedan ocurrir en la residencia del expresado señor Peñalosa por el tiempo que fue governador interinario en esta ciudad a las quales estoy obligado a responsavilidad con la enumpsiada cantidad	4000	
1757 [Septiem] bre 1º	Por 3094 pesos 1 reales que he rexistrado en el Navío de Su Magestad nombrado la Europa, del mando de don Álbaro Cabreros, líquido en esta cuenta, por al de la testamentaria del expresado señor, en consecuencia del auto que se me notificó con fecha de 20 de agosto del presente año, expedido por el señor governador y capitán general y ofiziales reales de esta ciudad para entregar en la ciudad de Cádiz a la orden de los señores presidente y oydores de la casa de contratazión	3094	1
	Por 10 reales de su partida de rexistro	1	2
		3095	3
	Pesos	18852	

1749 Mayo, 31		Ha de haver
	Por 15000 pesos de que otorgué obligación a dicho señor en este día	15000
	Por 12 pesos que entregó de su quenta don Juan de Salinas de varias firmas	012
	Por 3840 pesos que de su quenta me entregó don Diego Peñalver de sus sueldos ajustados hasta fin de febrero de 1748 y 749, de que le di registro en 23 de febrero de 1752	3840
	Pesos	18852

Nota: que los quatro mil pesos que se llevan cargados en quenta por razón de la fianza a que mi marido don Martín de Aróstegui /ausente/ está obligado a responsavilidad quedan por aora como mero depósito hasta que se verifiquen las resultas de residencia las que solo tienen esta cantidad para su cubierto y el mío, y de que a su tiempo daré quenta.

Havana, 1º de septiembre de 1757.
Thomasa de Basave *(rubricado)*"

ANEXO 15

[1757], s.m, s.d. S.l.

Bienes de difuntos: Diego de Peñalosa. Martín de Peñalosa solicita a las autoridades indianas auxilio económico para poder restituirse a Barcelona a ejercer su empleo, teniendo en cuenta que no hubiera hecho el viaje a Cádiz de no haberle nombrado su hermano albacea y que todos los gastos de su estancia fueron sufragados por él.

AGI. Contratación, 5631, N. 1, ramo 1, folios 115r-116r.

"Don Martín de Peñalosa, capitán del regimiento de Savoya, residente en esta ciudad con lizenzia de Su Magestad ante vuestra señoría como más aya lugar en derecho y sin perjuizio de qualquier otro recurso que me competa de que protexto usar en tiempo y forma, digo que ya a vuestra señoría consta el dilatado tiempo que me hallo en esta ciudad a la solizitud de la herencia y vienes del difunto mi hermano el mariscal de campo don Diego de Peñalosa, por cuia noticia de su fallecimiento que se yzo saver también a mi hermano don Juan, capitán agregado al regimiento fixo de Zeuta, que se hallava en ella, y yo en la de Barcelona, a fin de que con nuestra zitación se entregaran los vienes al Hermano Mayor de la Real Casa de Misericordia establecida en dicha ciudad y plaza de Zeuta, acudimos con poder que yo don Martín conferí a don Pedro Amitrano, capitán de la real artillería, el que lo debolvió por sus muchas ocupaciones, y haviendo segunda vez remitido poder a don Francisco Emanuel, cirujano de la Real Armada, aunque lo admitió como consta de autos, pasado muy poco tiempo se desistió de él atento ha estar nombrado para el viaje de flota a cuyo tiempo reciví carta de mi hermano don Juan en el mes de julio, escrita en dicha Plaza de Zeuta, noticiándome como era precisa mi asistencia o poder que así se lo havía expresado dicho //^{115v} hermano mayor respecto de haverme nombrado el difunto por su albacea, que fue lo que dio motivo a buscar apoderados en esta ciudad, y viendo como se escusavan ha ello las que e nombrado, y al poco conocimiento que pude tener en Barcelona procure la real lizencia que use della en diezinuebe de agosto del año pasado hallándome en esta ciudad desde primero de octubre del dicho año, y finalizándose dicha real lizencia me precisa restituirme a mi regimiento, así para no esponerme a perder mi empleo como por los atrasos con que se halla como oficial de la tropa, que no tiene más vienes que su sueldo, en cuya atención a vuestra señoría suplico que considerando lo primero, ser un oficial de onor, ya que se halla en la precisión de retirarse a su regimiento, que de contrario se le sigue tan grave perjuicio como es notorio, y lo segundo, ha que se halla en esta ciudad sin más haveres que los que puede considerar la prudente consideración de vuestra señoría en un oficial con lizencia y que es preciso hazer su marcha en cumplimiento de las reales órdenes de Su Magestad, sin tener para ello adeudado y que fue preciso este viaje y no voluntario, pues a no hallarme de albazea no lo hubiera ejecutado, para subvenir a estos tan acrecentadas urgencias, tratándome vuestra señoría con toda la benignidad y con la distinción que merecen los juicios de los militares como empleados en el real servicio que del ca(...) //[116r] depositado, se subministre un diario correspondiente a su calidad y grado, considerando desde que salió de Barzelona y se le considere hasta su restitución a su destino con alguna asignación, también para dicho viaje, mercedes que espera recevir de vuestra señoría como tan justificado en sus procederes. Pido justicia, costas, juro en lo necesario.

Martín de Peñalosa. *(rubricado)*
Licenciado don Hiscio de Flores Cortés". *(rubricado)*

ANEXO 16

[1757], s.m, s.d. S.l.

Bienes de difuntos: Diego de Peñalosa. Petición de Martín de Peñalosa para que se tenga en consideración el auxilio de los costes ocasionados por la atención como albacea de la voluntad de Diego de Peñalosa.

AGI. Contratación, 5631, N. 1, ramo 1, folios 117r-118r.

"Don Martín de Peñalosa, capitán del regimiento de ynfantería de Savoya, residente en esta ciudad en virtud de real lizenzia, en los autos sobre la entrega del caudal quedado por fallecimiento del mariscal de campo don Diego de Peñalosa, mi hermano difunto, digo que respecto de la precisión con que hize mi viage desde la ciudad de Barcelona a esta para personarme en los autos mediante el desestimiento de los apoderados que nombré de los gastos y perjuicios que este viage y mi dilatada residencia aquí para la prosecución me ha ocasionado, tan gravosos para un oficial atenido a su sueldo, y en país de tanto gasto como todo lo conoce la comprehensión de vuestra señoría, estando ya para cumplirse el tiempo de mi licencia pedí por mi antecedente escrito se me suministrase y considerase un diario correspondiente a mi calidad y grado, desde que partí de Barcelona hasta que deba estar en ella, con alguna asignación competente para mi viage que es dilatado y costoso, y vuestra señoría se sirvió mandar dar traslado de esta mi justa solicitud al Hermano Mayor de la Casa de la Misericordia de la Plaza de Zeuta, sujeto nombrado por el difunto mi hermano para el percibo e imposición de los bienes a mi favor y del otro mi hermano el capitán don Juan de Peñalosa, y sobre dicha providencia debo hacer presente a la justificación de vuestra señoría que no hallándose //117v en esta ciudad dicho Hermano Mayor ni quien lo represente, de necesidad para haverle de hazer saber el traslado havía de ser por despacho que se librase para dicha Plaza de Zeuta, y siendo uno de los motivos porque he instruido mi pretensión, la precisión en que me hallo de ausentarme y marchar con la mayor brevedad por cumplirse el tiempo de mi real licencia y por el riesgo a que está expuesto mi honor y mi empleo en la dilación, se advierte que el llevar adelante la citada providencia, sujetando el expediente de mi instancia a la demora tan considerable, sería en substancia de negarla, pues ella no la admite y pasados mui pocos días y muchos antes de que se pudieran tener las resultas del despacho me sería indispensable o marchar con incidencia e incomodidad que no admite mi honor ni mi grado, o quedarme expuesto a perderlo todo. Atento a lo qual y que la pretensión es tan justa como que yo he hecho estos gastos que mi sueldo no sufre de absoluta necesidad por haverme faltado los apoderados a que con trabajo y bochorno recurrí, obligándome a venir personalmente que estos se deben considerar gastos necesarios de la dependencia misma, que si el diputado de dicho Hermano Mayor huviera subsistido aquí se havrían abonado salarios considerables, según es costumbre, que no hai motido para que este sea de mejor condición que yo, así por las razones expuestas como por ser hermano del difunto, y que si dicho Hermano Mayor //[118r] estuviese en esta no le permitiría su honor y su conciencia el contradecir una pretensión tan regular, consideradas las circunstancias todas de la persona a que se agrega que conociéndolo así dicho mi hermano don Juan de Peñalosa, que es verdaderamente interesado no tiene reparo en que se defiera a ella, lo consiente y da por evacuado el traslado en lo que respecta a sí, firmando en fe de ello conmigo este escrito. Todo lo qual atento y que la citada providencia es impracticable, sin que en el efecto y en substancia sea una formal denegación de mi solicitud tan regular que no admite tales dilaciones por la brevedad que me insta para mi marcha, y por lo que me vería obligado a desampararla, es de justicia que el traslado decretado se entienda o con defensor que al dicho Hermano Mayor se nombre o con el oficio fiscal, para que así no se dilate tanto su expedición y que por la misma causa de la promptitud que exige el despacho de mi instancia y la justicia de ella se despache todo por sermanería en todas sus providencias, y por tanto:

A vuestra señoría suplico que con consideración a lo expuesto se sirva mandar que dicho traslado se entienda en la forma explicada o con defensor que a dicho Hermano Mayor se nombre, o con el oficio fiscal y que todo se despache por semanería por la prompta de terminación de solicitud que pide tanta brevedad y procede con justicia que es la que pido, consta y juro, y que se de por evacuado el traslado en quenta a mi hermano don Juan.

    Martín de Peñalosa. *(rubricado)*
    Juan de Peñalosa. *(rubricado)*
    Licenciado don Hiscio de Flores". *(rubricado)*

ANEXO 17

1757, agosto, 1. Cádiz.

Bienes de difuntos: Diego de Peñalosa. Autorización del fiscal de la Casa de Contratación de Indias para costear los gastos de su viaje y estancia en Cádiz a Martín de Peñalosa a pesar de insistir en no poderse justificar con la documentación en su poder.

AGI. Contratación, 5631, N. 1, ramo 1, folios 120r-121r.

"El abogado fiscal en vista de los dos escritos de don Martín de Peñalosa, dice que aunque su solicitud carece de todo sólido fundamento legal, como que por medio de competente poder se podía hacer evacuado lo mismo que con su personal asistencia, sin que esta puede considerarse útil al cumplimiento de la voluntad del difunto don Diego de Peñalosa, así porque los mismos autos están acreditando que tan no han travajado ambos hermanos en el cumplimiento de dicha voluntad que antes sí lo han embarazado con sus yrregulares procedimientos, ympertinentes quejas, recursos de competencias y últimamente con la ynacción que se experimenta de sus facultades, todo hijo de ser frustada su esperanza de percivir el caudal del citado difunto sin alguna de las formalidades que para su segura distribución previenen las Leyes de Yndias como también es porque teniendo ambos hermanos su particular ynterés en los legados que han percevido, el viage //^{120v} y gastos que han executado en su manuntención, deve ymputarse a su propria conveniencia, especialmente quanto en todos los autos no se advierte un solo pasaxe, promovido por los susodichos a logro de la colocación del caudal en bienes raízes con las formalidades prevenidas por ley, de todo lo qual se deduce fundamento competente para denegarle su solicitud, sin embargo, en términos de equidad, considerando el carácther del don Marín, su empleo y moderado sueldo, que verosimilmente no le havrá sufragado a su manuntención decente en esta ciudad y que los respectivos legados que han percivido son de corta entidad y no capaces a cubrirle de lo que haya gastado en diligencias judiciales, viage y subsistencia en Cádiz. Y sobre todo a que de la disposición testamentaria del difunto se puede presumir que en tales circunstancias no quería gravar a sus hermanos con dichas ymposiciones quando todo su objecto término al alivio de los susodichos y demás sus parientes. No se le ofrece reparo al abogado fiscal en que con su superior arbitrio mande librar algu //^{121r} na moderada suma al dicho don Marrtín para los fines de su restitución al regimiento midiendo la justificación de vuestra señoría la quota que por aquellas circunstancias que lo constituyen menos recomendable como también la de que siendo beneficiado en la disposición testamentaria no puede tener lugar la opinión que remunera el travajo de los albazeas.

Vuestra Señoría, sobre todo con su notoria justificación dará la providencia que hallare más de justicia que pide.

Cádiz, 1º de agosto de 1757.
Licenciado Moreno". *(rubricado)*

ANEXO 18

1757, agosto, 12. Cádiz.

Bienes de difuntos: Diego de Peñalosa. Auto del presidente y oidores de la Real Audiencia de la Casa de Contratación de Indias ratificando la resolución del fiscal en relación a la petición de Martín de Peñalosa.
AGI. Contratación, 5631, N. 1, ramo 1, folios 127r-128r.

(Al margen:) Auto señores Arco Hermoso, Cortés y Muiños.

En la ciudad de Cádiz a doce días del mes de agosto de mil setecientos cinquenta y siete, los señores presidente y oidores por Su Magestad de la Real Audiencia y Casa de Contratación a Yndias, haviendo visto estos autos y la pretención en ellos deducida con don Martín de Peñalosa, capitán del reximiento de ynfantería de Saboya, sobre que se le bonifique un diario correspondiente a los días que ha empleado en las delixencias //[127v] de albaceasgo de su hermano el mariscal de campo don Diego de Peñalosa, como también los gastos de su viage de ida y buelta, con sentimiento que para ello prestó el coalbacea su hermano don Juan de Peñalosa y lo expuesto por el abogado discal y teniendo en consideración lo que resulta de la claúsula quinta de la memoria que es parte de la disposición testamentaria del don Diego, en quanto a que el caudal quedado por su falleci-miento se entregase a los superiores de la Casa de la Misericordia de la Ciudad de Zeuta para que con intervención y anuencia de los dichos don Martín y don Juan lo pusiesen todo a censo sobre fincas seguras para su establecimiento y perpetuidad, sobre que a unos y a otros encargo la conciencia para que con sus réditos se cumpliese su voluntad. Dixeron que con concepto al tiempo de sesenta días en que regularon el viaje de ida y buelta y quince más de su estada a en esta ciudad hasta enterarse de la disposición testamentaria de su hermano, montó del caudal que devería colocarse y demoras de ésta, le devían asignar y asignaron por los setenta y cinco días dichos a razón de veinte y cinco reales vellón en cada uno, un mil ochocientos setenta y cinco de la propia moneda, lo que mandaron satisfaga el depositario don Pedro Sánz de Santa María de los caudales que en su poder existen, pertenecientes a dicha testamentaria, otorgándose a su favor carta de pago con cuyo recado se le //[128r] recivirá en quenta de las que a su tiempo diere, y en quanto a los ciento y ochenta y tres días que se quentan desde once de febrero en que salió a navegar la flota y en la que se embarcó su apoderado don Francisco Emanuel hasta el día de la fecha de esta providencia inclusive, con consideración a que aunque esta demora no fue tan precisa como la antecedente fue originada en parte del albaceazgo, ser el don Martín tal hermano del testador, sin mayores haveres y de su carácter, debían mandar y mandaron que colocado que sea el caudal en fincas, de sus primeros réditos se le satisfagan dos mil setencientos quarenta y cinco reales vellón, que importan los tales días a razón de quince reales en cada uno, con que preceda en quanto a esto el consentimiento de los superiores de ducha Casa de la Misericordia, a cuyo fin se librará el despacho correspondiente al don Martín, si lo necesitare.

Así lo acordaron, proveyeron y rubricaron. Y que sea el despacho con la justi-ficación necesaria y que señalares las partes.

(rúbricas)".

ANEXO 19

1758, junio, 14. Ceuta.
Bienes de difuntos: Diego de Peñalosa. Certificado de Juan de los Reyes
en relación a las exequias de Diego de Peñalosa.
AGI. Contratación, 5631, N. 1, ramo 1, folio 241r.

"Don Juan de los Reyes, guardián de este convento de religiosos descalzos de Nuestro Señor San Francisco de esta ciudad de Zeuta, zertifico que según consta por el libro donde se anotan las limosnas que se reciban así onerosas como graciozas; se zelebraron en dicho convento en el mes de enero del año de mil setecientos y cinquenta y siete, unas honras mui solemnes y exequias con bastante pompa y zelebrádose misas por la ánima del Mariscal de Campo don Diego de Peñalosa, cuyo gasto con toda la zera, ascendió hasta nobecientos reales, los quales pagó el capitán don Juan de peñalosa, hermano del dicho difunto y vezino de dicha ciudad, porque así lo dispuso el citado mariscal de campo en su testamento y para que conste lo firmé en dicho convento en 14 de junio de 1758.

Don Juan de los Reyes, guardián *(rubricado)*".

ANEXO 20

[1758, junio, 14]. Ceuta.
Bienes de difuntos: Diego de Peñalosa. Recibo del convento de franciscanos.
AGI. Contratación, 5631, N. 1, ramo 1, folios 242v-243r.

(Al margen:) "Recivo del convento de Franciscos (sic).

En Zeuta, dicho día, por el depositario Juan Constanzo Vitor, se entregaron setecientos y cinquenta reales vellón a don Juan Francisco de Cortázar, director de abastos de esta Plaza como síndico del combento de religiosos descalzos de nuestro padre San Francisco en esta ciudad, en conformidad del despacho de la real //²⁴³ʳ audiencia y tribunal de la contratación de Cádiz a Indias y para que conste lo firmó conmigo el escribano y dello doy fe.

Juan Francisco de Cortázar *(rubricado)*
Ante mí Juan Thomás Ximénez Corruchaga *(rubricado)*".

ANEXO 21

[1758, junio, 14]. Ceuta.
Bienes de difuntos: Diego de Peñalosa. Recibo del convento de trinitarios.
AGI. Contratación, 5631, N. 1, ramo 1, folios 243r-243v.

(Al margen:) "Otro de los Trinitarios.

En Zeuta, dicho día, en consequencia de lo mandado el citado depositario conmigo el escribano, entregó en el Real Colegio de Trinitarios Descalzos de esta ciudad al mui reverendo padre ministro y conciliarios que firmaron los seteciendos y cinquenta reales que en conformidad del despacho de la real audiencia y tribunal de la contratación de Cádiz a Indias se contiene y de que se dieron por satisfechos del legado que //243v hizo el mariscal de campo don Diego Peñalosa, de lo qual doy fe.

Fray Pedro de San Luis, ministro *(rubricado)*
Fray Juan de San Miguel, conciliario *(rubricado)*
Fray Francisco de San Maurizio, consiliario *(rubricado)*
Juan Thomás Ximénez Corruchaga *(rubricado)*".

ANEXO 22

[1758, junio, 14]. Ceuta.

Bienes de difuntos: Diego de Peñalosa. Recibo del tesorero de Nuestra Señora de África.

AGI. Contratación, 5631, N. 1, ramo 1, folio 243v.

(Al margen:) "Otro al thesorero de África.

En Zeuta, dicho día, el referido depositario entregó en mi oficio a don Juan Camuñes racionero de la santa yglesia cathedral, thesorero de la yglesia de Nuestra Señora de África, los setecientos cinquenta reales vellón que legó al dicho santuario el mariscal de campo don Diego Peñalosa, por su testamento con que falleció, y en conformidad del despacho de la real audiencia y tribunal de la contratación de Cádiz a Indias, de que firmó dicho thesorero, y de ello doy fe.

Don Juan Camuñez *(rubricado)*
Juan Thomás Ximénez Corruchaga *(rubricado)*".

ANEXO 23

1758, agosto, 18. [Barcelona].
Bienes de difuntos: Diego de Peñalosa. Relación jurada de los costes del viaje a Cádiz realizado por Martín de Peñalosa.
AGI. Contratación, 5631, N. 1, ramo 2, folios 35r-36r.

"Relación jurada y firmada que yo, don Martín de Peñalosa capitán del reximiento de ynfantería de Saboya doy de los gastos que se me han ocasionado en pasar desde Barcelona a Cádiz, la estada en esta ciudad y la de Ceuta y mi restitución a mi destino para cumplir el testamento que mi hermano don Diego de Peñalosa, mariscal de campo y governador que fue de la Veracruz hizo en dicha plaza, en el qual me nombra por uno de sus albaceas y son en la forma siguiente:

	Reales vellón
Por la calesa desde Barcelona a Cádiz, para mí y mi criado pagué diez y nueve doblones y medio en que se ajustó	1170
En los veinte y dos días de viaje desde Barcelona a Cádiz pagué por comida, posadas y camas al respecto de veinte y seis reales cada uno	572
En los once meses que estuve en Cádiz por posada para mí y mi criado, comida y camas al respecto de veinte y quatro reales	7920
	9662
Pagué por los gastos causados //35v en los autos formados sobre el percivo de distintos legados que dejó mu difunto hermano	1019
Al pasar a Ceuta a estar con el ilustrísimo señor obispo como uno de los albaceas pagué por tres cavallerías para ir de Cádiz a Algeziras yo, mi criado y el baúl de ropas	150
Por los tres días de marcha, comida y posada	70
Los siete meses que estuve en Ceuta a razón de once reales cada dí	2310

Por tres cavallerías para pasar desde Algeciras a Málaga	150
Por los tres días de marcha, comida y posada	84
Por la calesa para restituirme desde Málaga a Barcelona donde está mi reximiento pagué diez y nueve doblones	1140
	14585
En los veinte días de marcha, posada, comida y cama para mí y mi criado pagué //³⁶ʳ al respecto de veinte y cinco reales en cada uno	500
	15085 26

Ymportan los gastos que e hecho en este viaje los citados quince mil ochenta y cinco reales y veinte y seis maravedís de vellón que juro a Dios y a esta señal de cruz son los mismos que (con corta diferencia) se me han orijinado con motivo de pasar desde Barcelona a Cádiz a los fines expresados y para que conste lo firmo en Madrid a diez y ocho de agosto de mil setecientos cinquenta y ocho.

Don Martín de Peñalosa y Mendoza". *(rubricado)*

ANEXO 24

1758, agosto, 26. Cádiz.

Bienes de difuntos: Diego de Peñalosa. Autorización por parte del presidente y oidores de la Real Audiencia de la Casa de Contratación de Indias para la compra de las primeras propiedades de la fundación piadosa de Diego de Peñalosa.

AGI. Contratación, 5631, N. 1, ramo 2, folios 80r-82r.

(Al margen:) "Visto en 26 de agosto de 1758. Señores Arco Hermoso, Cortés, Muyños.

En la ciudad de Cádiz a veinte y nuebe de agosto de mil setecientos cinquenta y ocho años, los señores presidente y oydores de la real audiencia //80v de contratación a Yndias, haviendo visto estos autos mandaron se despache libramiento a favor de don Gerónimo Ygnacio Cabero, canónigo lectoral de la Santa Yglecia Cathedral de esta ciudad como apoderado del reverendo obispo de Zeuta, proveedor de la Santa y Real Casa de la Misericordia de aquella plaza, de ciento treinta y seis mil seiscientos quince reales de vellón sobre don Pedro Sáenz de Santamaría, vezino y del comercio de esta ciudad, depositario de los caudales pertenecientes a la disposición testamentaria del mariscal de campo don Diego de Peñalosa para que tengan efecto las compras de las casas y jardines que se mencionan en los documentos presentados por la parte del reverendo obispo de Zeuta, con que preseda adiansar con persona lega, llana y abonada el no pasar a la compra de las casas y jardín citas en la Almina, calle que nombran de doña Cathalina de Angulo, que solicitan vender don Martín de Obedos y consortes, no haciendo constar estos ynstrumentalmente ser único herederos de don Francisco Obedos su padre por testamento o abintestado, y el título //81r por donde se berifique hacer recaído su propiedad en el don Francisco Obedos, pues resulta de la venta que del terreno hizo don Isidro Días de Angulo, por escriptura de dos de agosto del año de mil setecientos y diez y siete, ante el escribano Anotnio Prieto, haverse consebido aquella, a favor de don Andrés Viegas de Obedos, y el no pasar tampoco a la compra de las casas que solicita vender doña Josepha Bríjida de Tortosa, viuda de don Francisco Antonio de Luengas sin que se haga constar por ella ynstrumentalmetne el título por donde hubiere recaído la propiedad de las casas principales, citas en la Calle Real de la Almina por mitad en don Juan Pinto de Andrade, presbýtero y en el don Francisco de Luengas su marido, produciendo asímismo testimonio que berifique la ynstitución de heredera que se dize haver hecho este en la referida, y

223

haga ygualmente constar por ynstrumentos en lo respectivo a las otras casas del barrio nuebo de San Francisco (alias de la Sigarra), el título por donde hubiere recaído la propriedad (sic) de ellas en el don Francsico Antonio de Luengas su marido, mediante a resultar de la escriptura //[81v] de dos de mayo del año de mil setecientos y treinta y ocho, haverlas comprado don Joseph de Luengas de don Vizente Alfonzo Ybáñez, apoderado de doña Juana del Puerto y Arriola, de cuyos documentos se remitirán testimonios a este tribunal para que se junten a los autos y conste siempre en ellos la lexitimidad de las personas que venden, y con que prezeda la libramiento obligarse también el fiador a hazer constar dentro de dos meses haver tenido efecto la colocación del dinero y compra de las casas y jardines que se mencionan en los testimonios remitidos con arreglo a ellos y a lo que ba prebenido en esta providencia, y en su defecto bolber el fiador al depósito las cantidades que no se combirtieren en las mencionadas compredas. Asímismo, mandaron sea y se entienda dicho libramiento por más tres mil reales vellón para que se combiertan en satisfaser los costos que se ayan causado y causaren la colocación del expresado caudal en Zeuta, y en las que subsesivamente se proporcionaren e hicieren para el restante //[82r] de que se haya de presentar quenta en estos autos a su tiempo. Y acordaron no haver lugar por aora al que pude el abogado fiscal respectivo al pago de costas de lo hasta aquí actuado por los subalternos de esta real audiencia.

Así lo mandaron, probeyeron y rubricaron.

(rúbricas).
Lizenciado Lotvliet". *(rubricado)*

224

ANEXO 25

1758, septiembre, 20. Ceuta.
Libro de entablación del patronato de legos que fundó
el mariscal de campo don Diego de Peñalosa.
AGC. Fondo Casa de la Misericordia de Ceuta. 1135.
Signatura Caja 34, folio 1r-2v.

"Cruz. *(Signo)*

(Al margen:) Auto.

En la ciudad de Zeuta en veinte de septiembre de mil setecientos cinquenta y ocho años el señor lizenciado don Joseph Gregorio Alonso de Ortigosa, abogado de los reales consejos, provisor y vicario general de esta dicha ciudad y obispado, por ante mí el notario mayor de esta audiencia episcopal dijo, que por el poder y memoria para testar vajo cuia disposición murió el mariscal de campo don Diego de Peñalosa, natural que fue della, y governador de lo político y militar de la Veracruz en la Nueba España, que fue otorgado en ella ante Eugenio Phelipe Lozano escrivano real en veinte y seis de agosto de mil setecientos cinquenta y uno, y la memoria para testar en veinte y cinco de octubre de mil setecientos cinquenta y quatro, entre otras cosas mandó que del líquido que quedase de sus bienes se fundase en esta ciudad una obra pía, cuio producto se repartiese entre sus hermanos, hermanas, sobrinos, sobrinas, parientes, parientes pobres, según la necesidad de cada uno, de la que nombró por comisario para la fundación y patrono de su distribución a los probedores priostres y superiores de la Santa Casa de Misericordia para //¹ᵛ que con intervención y anuncia de don Juan y don Martín de Peñalosa, sus hermanos, hiciese la imposición y distribuiese los réditos con arreglo a la cláusula. Y es así que haviendo muerto el referido mariscal de campo a bordo del navío la Purísima Concepción en que hacía su regreso a España en virtud de las reales disposiciones con que se halla la Real Audiencia de la Contratación de Yndias que reside en Cádiz, tomó conocimiento de esta testamentaria, y haviendo hecho recolección de la parte más principal de sus caudales libró su despacho con de la memoria para testar y la recopilada de Yndias, dirigido al juez, a quien según sus privilegios estubiese sugeta la Santa Casa de la Misericordia, para que en conformidad a él se hiciese la imposición de caudales. Y aviéndose representado por S.J. el obispo mi señor, que este acto más bien pertenecía a la jurisdicción eclesiástica ordinaria que su merced exerce, por carta del abogado fiscal, su fecha veinte de mayo de este año, y otra del señor presidente de dicha Real Audiencia de veinte y ocho del mismo, espresado ser de conocimiento de la jurisdicción eclesiástica, determinaron que con autoridad de su merced se hiciese la referida imposición. En su consequencia por parte de los comisarios se compareció en este tribunal y se han recivido diferentes informaciones de utilidad, valor y verdad para la compra de algunas propiedades, y haviendo sido aprovadas se les mandó dar testimonio para que con el //²ʳ acudiesen a dicha Real Audiencia a solicita libramiento de las cantodades en que estaban convenidos en fuerza del qual se le libró con citación del abogado fiscal vajo ciertas condiciones, las quales verificadas se ha pasado a la celebración de escripturas como todo consta de los autos fechos en esta razón, por testimonio de don Juan Thomás Ximénez Corruchaga, a quien se havilitó para este acto.

Y como para el buen rígimen (sic), govierno y subsistencia de dicha obra pía es conveniente conste en este tribunal su establecimiento sin que padezcan algún agravio las partes interesadas, cuias diligencias, conocimiento y dirección corresponden a su merced y sus sucesores, como executor legítimo de las voluntades, para que tenga efecto devía mandar, mandaba y mandó que respecto de estar inserta en dicho despacho en forma provacante la memoria para testar del citado don Diego de Peñalosa, y dever ser esta la que ha de dar la regla para el goze de las propinas, por el presente notario mayor se haga entablación de dicha obra en este libro que se ha comprado para este efecto, poniendo a continuación de este auto copia a la letra del referido despacho y cartas, con fe de exersicio por esta jurisdicción eclesiástica, y fecho tome razón de las escripturas de venta que se han celebrado y celebraren con expresión del día, mes y año y escrivano ante quien haian pasado //²ᵛ y pasen, especificación de sus precios, paraje donde existen linderos, confrontaciones para que siempre conste, y para que las quentas que en visita o fuera de ella se tomaren a la persona que las administrare se le pueda formar el cargo correspondiente además que será mui conducente para que los interesados puedan sacar las copias que tengan por convenientes a su derecho y hazer el entronque con el fundador para el goze de las propinas, como para que estas se distribuyan con arreglo a la fundación, para todo lo qual su merced en quanto puede y ha lugar en derecho interponía su autoridad y judicial decreto a dicho libro y para que se tenga por auténtico se guardará en el archivo de esta audiencia y se hará saver al provedor actual de la Santa Casa de Misericordia y hermanos del fundador para que le conste y obre los efectos que hayan lugar en derecho como el que nombren persona que administre las propiedades compradas y que se comprasen con asignación de salario que sea arreglado y de estilo en casos semejantes, cuio nombramiento se presentará ante su merced para su aprobación y tomarle las fianzas que sean necesarias, todo lo qual por este su auto así lo proveyo, mando y firmo, de que doy fe.

Ante mí.

Lizenciado don Joseph Gregorio de Ortigoza, *(rubricado)*
Salvador de Salas" *(rubricado)*

ANEXO 26

1758, s.m, s.d. Ceuta.
Razón de las primeras posesiones adquiridas por la fundación Peñalosa.
Libro de entablación del patronato de legos que fundó el
mariscal de campo don Diego de Peñalosa.
AGC. Fondo Casa de la Misericordia de Ceuta. 1135.
Signatura Caja 34, folio 12r(1)-12v.

"Rasón de las poseciones compradas.

En veinte y nuebe de agosto de mil setecientos cinquenta y ocho se otorgó, digo en trece de septiembre del mismo año, don Martín // [12r (1)] de Obedos y sus hermanos otorgaron escriptura de venta a favor de esta obra pía en una casa sita en la calle que llaman de doña Cathalina Angulo, en precio de diez y ocho mil setecientos noventa y quatro reales vellón por testimonio de Juan Thomás Ximénez Corruchaga.

(Al margen:) "Otra.

En el mismo día se otorgó ygual escriptura ante el mismo Corruchaga por don Joseph Álvares Doyague y su muger de otra casa en la calle Real en la Almina, en precio de ochenta y siete mil setecientos cinquenta reales.

(Al margen:) Otra.

En dicho día por testimonio del mismo escribano se compraron dos casas de doña Josepha Brígida Tortosa, la primera frente la yglesia de los Remedios con carga de quarenta y ocho reales anuales por su terreno y treinta anuales por una misa cantada el día de Santo Domingo a favor de la Colecturía; la segunda en el varrio de la Sigarra con carga de noventa y tres reales y treinta y dos maravedís anuales a favor del coronel don Joa //[12v] chín de Mendoza Pacheco, y ambas en precio de treinta mil setenta y medio reales vellón y para que conste hago este asiento.

Salas". *(rubricado)*

ANEXO 27

1759, s.m, s.d. Ceuta.
Razón del segundo bloque de posesiones adquiridas por la fundación
Peñalosa. Libro de entablación del patronato de legos que fundó el
mariscal de campo don Diego de Peñalosa.
AGC. Fondo Casa de la Misericordia de Ceuta. 1135.
Signatura Caja 34, folio 12r(2)-12v.

(Al margen:) "Más compra de poseciones.

En diez y nuebe de mayo de mil setecientos cinquenta y nuebe, por testimonio de don Juan Thomás Ximénez Corruchaga se compró de doña Ana de Peñaloza y demás herederos de don Fabián de Acuña, una casa con dos jardinitos y demás pertenencias en el callejón que sube al Zebollino, linderas por el lebante a don Juan Cambriles, por poniente a Juan Jacobo Facio y por el sur viuda y herederos de Roque González para aumento de dote de la obra pía que mandó fundar el mariscal de campos don Diego de Peñaloza, y dicha casa costó diez y siete mil trescientos ochenta y ocho reales y tiene de carga sesenta y siete reales y <medio>, se pagan de réditos de censos al presbítero don Juan Cambriles, y treinta y tres con veinte y seis maravedís a don Augustín (sic) Franco, ambas partidas anualmente.

(Al margen:) Otra.

En dicho día se compraron de don Juan Francisco //12v Cortázar y su muger dos casas en la calle real, la una que linda con don Thomás Exarch y con Casa del Marqués de Murillo, y la otra que linda por poniente con doña Theresa de Aguilar y por levante con Francisca Cavallero y tiene de carga a favor de esta treinta reales anuales por razón del terreno y otras dos casas costaron diez y ocho mil reales y para que siempre conste con relación de dichas escripturas hago este asiento que firmo.

Salvador de Salas". *(rubricado)*

ANEXO 28

1759, s.m, s.d. Ceuta.
*Razón del tercer bloque de posesiones adquiridas por la fundación Peña-
losa. Libro de entablación del patronato de legos que fundó el
mariscal de campo don Diego de Peñalosa.*
AGC. Fondo Casa de la Misericordia de Ceuta. 1135.
Signatura Caja 34, folio 13r-13v.

(Al margen:) "Más compra de poseciones.

En treinta de noviembre de mil setecientos cinquenta y nuebe se compró para
esta obra de don Joseph Álbarez Doyague como apoderado de doña Ysabel,
doña Josepha López Alustante, vecinas de Algesiras, unas casas almazén,
guerta y jardín en la calle real de la Almina, frente del callejón de Correa, con
carga de un censo 1188 reales de principal sus réditos a tres por ciento, a favor
de la capellanía de don Antonio Pérez, en precio de 44620 reales vellón, cuia
escriptura pasó ante Juan Thomás Ximénez Corruchaga. //13v

(Al margen:) Otra.

En catorce de abril de mil setecientos y sesenta se compró del canónigo don
Manuel Aparicio apoderado de don Pedro Cambril y Miranda y don Diego
Rusafa, con su muger doña Michaela Cambril, unas casas en la calle real de la
Almina con guerta y jardin, linderos por levante con casa del presbítero don
Juan Cambril y por poniente del capitán Feliu en precio en 220.62 reales vellón,
por el mismo testimonio.

(Al margen:) Otra.

En dicho día se compró en 39.000 reales vellón de don Manuel Guerrero con
poder de doña Francisca de Mora, vecina de Coín, una casa frente a la yglesia
de Nuestra Señora de África con cargo de 95 reales y 30 maravedís a favor de
la Colecturía, y una guerta con dos casillas junto a la guardia de San Pedro con
carga de 45 reales y 9 maravedís a la Colecturía, y para que conste hago este
asiento en dicho día, mes y año.

Salas". *(rubricado)*

233

ANEXO 29

1759, noviembre, 20. Cádiz.

Bienes de difuntos: Diego de Peñalosa. Reconocimiento y tasación de la plata labrada por el fiel del contraste Juan Antonio Pastor.

AGI. Contratación, 5631, N. 1, ramo 3, folios 46v-49r.

(Al margen:) "Reconocimiento, peso y aprecio de la plata labrada.

En al ciudad de Cádiz a veinte de noviembre de mil setecientos cinquenta y nueve, en cumplimiento de lo mandado por el auto antezedente, estando con las casas de la morada de don Pedro Sáenz de Santamaría con asistencia del señor don Gerónimo Ygnacio Cavero canónigo lectoral de la santa iglesia cathedral de esta ciudad, don Juan Manuel de Bulnes y la de don Juan Antonio Pastor, fiel contraste de la real audiencia de contratación a indias de ella, se procedió por este por ante mi el escrivano de cámara al reconocimiento, peso y aprecio de la plata labràda que consta imventariada en estos autos, en un peso de cruz, con //⁴⁷ʳ pesas marcadas, a cuio fin el don Pedro Sáenz de Santamaría puso de prompto manifiesto dicha plata labrada como depositario de ella en la forma siguiente:

Primeramente cinquenta y seis platos trinches que pesan ciento diez y seis marcos, dos onzas y una octava que a ochenta y quatro reales de plata de a diez y seis quartos el marco importan nueve mil setecientos sesenta y seis reales de plata y dos octavos de dicha moneda	9766 2/8
Ytem, dos platones grandes, dos más pequeños y quatro más chicos, pesan quarenta y tres marcos y dos octavas de once que a ochenta y quatro reales de plata de dicha moneda el marco importan tres mil seiscientos catorze reales de plata y quatro octavos	3614 4/8
Ytem, una escrivanía que se compone de su plato, tintero, salvadera, campanilla, obledera, plumero, un platillo con sus espaviladeras, dos mecheros para velas con sus albotantes, vara, pantalla y sello, pesa todo diez y siete marcos, quatro onzas y siete octavas //⁴⁷ᵛ y media que a ochenta y quatro reales de plata el marco de la misma especie importan un mil quatrocientos setenta reales de plata	1470

Ytem, un lebrillo con dos azas, una salvillita y una vasinilla, pesa todo quinze marcos, una onza y dos octavas, que a ochenta y quatro reales de plata de dicha especie el marco importan un mil doscientos setenta y tres reales de plata y un octavo — 1273 ⅛

Ytem, cinco candeleros, los quatro hechura antigua y el otro hechura moderna y dos espaviladeras con sus puntas, pesa todo treze marcos, cinco onzas y seis octavas que a ochenta y quatro reales de plata de dicha especie el marco importan un mil ciento cinquenta y dos reales de plata y tres octavos — 1152 ⅜

Ytem, treinta y dos cucharas, treinta y dos tenedores, diez y ocho cabos de cuchillos, pesa todo veinte y ocho marcos, siete onzas y seis octavas que a ochenta y quatro reales de plata de la misma moneda el marco importan dos mil quatrocientos treinta y dos reales de plata y tres octavos — 2432 ⅜

Ytem, una cafetera, una pileta para //⁴⁸ʳ agua bendita, dorada a manchas y dos saleros, pesa todo siete marcos, cinco onzas y una octava que a ochenta y quatro reales de plata de dicha especie el marco importan seiscientos quarenta y un reales de plata y seis y medio octavos — 645 61/2 8

Ytem, un espadín con su puño de hilillo, broches para birieu y rematito, pesa todo, rebajando la madera que tiene el puño, un marco, dos onzas y cinco octavas que a ochenta y quatro reales de plata de la misma moneda el marco importan ciento onze reales de plata y quatro y medio octavos — 111 4 ½ 8

Y quatro bastones con sus puños de oro que le parece pesan cinco onzas que a diez <y seis> pesos cada una importan ochenta pesos de ciento veinte y ocho quartos que valen seiscientos y quarenta reales de plata de esta especie — 64

Cuyas partidas suman veinte y un mil ciento y dos reales de plata de a diez y seis quartos, y el mencionado don Juan Antonio Pastor, expreso haver hecho dicho reconocimiento, peso y aprecio bien y fielmente a su leal saver y entender sin fraude ni colución alguna en cargo del juramento que en su aceptación tienen hecho y a mayor a man //⁴⁸ᵛ damiento lo vuelve a hacer de nuebo, y lo firmo, que es de la edad que en ella manifestó de que dió fe y de que en virtud de lo mandado por el enunciado auto el dicho señor don Gerónimo Ygnacio Cavero y don Juan Manuel de Buelnes (soc) <más el don Pedro Sáenz de Santamaría>, reciven aora en mi presencia y de los testigos que se expresaron las nominadas piezas de plata labrada y bastones de puño de oro en la conformidad que van expecificadas, como también la porción de plata quemada que en dicho auto se enuncia y se hallava en la escrivanía de cámara de mi cargo con peso de treinta y nueve onzas y dos octavas, a razón de veinte reales vellón cada onza, según resulta de la diligencia del folio ciento y siete del primer ramo y haviéndoze hecho cargo el dicho señor don Gerónimo Ygnacio Cavero y don Juan Manuel de Bulnes del número de las piezas de plata, bastones de puño de oro y plata quemada, lo tomaron y pasaron todo a su poder donde quedaron realmente, y con efecto de que doy fe y de ello se dieron por contentos y entregados a su voluntad y otorgaron recivo a carta de pago en forma a favor del don pedro Sáenz de Santamaría //[49r] enla parte que le corresponde y de la testamentaria del mariscal de campo don Diego de Peñalosa, tan bastante como a su derecho y seguridad conbenga respectivamente, y a su cumplimiento se obligaron según derecho, y así lo otorgaron y formaron (a quienes doy fe conosco), siendo testigos don Gerónimo Sánchez y don Joseph Sáenz de Santamaría, vecinos de Cádiz. Enmendado entrelíneas y seis del, don Pedro Sáenz de Santamaría, vale.

Licenciado don Gerónimo Ygnacio Cavero. *(rubricado)*
Juan Manuel de Bulnes.*(rubricado)*
Juan Antonio Pastor.*(rubricado)*
Ante mi, Pedro Sánchez Permal".*(rubricado)*